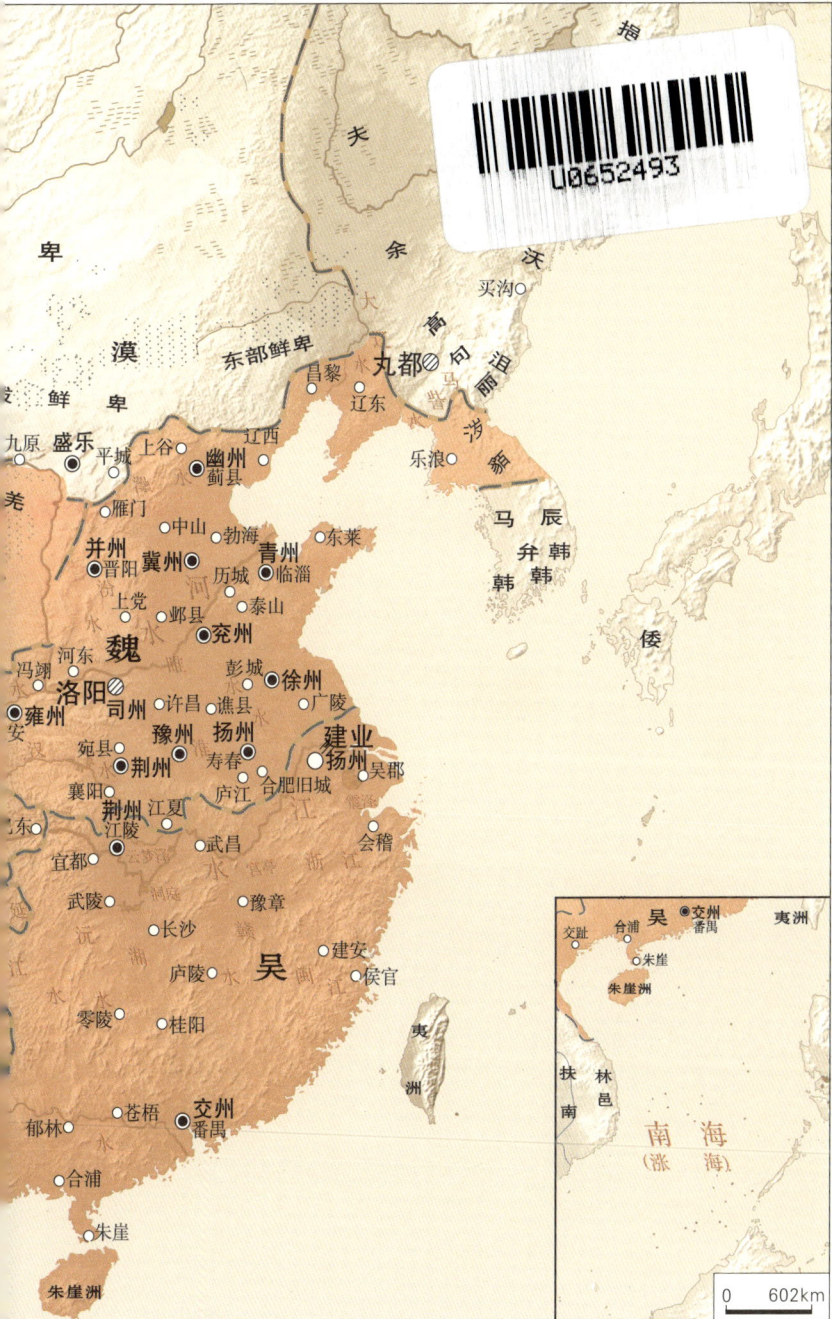

揭

夫

余

卑

沃
买沟

漠
鲜
卑

东部鲜卑

高
丸都 句
丽
昌黎 辽东
汨

九原 盛乐
平城 上谷
羌 雁门 幽州 辽西
蓟县

乐浪

马 辰
韩
弁 韩
韩

中山 勃海 青州 东莱
并州 冀州 历城 临淄
晋阳 上党
邺县 泰山
河东 魏 兖州
冯翊 洛阳 司州

倭

雍州 许昌 彭城 徐州
安 谯县 广陵
宛县 豫州 扬州 建业
荆州 寿春 扬州
襄阳 庐江 合肥旧城 吴郡
荆州 江夏
江陵
宜都 武昌 会稽

武陵 豫章
长沙 建安
庐陵 吴 侯官
零陵 桂阳

夷
洲

苍梧 交州
郁林 番禺
合浦

朱崖

朱崖洲

吴
交阯 合浦 交州 夷洲
番禺
朱崖
朱崖洲

扶
南 林
邑

南 海
(涨海)

0 602km

想象另一种可能

理
想
国
imaginist

A History of China

04

讲谈社·中国的历史

三国志的世界：后汉 三国时代

【编集委员】

砺波　护
尾形　勇
鹤间和幸
上田　信

【推荐学者】

黎虎

图一

图一 "季札挂剑图"绘盘——1984 年，安徽省马鞍山市吴将朱然墓，出土了六十余件漆器以及青瓷、木刺等，为了解三国时代的社会与文化提供了大量宝贵资料。该盘为木胎，中心绘有春秋时代吴国季札挂剑徐君冢树的故事，背面有朱漆篆书"蜀郡造作牢"，可见是在今四川省制作。口径 24.8 厘米。（安徽省文物考古研究所藏）

图二

图二　红陶飞鸟人物饰罐——为此时吴地特有的青瓷器"神亭壶"。估计为祭祀用器皿。南京市赵士岗出土。高 34.3 厘米。（南京博物院藏）

讲谈社·中国的历史

三国志的世界

后汉 三国时代

〔日〕金 文京 著

何晓毅 梁蕾 译

广西师范大学出版社

·桂林·

推荐序

一部值得中国读者阅读的三国史

广西师范大学出版社正翻译出版日本讲谈社《中国的历史》，邀我为本书写个推荐序，当时我想：现在中国历史普及性读物很多，三国历史中许多内容又是人们耳熟能详的，再花费这么多人力物力翻译出版这类书籍是否值得？究竟还有多大意义？当我阅读完本书序章"华丽的乱世"和第一章"夕阳西下的汉帝国"之后，我就被作者引人入胜的叙述和诸多新见和创意所吸引。拜读之后，我的总体感觉和结论是：这本由日本学者所撰写的三国史是一部值得中国读者认真阅读的好书。

我以为本书至少有三个突出的特色和优点：一是将三国历史与文学作品《三国演义》进行比较，剖析它们之间的异同和真伪；二是将三国历史置于古今东亚世界中进行解读，分析和比较中、日、韩相关历史文化的相互影响、交融和异同；三是本书虽然是以文学研究家的身份撰述的普及性三国历史，但是著者是以史学的、学术性的、严谨的态度进行撰写的，可以说是一部以史籍原典和考古资料为依据而追求真实的三国历史的严肃著作。而这三个特色和优点是与本书著者所独具的身份和文化背景，以及著者兼具中国历史和文学素养于一身有着密切关系的。

本书的著者是京都大学人文科学研究所东方学研究部的金文京教授，他长期致力于中国古典小说、戏剧及说唱文学历史的研究，尤以《三国演义》研究方面为长。著者在中文版自序中是这样谦虚地介绍自己的："我是在日本出生长大的韩国人，我的专业是中国古典小说，最近一直从事《三国演义》的版本问题研究，由我这个异邦的外行人来写三国历史，实在难免有不自量力之嫌。因此，我也不敢说我这本书有什么补遗钩隐的学术价值，或旁观者清的独特观点，只是长年的读书心得和不成熟的思考当中，倘有愚者一得，则为万幸。"由此可见著者是作为具有日本、韩国的身世和文化背景这一独特身份而进行中国历史和文化研究的，也可以说著者集中、日、韩三国历史和文化之学养于一身，故其眼界与视觉与一般中国学者相比自有其独特之处；同时还应当指出，著者虽然以中国古典文学——《三国演义》作为研究专业，但是其对于三国历史也是有着深入认识和研究的，故而得以将两者结合起来进行具体而微、生动活泼的解读。以著者所具有的日本、韩国的文化背景这一独特身份而又于中国历史和文化研究有素，恰恰是本书之所以独具魅力且不可多得的前提和优势，作者从一个与我们习以为常不同的角度来解读三国时代，从而使本书读来令人耳目一新。当然，本书在撰述中广泛吸收了史学界、文学界的研究成果，将它们融会于一炉，这对于读者来说也是一种便利。

下面我们就来具体看看本书的三个特色和优点。

一，将三国历史与文学作品《三国演义》进行比较，剖析它们之间的异同和真伪。

在中国几千年不断更替的王朝历史中，唯独三国有一部反映其时代的著名古典小说《三国演义》，其他朝代虽然也多少有一些相关的历史小说，如《封神传》、《东周列国志》、《说唐演义全传》等，但是它们无论在质量和影响上均不能与《三国演义》分庭抗礼，《三国演义》之脍炙人口、家喻户晓为其他历史小说无法望其项背。三国时代有这样一部独步古今的小说，有其好处也有其坏处，好处是有利于普及三国历史知识，故在中国古代诸王朝中数三国为广大民众所耳熟能详；坏处是毕竟小说与历史不同，以《三国演义》而论，虽然有七分历史事实根据，但是也掺杂了三分虚构，于是民众关于三国历史的知识就往往存在虚虚实实、真假不分的问题。上世纪 80 年代中国电视剧中心摄制大型历史剧《三国演义》时曾经邀请我去做他们的历史顾问，我给编导和演员们讲了几次课，其中主要就是谈历史的三国与小说中的三国的区分问题。对于两者进行区分并不是要否定《三国演义》中那些虚构的内容，因为那些内容已经成为中国文化的组成分子和广大民众的精神食粮。但是，人们也应当知道历史的三国与小说的三国的区分和异同，这不仅是知识界也是处于现代文明的民众对于中国历史和中国文化的基本素养。

本书对于历史的三国和小说的三国进行了细致的区分，指出它们之间诸多的异同与真伪，对我们更好地对两者进行区分和辨别它们的真伪异同有所助益。

本书从以下三个方面揭示了历史的三国与小说的三国之间的真伪异同：

一是史实上的真伪异同。《三国演义》在史实上的虚构存在于大小人物和历史事件之中，贯穿于全书，将虚构与史实糅合为浑然一体，达到了令人难于分辨的程度。历史人物如吴将朱然在历史上确有其人，但是在《三国演义》中抓获关羽的不是别人正是这个朱然，而他后来在刘备挑起的夷陵之战中死于蜀的武将赵云手下，这完全是作者因为偏爱关羽而虚构的情节。从史书

《三国志》的记载可以知道朱然后来累建军功，病死于六十八岁。而且朱然的墓葬也于 1984 年在南京附近的马鞍山被发现，从而让人们得以更具体深入了解真实的朱然。历史事件如赤壁之战是《三国演义》中最为恢宏而又精彩纷呈、脍炙人口的部分，由黄盖受"苦肉计"诈降、庞统巧施"连环计"诱曹操锁战船、曹操使者蒋干"群英会"中计、诸葛亮南屏山筑台祭风、诸葛亮三气周瑜、曹操败走华容、关羽义释曹操等一系列故事所组成。本书指出，这些故事情节基本上属于虚构创作，只有蒋干出使东吴为史实，但那是赤壁之战之前的事情。诸如此类，不烦枚举。《三国演义》之所以这样进行虚构，并非随意地胡编乱造，而是与本书的主旨密切相关。本书对于三国有一个总体理念，即以蜀为正统，以曹魏为叛逆，而孙吴不过是一个配角。因此，书中对于历史人物和历史事件的虚构基本上都是服务于这个指导思想的，对于刘、关、张的美化，诸葛亮的神化，以及对于曹操的丑化和鲁肃的矮化等等，莫不与此相关。以鲁肃而论，事实上从赤壁之战孙刘联合抗曹到借荆州与刘备巩固同盟这一连串的决策，都是鲁肃主导的结果，可是《三国演义》却将这些全都归功于诸葛亮，鲁肃则被描写成一个奔波于刘备、孙权之间的滑稽可笑的老好人。再如夷陵之战被完全写成了为关羽报仇的一场复仇战，关羽之子关兴、张飞之子张苞奋勇出阵，连斩潘璋、马忠、朱然等吴将，最后连陆逊也误入诸葛亮的八阵图，落得个沮丧而归，读起来让人觉得打了败仗的不是蜀而是吴。

二是地理上的错误。作为历史著作，历史人物和历史事件活动的地理位置和空间必须是准确的，但是《三国演义》作为小说则没有完全遵循这种严格的地理概念，而是出现不少错误。著者认为"《演义》在地理关系的记述上，有关南方的部分基本上没有问题，但有关北方的记述错误很多，可以想象作者很有可能是南方人"。小说在描写关东诸侯讨伐董卓时，有曹操在荥阳被从洛阳逃往长安的董卓打败的情节，事实上荥阳在洛阳的东边，董卓从洛阳往西边的长安逃跑的话，不可能经过荥阳。关羽从许都到河北袁绍那里寻找刘备而"过五关斩六将"时，却绕道相反方向的洛阳、荥阳，不过这时荥阳的位置又恢复正常了。《演义》里写庞统死于落凤坡，以"落凤"来隐喻"凤雏"庞统的死，而这却是一个架空的地名。"六出祁山"中的地理错误尤多，比如第一次北伐时，赵云等人屯驻的箕谷实际上与祁山一东一西相距甚远，但是在《演义》里箕谷和祁山被写成是在同一方向。著者认为何以会发生这个错误？可能与参考了某些有错误的历史地图有关，宋代出版的《历代地理指掌图》中的《三国鼎峙图》里面的祁山位置比实际靠东得多，而且旁注里有诸葛亮"由斜谷道取郿，遂据箕谷，攻祁山"的记述。

三是时代背景的错误。人类的历史是在一定的时代背景中发生和存在的，三国历史也不例外。《三国演义》写的是 3 世纪的事情，但是描写方法却是 14 世纪的，著者认为："14 世纪的罗贯中在《三国志》的史实基础上描述故事时，并没有做什么特别的时代考证，而是根据自己的时代感觉对史实进行描写。随着时代的变化，生活方式、习惯等也在变化，罗贯中对此缺乏明确的意识。比如三国时代纸刚刚发明不久，所以纸几乎还没有普及……但是罗贯中好像对此全然不知，或者是明知故犯，有意不把它反映到自己的小说里。"与纸张问题相联系的是印刷术的问题，"在《三国志演义》的初期版本里竟然出现了印刷的书籍，众所周知，印刷术的发明要在更久以后了"。

二，将三国历史置于古今东亚世界中进行解读，分析和比较中、日、韩相关历史文化的相互影响、交融和异同。本书著者认为："当今东亚世界，中日韩三国的交流日趋密切，矛盾也随之而生，乃殆识者隐忧。有人说这就是新的东亚三国时代，也不无道理，何况这三国的国际关系，就可追溯到三国时代。此际回顾当年，不无令人反思的历史意义。且日韩人民早就熟悉三国的历史，一部《三国演义》长期以来就成为他们爱不释手、津津乐道的古典作品，其熟悉的程度比之中国人或许当仁不让。"可以说本书著者是立足于现代东亚而进行三国历史的撰述的，著者的日、韩文化背景和他对于中国历史和文化的学养，使他得以将三国历史与日、韩历史进行对比，这对于中国读者来说，是难能可贵的。三国时代是日本的邪马台国时代，在朝鲜半岛则有高句丽以及马韩、辰韩、弁韩"三韩"等。这个时代是东亚国际交流的开端，而日本和朝鲜半岛与中国发生关系的同时，引进了汉字文化、儒教、佛教等文化要素，从而促进了绵延至今的汉字文化圈的诞生。因此作者说："追溯三国时代的历史与文化，考察它对后世的影响并借此展望东亚的未来，这也是本书的另一个鹄的。"

著者强调指出，中国在世界史上是一个具有独特文化的国家，它的很多特征都是以三国时代为起点而形成的，例如纸的普及，儒、佛、道的传播和论争，政治上对于统一帝国强烈向往的理念之确立等，而这些文化对于东亚各国尤其是日本、韩国的影响尤为巨大。

本书在介绍作为三国时代发展背景的后汉历史时，对于牵动后汉历史的外戚、宦官及儒教官僚的情况作了深入的介绍，在此基础上不仅同时介绍了后汉以后中国历史上的外戚、宦官及儒教官僚的发展变化情况，而且还介绍了东亚历史上的外戚、宦官及儒教官僚的特点，指出被视为"中国政治之祸根"的宦官在日本不曾存在，朝鲜虽然效仿中国引进了宦官制度，但在朝鲜历史上宦官从没有出现在政治舞台上。而中国自后汉以后已经基本上消灭了的外戚，在日本却长期保持了重要的政治地位，在朝鲜外戚也是一股重要的政治势力。著者认为，之所以如此，很大程度上是因为日本、朝鲜固有的母权家族制度的影响，虽然儒教的父权家族制度已经传入日本和朝鲜，但其影响力是有局限性的，这也就意味着日本和朝鲜在对儒教的吸取借鉴上都是有所取舍的。再以儒教官僚来说，在日本儒教知识阶层进入权力中心参与政治的事情从未发生过，朝鲜虽然出现了相当于中国士大夫的两班阶级，不过，中国的士大夫是一个世袭性很弱的流动性阶层，而朝鲜的两班世袭的性质则很强。

　　三国时代在政治方面对东亚各国、各族的影响是本书的重要关注方面，例如著者认为这个时期最重大的政治事件是汉献帝将皇位禅让给魏文帝，这一事件的思想背景是正统论。正统论不仅关系当时魏、蜀、吴之间的斗争，同时也影响了后世史书和小说《三国演义》的撰写。三国之间的争斗，既是围绕领土的现实之争，也是围绕正统的理念之争。而这种正统论还影响和规定了中国与东亚诸民族或国家的关系，同时正统论又影响了东亚诸国和诸民族，著者认为在这方面日本就是一个典型，日本也以天下自居，把天皇置于与中国皇帝对等的地位，把国内偏远地区，比如东北地方的人称为夷狄，并把朝鲜等国外交使节的访问当作朝贡对待，幕府末期则视西洋人为夷狄。此外，越南在向中国朝贡的同时，又摆出一副中国皇帝的架势来对待自己的左邻右舍。朝鲜虽然是中国朝贡体制下的优等生，但是 17 世纪清朝建立后，却视清政府为夷狄，而以小中华自居。著者认为，这种不正常的国际关系对现代仍然产生巨大的影响。

为了更好地阐述三国时代东亚各国之间的关系，本书特别设置专章《邪马台国及其周围的国际关系》，比较详细深入介绍了这个时期以三国为中心的东亚外交关系，包括与日本、朝鲜半岛以及越南和东南亚各国的交往，认为这个时期的国际交往是今日东亚国际关系的原型，现代这个地区所存在的各种问题都可以归结到三国魏晋时代形成的国际关系。本书并非为历史而谈历史，并非停留在三国时代，而是通过三国历史着眼于现代，因此本书以《三国时代与现代东亚地区》作为终章，表现了著者通古今之变的史识。

三国文化对于日、韩的影响更是多方面的，例如著者认为从后汉三国兴起的清谈风气影响下而形成的对于彼此相反的各种命题进行质疑问难的"问答游戏"，不仅在中国历代相承发展，如敦煌发现的唐代民间文学《茶酒论》为然，而且对于日本产生了很大影响，"这种游戏文学在室町时代末期可能由五山禅僧带进日本，在日本也有人写了像《茶酒论》、《酒饼论》、《酒饭论》等同类作品"。

中国文化对于日、韩等东亚国家的影响，《三国演义》堪称代表。但是本书不限于一般的介绍《三国演义》从中国向东亚各国的流传，同时反观其在中国流传中存在的问题。《三国演义》的前身是元朝末年产生的《三国志平话》，但是《三国志平话》现在在中国已经散佚不存，而在日本内阁文库（江户时代幕府藏书）收藏有原本以及在天理图书馆收藏有流传本。此外，高丽时代在朝鲜半岛编写的汉语会话教材《老乞大》中，有高丽商人在元大都（今北京）书肆购买《三国志平话》的会话场景。著者指出，"不可思议的是，在中国的书籍中对这本书却完全没有言及。由此可见，在日本和朝鲜，人们从很早就开始对三国小说表现出甚至超出中国人的强烈关心，这一点很值得关注"。著者在这里的叙述实质上反映了这样一个重要问题，即起源于中国的文化有的在本土没有得到很好的保存和传承，而在别的国家得到保存和传承，这不能不引起我们的反思。

三，本书虽然是以文学研究家的身份撰述的普及性三国历史，但是著者是以史学的、学术性的、严谨的态度进行撰写的，可以说是一部以史籍原典和考古资料为依据而追求真实的三国历史的严肃著作。

本书在对历史的三国和小说的三国进行厘清时，是以三国历史的基本史料——陈寿的《三国志》和裴松之的《注》以及相关的考古资料为依据而进行的。例如《三国演义》所叙十八路诸侯讨伐董卓的故事，著者指出所谓十八路诸侯是《演义》的虚构，这里面有名字的公孙瓒、孔融、陶谦、马腾等人实际上都没有参加诸侯军；《演义》所说十八路诸侯响应曹操号召集结于陈留，实际上当时冀州牧韩馥屯兵河北的邺，渤海太守袁绍与河内太守王匡屯兵黄河北岸的河内，而兖州刺史刘岱、陈留太守张邈、广陵太守张超、东郡太守桥瑁、山阳太守袁遗、破虏将军鲍信、奋武将军曹操等屯驻陈留郡的酸枣，豫州刺史孔伷屯兵颍川，后将军袁术及其部下孙坚则屯兵鲁阳。这些就是著者根据史料而作出的订正。诸如此类的考订不胜枚举，莫不如斯。例如上文所述本书对于《三国演义》史事真伪虚实的厘清，都是根据相关史料而作出的。普及读物并非可以随心所欲进行敷衍乃至编造，而是以严肃的态度、深入浅出的方式向读者传播科学的、严谨的历史知识，本书就是这样的著作。

本书的体系并不受《三国演义》叙事范围的束缚而以历史的三国时代进行补充和铺陈。在论述三国历史的由来——后汉历史时，本书增加了"没被写进《演义》的大事件——党锢之祸"这个问题，著者写道："《演义》开场写了宦官专横之后，接下来转笔黄巾之乱，主角刘备、曹操、孙坚等都出场到齐，故事开始进入正题。但是在故事进入黄巾之乱前，我们有必要先来看看另一件没有被写进《演义》的重要历史事件"，即党锢之祸。何以有此必要？著者认为党锢实际上是清流派知识分子的代表，党锢之祸实际上是宦官为主体的政权与清流派知识阶层的矛盾斗争，黄巾之乱正是在这两者间的矛盾激烈冲突的形势下爆发的。不仅如此，著者还将刘备、曹操、孙坚以及董卓等人与清流派阶层联系起来分析他们的属性，确定他们之间矛盾冲突的性质，认为《演义》把关东诸侯与关西董卓等人的斗争描写成正义与邪恶的战争并不符合历史实际，而是关东与关西两大势力的斗争，关东诸侯实际上就是清流派官僚的联合。

本书所增加的没有被《三国演义》所写的大大小小历史内容

还有很多，例如本书第七章《三教鼎立的时代》，叙述了儒、道、佛的发展变化；第八章《文学的自觉时代》介绍了三国时期的文学艺术和科学技术的成就；第九章《邪马台国及其周围的国际关系》则展示了这个时期东亚各国各族之间的关系。这些都是远远超出《三国演义》的框架而为阐述历史的三国所必需的内容。

此外，本书还特别指出了《三国演义》和三国学术著作对于吴国历史的忽视，这是因为陈寿的《三国志》以魏为正统，而《三国演义》则以蜀为中心进行描述，因此吴国就被置于配角的地位。例如在《三国演义》一百二十回中，第一百十九回叙述蜀国灭亡以及司马受禅，最后的一百二十回就突然到了吴国的灭亡。实际上从黄巾之乱到吴国灭亡共有 96 年，蜀亡后吴单独与魏晋对峙还长达 17 年，差不多占了这段历史的六分之一。因此，本书特别注重加强对于吴国历史的论述。著者写道："有关三国时代的著作虽然很多，但以吴为中心的恐怕还找不到。从吴的角度来看三国时代，我们也许会看到迄今为止我们忽略的一些侧面。这也是本书的又一个意图。"本书对于吴国历史的加强除了补充吴国的资料和篇幅之外，还体现于对吴国历史和吴国历史人物作用的评价方面，例如对于鲁肃，认为他对当时政治、军事形势的洞察和预见在三国时代可谓首屈一指，高于广受推崇的诸葛亮；从赤壁之战孙刘联合抗曹到借荆州与刘备巩固同盟这一连串战略决策都是鲁肃主导的结果，而这一决策是符合当时三国力量对比关系的，体现了他高出于同时代人的高瞻远瞩之胆略，实为当时第一流的战略家。

本书还根据考古发掘的资料而补充了不少三国历史方面的内容。著者指出，河姆渡遗址和三星堆遗址恰恰就位于三国时代吴国和蜀国的所在地，"所以说三国时代是中国统一与分裂、文化的同一性与多样性表现得最为突出的一个时代"。在叙述吴国的内政问题时，本书补充了近年在长沙走马楼发现的吴简资料，这一重大考古发现为研究吴国乃至三国时期的历史提供了前所未有的第一手资料，使得三国历史的研究有可能突破以往文献资料的局限而别开生面。这一考古资料的补充表明本书对于吸取最新研究成果的关注。

最后还应当指出，本书的论述也存在一些可以商榷的地方。例如本书认为吴、蜀所订二帝并尊的互不侵犯盟约，"是中国历史上两个帝国站在完全对等的立场上缔结的第一个，也是最后一个独一无二的互不侵犯条约，这也是只有在三国这个特殊时代才有可能发生的"。事实上早在西汉前期汉与匈奴之间就曾经订立过这样的条约，当时汉皇帝和匈奴单于订立的和亲条约，就是互相承认对方的尊号和统治地位，规定互不侵犯边境的条约。如此的个别之处，是我们在阅读中应当注意的地方。

黎　虎

北京师范大学历史学院

2011 年 10 月

中文版自序

　　在漫长的中国历史当中，三国时期可谓极为特殊又具有典型意义的时代。说特殊，因为纵观中国历史，分裂的时代不是南北对抗，就是群雄乱立，只有三国时代是个三分天下、三帝鼎立的局面。而正如两个人不能成为社会，三个人才是起码的社会单位，三国的关系始足成为国际。三国之间的明争暗斗，比两国关系当然更复杂，却没有群雄乱立的纷纭，可视为国际关系的雏形。例如三国时代，孙吴对曹魏的阳奉阴违，或者蜀吴之间又是反目又是连横的错综关系，无论古今中外，国际外交的策略恐怕不外乎如此而已。

　　当今东亚世界，中日韩三国的交流日趋密切，矛盾也随之而生，乃殆识者隐忧。有人说这就是新的东亚三国时代，也不无道理。何况这三国的国际关系，就可追溯到三国时代。此际回顾当年，不无令人反思的历史意义。且日韩人民早就熟悉三国的历史，一部《三国演义》长期以来就成为他们爱不释手、津津乐道的古典作品，其熟悉的程度比之中国人或许当仁不让。

我是在日本出生长大的韩国人，我的专业是中国古典小说，最近一直从事于《三国演义》版本问题的研究，由我这个异邦的外行人来写三国历史，实在难免有自不量力之嫌。因此，我也不敢说我这本书有什么补遗钩隐的学术价值，或旁观者清的独特观点，只是长年的读书心得和不成熟的思考当中，倘有愚者一得，则为万幸。

金文京

记于日本京都

2011 年 3 月

目 录

终　章　三国时代与现代东亚地区　339

围绕正统的理念斗争 / 五行思想与王朝交替原理 / "未有不亡之国" /
《三国演义》诞生的时代背景 /《三国志平话》奇妙的结尾 / 民族
问题的反映 / 东亚的正统论 / 东亚的现代

附　录　353

序章

华丽的乱世

小说与历史

在日本人迄今为止所读过的众多的外国文学作品中，如果要问哪一部作品是最受读者喜爱的，我想这恐怕要首推中国小说《三国志》了。不论从阅读年代的长短、读者的众寡还是从普及的广泛程度等方面来说，《三国志》都应该是当之无愧的。《三国志》最早被翻译成日语并得以发行，是在江户时代的元禄二年至五年（1689—1692）。由湖南文山（京都天龙寺僧侣义辙和月堂两人的笔名）翻译的《通俗三国志》是被全译成日语出版的最早的外国小说，也是继满文译本（1650刊）之后的世界第二部《三国志》译本。明治以后，幸田露伴（1927）、吉川英治（1939—1943）等文学家又对此作了独自的校订、翻译和改写。现在从小说、戏剧到电影、木偶剧，甚至于电子游戏，《三国志》仍然是深受男女老幼喜爱的

1 日本刊行的《绘本通俗三国志》 天保七年（1836）刊，全75册。湖南文山译《通俗三国志》，葛饰戴斗插图

一部作品。刘备、关羽、张飞、诸葛孔明等人物大显身手的《三国志》故事深入人心，已很少有人会意识到它是一部外国文学作品（人们已不把它作为一部外国文学作品来看待）。

不过稍加留意，我们不难发现，这部小说的舞台是在距今大约一千八百年前三世纪的中国。三世纪时欧洲还处于罗马帝国时代，日本也还处于邪马台国的时代，如此古老而且又是外国的一个故事，为什么对生活在今天的我们还有这么大的吸引力？说起来不可思议，但它有它的理由。

今天被我们通常叫做"三国志"的小说，是指十四世纪罗贯中所著的《三国志演义》。《三国志》实际上是与此不同的另一本书，它是由三世纪末的历史学家陈寿（233—297）所撰的一本历史著作，属于记述中国历代史实的所谓正史之一。后来六朝宋裴松之（372—451）根据当时流传的有关三国的书物对陈寿的《三国志》作了详细的注释。

《三国志演义》是对历史著作《三国志》的内容及所表达的思想（义）进行通俗易懂的解说（演）而产生的作品。故事的大致内容基本沿陈寿《三国志》以及裴松之的注释构成，但因为是小说，所以必然地包含了不少虚构成分。比如说作为故事出发点

2 朱然木刺　吴武将朱然墓（安徽省马鞍山市）出土木刺。在24.8厘米长的木板上，写有官职和姓名

的著名的"桃园结义"，就不属于史实。不仅如此，在这部小说里虚构和史实被浑然地糅合在一起，达到了令人难以分辨的程度。我们不妨来看看下面的这个例子。

1984年，在南京附近的马鞍山发现了一座三国时代朱然的墓葬。从这座墓葬里出土了各种各样的陪葬品，其中有写着"丹阳朱然再拜"等字句的木片。这就是所谓的"刺"，相当于现代名片的鼻祖，也正是由此判明这座墓的主人叫朱然。那么朱然又是谁呢？

朱然是吴国的武将，抓获关羽的不是别人正是这个朱然。小说《三国志演义》里朱然后来在刘备挑起的复仇战中死于蜀的武将赵云手下，这完全是因为作者偏爱关羽而虚构的情节。实际上从史书《三国志》可以知道，朱然后来屡建军功，病死于六十八岁。如果相信了小说的话，真不知道会闹出什么差错来。除了这种显而易见的虚构之外，更大的问题是在史实的描写方法上。

十四世纪的罗贯中在《三国志》的史实基础上描述故事时，并没有做什么特别的时代考证，而是根据自己的时代感觉对史实

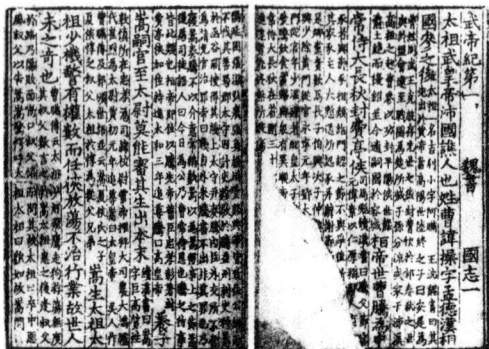

3 《三国志》 三国时代结束后不久，晋朝历史学家陈寿编撰的正史。图为元刊本（东京内阁文库藏）

进行描写。随着时代的变化，生活方式、习惯等也在变化，罗贯中对此缺乏明确的意识。比如三国时代纸刚刚发明不久，所以纸几乎还没有普及。朱然的名片之所以写在木片上也正是因为这个原因。但是罗贯中好像对此全然不知。或者是明知故犯，有意不把它反映到自己的小说里。结果在《三国志演义》的初期版本里竟然出现了印刷的书籍。众所周知，印刷术的发明要在更久以后了。这种对时代差异的无视，从具体的东西（比如纸）到人物的性格描写贯通整个小说。也就是说小说写的是三世纪的事情，但描写方式却是十四世纪的。所以对小说里的刘备、关羽、张飞等人物以及他们的英雄所为，我们仿佛是在看织田信长、丰臣秀吉等日本战国时代的人物那样令人感到亲近。

　　本书的一个目的是想以我们熟知的小说《三国志演义》(《三国志演义》存在着几种不同系统的版本。以下如不特别提示，全

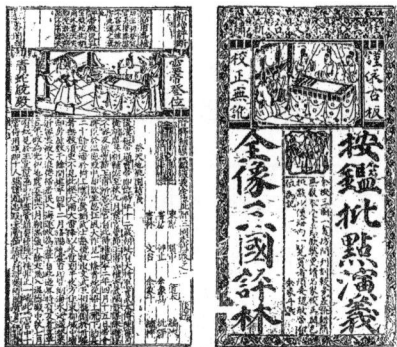

4《三国志演义》明刊本（京都市建仁寺两足院藏）

小说《三国志演义》以陈寿所著《三国志》等为底本，为 14 世纪罗贯中所著

部以流传最广的清代"毛宗岗本"为准）为线索，描述一下我们并不熟悉的三国时代的历史。当然少不了要参考陈寿的《三国志》等历史文献，但仅靠历史文献来具体理解这个时代免不了会有隔靴搔痒之感。所幸的是，今天我们有朱然墓陪葬品这样大量的一手出土文物，对这些文物又有众多的研究成果。我相信通过利用文献以及出土资料，会在很大程度上把三国时代的真实面目展现在大家眼前。

现代中国的起点　　　　读者不禁要问，我们有没有必要执著于追究三国时代的真实面目。通过历史检证，如果得出的结果是小说整个是虚构捏造，那我们不是白费力气吗？对生活在现代的我们来说，探知一千八百年前的中国究竟有什么意义呢？

我认为意义是很大的。因为要想了解从三国时代到现代中国的历史、社会和文化，三国时代具有不可忽视的重要性。而事实也确实如此，中国在世界史上是一个具有独特文化的国家，它的很多特征都是以三国时代为起点而形成的。纸的普及就是其中一例。

已故历史学家川胜义雄曾经把三国及其之后的南北朝时代形容为"华丽的黑暗时代"。这是因为，这一时代处于政治极端混乱的乱世。而正因为处于一个乱世的时代，一大批英雄豪杰得以大显身手，各种文化之花也竞相绽放。

就拿曹操来说，在小说里作为反面人物的代表出现，但同时他又是一个极富个性的卓越的改革家。曹操以及他的两个儿子曹丕、曹植还是杰出的诗人。说起中国的诗歌，人们首先会联想到以李白、杜甫为代表的唐诗。辉煌壮丽的唐诗世界，它的渊源起自于以曹操父子为中心的文学运动。正是在三国时代，作为个性表现手段的文学有史以来首次获得了它独立的地位。

同样的现象我们在思想、宗教方面也能看到。众所周知，儒教作为中国最具代表性的思想起源于孔子。为阅读孔子选定的儒教经典，后人做了大量注释，其中后汉末期的学者郑玄的注释对后世影响最大。在小说《三国志演义》里有刘备曾拜郑玄为师的记述，当然这是虚构。实际上刘备的老师是郑玄的朋友卢植。

佛教从印度传入中国是在一世纪的后期，也就是后汉明帝的时候。但实际上，大批的僧侣来中国进行译经和传教活动、佛教在民间广泛传播开来，是后汉末三国时代以后的事了。吴的孙权为传教僧康僧会创建了建初寺，曹操的儿子曹植曾写过梵歌（佛教诗歌），这些都足以证明当时佛教已相当普及。

道教作为中国固有的民间宗教起源于春秋战国时代的老子、庄子等道家思想。但是它作为宗教开始正规的教团活动，也是到了后汉末、三国时代了。小说的发端黄巾之乱正是初期道教集团太平道掀起的。而五斗米道的张鲁更是在曹操和刘备之间形成了独自的宗教王国。五斗米道后来被称作天师道，张鲁的子孙历代被奉为张天师，掌握道教教团的大权。其后裔现在还在台湾继续宗教活动。

儒教、佛教、道教这三教构成了那之后的中国思想和宗教的骨格。三教之间的论争和交流又产生了中国独自的三教合一的思想。而这三教之间的论争和交流在三国时代就已经开始了。三国时代是中国史上继诸子百家活跃的春秋战国时代之后的又一个华丽的乱世，在宗教、思想、文学、艺术等方面它是一个具有划时代意义的重要时代。

除了文化、宗教外，政治方面，三国时代也是一个重要的起点。从世界史上来看，中国的最大特征就是在广大的领土上能够使一个统一帝国得以长期存续。而这种对统一帝国强烈向往的理念也正是确立在三国时代。这对日本、朝鲜等邻近各国都产生了很大的影响。

东亚的三国时代 　　三国志热和邪马台国热虽然可以说是日本战后的两大历史热潮，但这两者之间似乎并没有什么关联。不过正如前述所说，三国时代正是日本的邪马台国时代，说起邪马台国就必提"卑弥呼"，要说"卑弥呼"，就离不开《魏志·倭人传》。

　　正确地说，这篇《魏志·倭人传》出自于《三国志》的《魏书》。《魏书》的最末卷为《乌丸·鲜卑·东夷传》，其中《东夷》的最后一个部分《倭》也就是所谓的《魏志·倭人传》。《东夷》里依次列举了以下几个国家，夫馀、高句丽、东沃沮、挹娄、濊、韩、倭。大致地说，夫馀和挹娄位于现在中国东北的北部地区。高句丽的领土包括了今东北的南部和朝鲜。东沃沮在今朝鲜的东部。而三韩（马韩、辰韩、弁韩）是指现在的韩国，倭也就是日本。

　　这一地域随着汉帝国的衰退，各民族的动态变得非常活跃。随后在朝鲜半岛出现了高句丽、新罗、百济的三国时代。日本列岛也开始呈现出国家形成的萌芽。这些国家都争相与中国建立关系，同时引入了汉字文化、儒教、佛教等文化要素。这就是一直绵延至今的汉字文化圈最初的诞生，也是东亚国际交流的开端。

　　二十一世纪初的今天，在中国与朝鲜、韩国以及日本之间，仍然不断摸索着新的国际关系。作为东亚文化圈交流起源的三国时代，今天我们回顾这个时代不仅意义深远，而且也定会引起人们的兴趣。

　　过去一贯认为中国文明起源于古代黄河文明，然后呈放射状向周围传播，中国是一个在广袤的国土上长期存续了同一文明的世界史上独一无二的国家。但是近年的考古成果告诉我们，在古代中国各地同时存在着与黄河文明截然不同的多种文明。例如

5 纵目兽面具（三星堆博物馆） 三星堆遗址（四川省广汉市）出土。公元前17—前11世纪。显示了古代中国文化的多样性

长江（扬子江）下游南方的河姆渡遗址、长江上流的三星堆遗址都是其中最具代表性的。三星堆出土的奇特的青铜面具，凡是见过的人都会强烈感到它完全不同于我们常识中的中国文明的印象。而河姆渡遗址和三星堆遗址恰恰就位于三国时代吴国和蜀国的所在地。所以说三国时代是中国统一与分裂、文化的同一性与多样性表现得最为突出的一个时代。包括中国在内的东亚世界的同一性及多样性更是一个极富现实意义的问题。

追溯三国时代的历史与文化，考察它对后世的影响并借此展望东亚的未来，这也是本书的另一个鹄的。

从吴的角度看《三国志》　　陈寿的正史《三国志》以魏为正统，而罗贯中的小说《三国志演义》是以蜀为中心各自对三国的历史进行了描述。总之，三国三足之一的吴只不过被当作配角而已。但实际上正是这个被当作配角的吴扮演着持有决定性一票的重要角色。有关三国时代的著作虽然很多，但

以吴为中心的恐怕还找不到。从吴的角度来看三国时代，我们也许会看到迄今为止被我们忽略的一些侧面。这也是本书的又一个意图。

第一章

夕阳西下的汉帝国

中国人的历史观

**一治一乱与汉王朝
灭亡的震惊**

"话说天下大势，分久必合，合久必分。"小说《三国志演义》以此开篇，就像《平家物语》以"诸行无常，盛者必衰"开头一样，开篇的这第一句话基本上也就是整个小说的主题。接下来围绕这个主题，小说列举了从周王朝末春秋战国的分裂时代到秦的统一帝国、又由楚汉对立到汉王朝的统一、最后到三国时代出现的历史变迁。中国历史此后又经历了晋统一三国继而又分裂成五胡十六国及南北朝、隋唐统一王朝继而分裂成五代十国、北宋统一之后接下来又进入了南宋和金的南北时代。元明清三朝虽然保持了长期的统一，但进入二十世纪中国又经历了军阀割据、国共内战等分裂状态。由此看来，中国的历史似乎确实存在着统一与分裂的循环。

不过中国历史这种统一与分裂的循环只不过是一个偶然现象，从世界史上来看并不存在普遍性。比如说面积大小和中国不相上下的欧洲，实际上一直处于分裂、或者说一直处于诸国共存的状态。统一分裂循环论甚至还不如"诸行无常，盛者必衰"有普遍性。不仅如此，中国人的历史观把统一作为正常的状态，称之为治世，相反的，把分裂作为非正常状态，称之为乱世。统一与分裂的循环也就意味着治世与乱世的循环，也就是所谓的"一治一乱"（《孟子·滕文公下》）。那么是不是统一就意味着和平，分裂就意味着战乱呢？并不是，在分裂状态下保持了局部和平的例子举不胜举。所以说"分久必合，合久必分"的统一分裂循环论只不过是后人强加的一个观念性的结论。

由此我们不禁要问，后汉末时的人们是否真的认为"合久必分"，把汉王朝的灭亡和三国鼎立当作必然的事态来理解呢？从前述的统一与分裂反复出现的顺序来看，三国时代是继春秋战国和楚汉对立之后的第三个分裂时代。但是春秋战国出现在中央集权帝国之前，而楚汉对立与其说它是分裂，不如说它是内战。加之秦的统一时间又很短暂，楚汉之争看上去更像是战国时代的延长。与此相比，汉朝前后持续了近 440 年，是中国史上最长的王朝。更值得一提的是汉王朝中途曾遭受王莽的亡国之灾，但它却像不死鸟般地得以再生。虽然后来也有东晋、南宋那样的被消灭了的王朝又得到复活的事例，但东晋和南宋都是遭异民族进攻逃到南方才勉强存续下来的。作为统一王朝复活的在中国历史上只有后汉这一个朝代。所以说，生活在后汉末期的人们如果认为汉王朝是不灭的，我觉得这完全是很正常的。汉朝从它的创始者高祖刘邦以来，一直有非刘姓者不得为王的原则。非刘姓者想要夺取天下肯定会遇到很大的抵抗。如此强大的汉王朝的灭亡，而且是作为最早的长期王朝的灭亡，这对当时的人们不能不说是一个惊天动地的大事。从这一点来看，三国时代应该说是中国历史上最初的分裂时代。

同样的，这种分裂状态是否如小说所说的那样"分久必合"，当时的人们是否就认为由分裂必然走向统一，这也是很值得怀疑的。从后来的历史的发展我们可以看到，除了西晋三十七年短暂的统治外，到隋的统一（589年）为止，其间经历了将近三百年的漫长的分裂时代。在三国那个时代，中国像罗马帝国灭亡后的欧洲那样发展成诸国分立状态的可能性也是不可排除的。这个时代的人们置身于统一还是分裂的动荡之中，最终人们在这种不安的状态下产生了对统一的强烈渴望。

如果我们对汉王朝的灭亡给人们带来的震惊和不安缺乏想象，我们就很难真正地理解三国这个时代。历史不能简单地用一句"分久必合，合久必分"来解释。所以我们从开头的这一句就应该和小说分道而行了。

6 长江一瞥　当年的蜀国、现在的四川省被深山环绕

三国赞歌《三都赋》

到了三国末期，蜀被魏灭亡，而魏又被司马氏的晋所取代。剩下的吴也是奄奄一息。再次走向统一只不过是时间的问题。就是在这样一个动荡年代里，一个无名的文学青年从山东的乡下来到了都城洛阳，写下了一篇可以说是总括了三国时代的作品。这个青年就是左思。左思出身贫寒，其貌不扬，但博学多才。他在家里的门、院子甚至厕所到处都放了纸和笔，一有灵感就立刻记录下来，对创作废寝忘食。经过十年的不懈努力，终于完成了这部流传后世的杰作——《三都赋》。三都就是指蜀的都城成都、吴的都城建业（现在的南京市）和魏的都城邺都（现在的河北省临漳县）。

赋是汉代流行的一种以韵文为主体的美文。《三都赋》就是为上述的三个都城写的赞歌。作品首先由西蜀公子登场，赞美了蜀的风光如何明媚，物产如何丰富，人民生活如何奢侈以及蜀地如何文人辈出等等。接着登场的东吴王孙对此付之一笑：你说的那些都是没见过世面的乡巴佬的自卖自夸，蜀不是已经被灭亡了吗？

接下来东吴王孙对自国大加称赞：首先我们吴国有海、有湖，有无数的大河大川，还和越南这些南方的国家相邻。我们

出产的珍珠等无数珍宝那
是你们蜀根本无法相比的，
一个是天上的月亮，一个是
地上的王八。北方的魏的
土老帽们恐怕更是一辈子
也见不上这样的好东西。单
说钓鱼，在我们吴国别提多

7 太湖一瞥 江苏省和浙江省等吴国中心地域，东面大海，是水运发达的鱼米之乡

么尽兴了。在黄河里钓鲤鱼，那不跟在井里钓鲫鱼一样吗？不错，
古代的帝王舜啦禹啦确实都出生在北方，但他们可都是死在南
方的啊。那还不是被我们南方的美丽富饶吸引来的吗？如此这般
对蜀进行了一番嘲弄，同时又没忘了敲打一下魏。

在一边沉默不语的魏国先生终于开口了：您二位快别说那些
没道理的话了。自打开天辟地，世界的中心那可是在中国（即中
原）的啊。那些偏远地区住的都是些满嘴胡言乱语的蛮夷之辈。
你们蜀和吴自然条件再好，也不过是蛮夷之地，怎么能和继承了
圣人传统、以仁德统治天下的中国相提并论？魏继汉王朝之后，
受天命而治天下。现在又听从天命把天下拱手转让给晋，自己甘
作臣下。这是多么了不起的决断啊。相比之下，蜀就像是笼中之
鸟，吴不过是井底之蛙。你们蜀和吴原本不就是流放罪人的地
方吗？蜀已经灭亡，吴也日子不长啦。

听了魏国先生这番话，西蜀公子和东吴王孙都哑口无言：我
们真是有眼不识泰山。就像天上容不下两个太阳，地上怎么能有

两个皇帝呢。三人之间的争论最后以歌颂正统王朝魏并抬举其后继的晋而结束。虽说内容幼稚可笑，但从中我们可以有以下两点发现。

中华势力圈的扩大 首先，当时的文明中心被认为是在中国北方的黄河流域。长江以南的江南地域和四川盆地还是主要由异民族居住的蛮夷之地。光从蜀这个字来看，里面有虫，指蛾蝶类的幼虫。吴这个字带着口，有大声说话的意思（参考后汉许慎的《说文解字》），都被用来指野蛮的异民族。但是秦汉以来北方汉民族不断移民南方，这个所谓蛮夷之地当时已经得到相当的开发。西蜀公子和东吴王孙对自国的美丽富饶自夸自赞正说明了这一点。可以看出当时蜀和吴的建国是有一定的经济基础为后盾的。而魏国先生对自国的物产提到的很少，当然这可能是为了强调自己在道德和精神世界上的优势。但当时中国北方因为长期的战乱疲惫不堪，值得向人吹嘘自夸的东西大概也真是所剩无几了。从这里我们已经能够看到今天中国的"政治的中心在北京，经济的中心在上海"的南北地域特征的雏形。

第二点，魏的这种政治上的优势，是因为背后有源自于古代圣天子，由汉王朝到魏晋以来一脉相承的正统的也是唯一的皇帝权力作后盾。这种政治思想在秦汉时代，特别是后汉已基本形成。因此由汉到魏的改朝换代正是这种政治思想最初付诸实践的一个实例。而蜀众所周知也以汉王朝的后继者自居，在正统性上与魏展开了争夺。这也是中国历史上最早的围绕正统性发生的纠纷。由正统思想引发的王朝革命以及争端，后来也时有发生，三国时代可以说是这个问题的出发点。

《三都赋》一方面写了边境地区因开发带来了经济发展，一方面写了中国北方的文化上的正统性，这两点之间似乎不无矛盾。但实际上并非如此，边境地区的发展不仅没有减弱反而增强了北方的正统性。两者相辅相成，最终不是减缓而是促进了中华势力圈的扩大。三国以后的漫长的中国历史，在某种意义上也可以说是中华势力圈扩大的历史，而三国这个时代基本上是展开在这个范畴里。

据说左思在写作《三都赋》时，排除了赋这种文体常有的夸张虚构等手法，通过查阅文献并向实际去过当地的人打听情况，在叙述上尽可能地做到接近事实。我们可以想象，《三都赋》是比较如实地反映了当时的人们对三国的状况及地位的认识的。它所描述的世界与小说《三国志演义》之间有着很大的距离。

顺便提一句，《三都赋》的这种由三个人轮番登场自夸的表现手法，在前汉的汉武帝时代就有先例，当时的文人司马相如写过名为《上林赋》和《子虚赋》的作品。这种文艺形式的原型来自于民间，本来是一种自己说自己的东西多么好与别人比高低的游戏。后来被继承发扬，甚至影响到日本。空海的《三教指归》、明治时代中江兆民的《三醉人经纶问答》等都效仿了这个形式。

后汉时代

小说《三国志演义》（以下简称《演义》）在开头部分披露了统一与分裂的历史哲学之后，开始进入对后汉时代的具体叙述。我们知道的很多历史事件，比如黄巾之乱、官渡之战、赤壁之战等，通常被我们当作三国时代的事情，但实际上有很大一部分是发生在后汉末期。所以我们在涉及三国历史的时候，必然要从后汉末期的历史说起。

《演义》里最初的事件是，大将军窦武和太傅陈蕃憎恶宦官曹节、王甫等人的专横，预谋除害。不想机密泄漏，反被曹节、王甫等杀害。这件事发生在建宁元年（168）九月，十三岁的后汉第十二代皇帝——灵帝刘宏刚刚即位不久。《演义》在进入三国历史之前，先从这个事件下笔，不能不说显示了作者的见识。不论对后汉这个时代还是对其后的中国史的构造来说，这件事都是很有象征意义的。下面我们简单说说事件当事人之间的关系。

首先，大将军窦武是灵帝之前的皇帝桓帝的岳父。桓帝无子，只好从旁系里选了灵帝继承皇位。窦皇后则以皇太后的身份临朝执政。而窦武作为皇太后的父亲也身居要职。通常皇后、皇太后的一族被称作外戚。到了后汉，像窦武这样外戚的代表人物就任大将军掌握最高军事权力的现象已基本成为惯例。

在后汉有一定地位的儒生一般被称作清流（其中多属官僚阶层），太傅陈蕃是负有众望的清流守护者。作为皇帝的辅佐，太傅的职位在官僚体系最高级别的三公之上。陈蕃是名副其实的弘扬儒家理想的清流派读书人，也是官僚阶层的代表。

当初桓帝宠爱出身卑微的田贵人，打算立她为皇后。但因遭到陈蕃的反对，最后只好娶了门第相当的窦武的女儿为后。陈蕃和窦武的信赖关系从那个时候起就开始了。因此他们共同策划预谋铲除曹节、王甫等专权宦官。所谓宦官也就是那些在宫廷内服侍皇帝及家族的被去势了的男人，相当于皇帝的私用奴隶。

可以说这是一个外戚势力联合儒生及官僚势力企图驱逐弄权专横的宦官势力而以失败告终的事件。《演义》在叙述了事件的大致之后，以"中涓自此愈横"做结尾。也就是说代表正义的清流派从此失去了势力，而浊流般的宦官势力从此当道。看得出作者在这里把这个事件作为后汉王朝灭亡的直接原因，这也是作者之所以把它当作三国故事的开场白的原因。

这种清流派对浊流派，或者说善对恶的模式，是中国传统文人在解释历史时惯用的手法，《演义》的作者当然也不例外。但是后汉灭亡的主要原因真的是因为宦官跋扈吗？也许不过是政治混乱带来的结果而已。从今天来看不能不产生这样的疑问。尽管如此，在这个事件里登场的外戚、清流及宦官这三大势力，仍旧是我们理解后汉这个时代的关键词。同时也为理解后汉以后的历史提供了有趣的话题。

**外戚与汉朝的
家族制度**

高祖刘邦白手起家建立了前汉王朝。刘邦死后，皇后吕后掌握了实权，吕后一族的势力也因此大振。但好景不长，吕后一死，她的一族立刻被高祖的家臣们一扫而光。不过在那以后外戚照样受到重用。文帝时窦皇后的亲戚窦婴做了大将军，景帝时王皇后之弟田蚡做了宰相。创建了汉王朝极盛时代的武帝也不例外，卫皇后姐之子霍去病官至骠骑将军，在征讨匈奴的战役中屡次立下大功。而霍去病的异母弟霍光在汉昭帝死后，迎立昌邑王刘贺为帝。但仅一个月后就废昌邑王，迎立了宣帝。霍光废昌邑王据说是因为他好色昏庸没有做皇帝的资格，霍光因此被后世传颂为忠臣的榜样。但外戚能如此轻而易举地让皇帝下台，这也说明了外戚的权力之大。霍光辅政期间，把女儿嫁给宣帝做皇后，又把自己一族的势力安插在要职上，基本上独揽了大权。所以霍光死后，宣帝把霍氏一族诛灭扫尽。宣帝之后元帝时，皇后的弟弟王凤及其一族权力很大。到了平帝时，王凤的侄子同时也身为皇后父亲的王莽终于篡权，自己登上帝位建立了新王朝。

推翻王莽的新王朝实现了汉王朝复兴的刘秀，按理说应该吸取王莽篡权的教训，极力排除外戚势力的干扰。但实际上到了后汉外戚依然是一股很强的政治势力。所不同的是，前汉的高祖刘邦出身农民，前汉各代皇帝的皇后里像武帝的卫皇后那样出身低微的人不在少数。而到了后汉，刘秀作为汉皇族的一员同时又是南阳地方的地主豪族，他的势力根基以南阳为中心波及各地豪族。到了后汉，皇后大多出身豪族。

　　光武帝刘秀在建立后汉王朝的过程中，最后遇到了两个障碍。一个是以长安为中心割据西北地方的隗嚣，一个是在蜀（四川）自称皇帝的公孙述。这两个人与刘秀之间的混战，可以说是三国前的另一个三国时代。为刘秀打倒隗嚣和公孙述立下汗马功劳的有马援、窦融（前汉文帝时外戚窦氏的后代）以及梁统等西北豪族。因此后汉的皇后大多出自于马、窦、梁以及南阳豪族阴、邓这几个大氏族。而作为外戚，权力也大多集中在这几大氏族的手中。比如说，第二代明帝时马皇后一族，章帝时窦皇后之兄窦宪，第四代和帝时邓皇后之兄邓骘，第八代顺帝时梁皇后之兄梁冀，还有第十一代桓帝皇后窦氏之父窦武都是外戚掌权的典型。起初外戚里也不乏高尚之士，皇帝与外戚的关系也基本正常。但到了后汉的后期，从旁系迎立年幼者为帝的现象时有发生。这样的时候，前皇后往往作为皇太后临朝执政，而外戚也因此得势，为所欲为。

　　纵观前汉后汉的历史，我们可以看到，外戚一直是作为一股强大的政治势力存在着。特别是后汉，完全没有吸取外戚王莽篡权的教训，继续容许外戚专权。这不能不说和当时的家族制度有很大的关系。汉代还处于儒教父系家族制度确立之前的时代。可以想象，当时古代母系家族制度的色彩还相当浓厚。汉的皇室原本是出身卑贱的家系，这种母系家族制度的倾向可能更强一些。后汉与前汉不同的是，后汉最终没有被外戚篡权。这是因为后汉时又加入了宦官以及儒生这样新的要素。后汉最后一个专权的外戚是灵帝何皇后之兄何进。何进出身卑微，在这一点上和前汉的外戚非常相似，但何进最后和窦武一样被宦官所杀。

宦官跋扈的条件　中国历史上，最早作为宦官出名的恐怕要数秦朝的赵高了。独裁者秦始皇死后，掌握大权的赵高指鹿为马愚弄蒙骗年幼的秦二世。这就是日语的"马鹿"的由来。从赵高的例子我们可以看到，作为制度的皇帝尽管权力强大，但作为个人的皇帝因为年幼无能等原因不能行使皇帝的巨大权力时，宦官跋扈的条件也就具备了。也就是被身边小人钻了权力的空子。如果皇帝的权力相对弱小，或者皇帝是有能力的明君，宦官自然也就没有弄权的余地了。

宦官跋扈的另一个条件是皇帝的深居。也就是说，皇帝执政的内廷和官僚办公的外廷互相隔绝，皇帝与官僚间的意见沟通很难实现。于是作为传话筒的宦官就有了钻空子的余地。前汉时宦官的举动还比较收敛，那是因为当时侍从在皇帝身边的除了被去势的宦官外，还有一般官吏，内外隔绝还不那么严重。而到了后汉，在内廷侍从皇帝的就只限于宦官了。

到了后汉的后期，从旁系迎立年幼皇帝即位的事态时有发生。这样的时候虽然由皇太后临朝执政，但皇太后与外廷间的联络全部由宦官担当。因为皇太后与出身旁系的皇帝没有直接的母子关系，外戚与皇帝之间不可避免地发生一些摩擦。这就给宦官提供了可乘之机。后汉的外戚窦宪、邓骘、阎显、梁冀、窦武以及何进等人都死于宦官之手。而顺帝、桓帝等实际上都是由宦官拥立的。

宦官孙程的例子正是宦官得势的一个很好的象征。孙程因拥立顺帝有功，阳嘉四年（135）获得了可以领取养子并可把自己的爵位传给养子的特权。后来这个特权被制度化，适用于其他一些有权势的宦官。由此，本来没有子孙后代的宦官，也能像外戚一样把自己的权力和财产遗传下去。如果没有这个制度的存在，也就没有作为宦官之孙的曹操的存在。仅此一点就足以说明这个制度的意义之大。

不过，如此荣耀显贵的宦官势力终于也有它衰败的时候。而最后站在荣华顶点的是《演义》里也出现的"十常侍"。他们在杀了外戚何进之后，最终被世袭官僚的领袖袁绍彻底铲除。宦官势力走向没落的同时，皇帝权力也变得越来越弱，后汉王朝也由此走向灭亡。

地方豪族与儒教官僚　前汉的武帝虽然把儒教当作国教，但儒教的影响具体表现出来，则是到前汉末期甚至进入王莽时代以后了。王莽不仅作为外戚，同时又以儒教领袖的身份赢得了知识阶层的支持，最终篡夺了皇帝的位子。由此可见当时儒教已得到相当的普及，具备儒教素养的知识阶层也已经非常壮大了。

儒教知识阶层的实体也就是地方豪族。后汉时代也正是地方豪族发展壮大的时期。前汉时，一个豪族的势力一般局限在县的范围内，到了后汉则扩大到县以上的郡。拥有强大经济基础的大豪族在各地出现。他们通常年轻时游学于太学（官立的学校）接受儒教的熏陶，之后以孝廉、茂才等名目被推荐到地方或中央出任官僚。这中间的高级官僚又在自己的门下选拔录用大量的官僚（被称作门生、故吏），以掌握政治权力。这种豪族与官僚表里一体的存在也正是后汉王朝的实质上的支配阶层。后汉的创始者光武帝刘秀也是年轻时有过游学经验的地方豪族的一员。后汉的外戚势力也基本上来自地方豪族。

这些出身豪族的儒教官僚阶层，在人数不断增加的同时也逐渐产生了分化。他们中的一部分人在继承权力和财富的过程中发展成世袭的门阀贵族，他们选择的是与外戚、宦官保持一定的妥协的现实路线。而另一部分人，也就是被排除出权力中枢的那一部分人，他们坚持儒教的理想主义，对政治进行批判，逐渐发展成相当于在野党性质的存在。这也就是后来所说的清流。他们中间更出现了一部分反对现实政治的逸民、隐遁者，他们逐渐形成一股潜在的反体制势力。这些对政治持批判态度的势力的不满情绪越来越高涨，最终导致了后汉政权的灭亡。后汉王朝的崩溃是由袁绍铲除掌握实权的宦官势力为开端的。而袁绍正是出身于四世三公的官僚豪族。

中国历史上的外戚宦官及儒教官僚

继后汉之后出现的魏王朝，实际上就是以这些对汉王朝持批判态度的豪族势力为中坚分子的。他们中的代表人物司马懿的子孙之后又创立了晋王朝。到了六朝时代，豪族的门阀贵族化倾向更加强烈。进入隋唐期以后随着儒教知识阶层不断扩大，门阀贵族制已不能对应时代的变化。这时开始出现了通过科举考试晋升官僚的士大夫。这个士大夫阶层的实体，实际上也就是地方地主势力。他们虽然经历了种种的历史变迁，但直到二十世纪初清朝灭亡为止，都一直是在皇帝体制下担当着实质上的统治阶层。这种长期以来作为中国的统治阶层的豪族（地主）、儒教知识阶层与官僚的三位一体的存在，最早出现在历史舞台上正是在从后汉到三国的这个时期。

以豪族势力为背景的儒教官僚后来依然作为中国的统治阶层存续下去。而外戚势力到后来则基本上从中国历史上销声匿迹了。魏的第一代皇帝、曹操之子文帝曹丕在即位两年后（黄初三年，即222年）就下诏书禁止外戚参政。在吴和蜀，除了吴的外戚全氏掌握过一时的权力外，也几乎找不到外戚得势的苗头。在后来的历史里除了个别的之外，外戚在政治上已不再是举足轻重的存在了。前文已经提到过，这和儒教的父权家族制度的普及有着一定的关系。不过，中国历史上唯一的女帝武则天以及清朝末期实行垂帘听政干预政治的西太后，都是皇后亲自掌权执政，这和外戚应当别论。

三大势力之一的宦官势力与外戚不同，在后来的历史舞台上还一直扮演着重要的角色。三国时代，蜀的后主刘禅昏庸无能，宦官黄皓乘机操纵政权，最终导致了蜀的灭亡。吴的政权末期也出现了宦官跋扈的现象。特别是到了唐代后期以及明代后期，宦官势力的横行登峰造极，有凌驾皇帝权力之势，成为王朝灭亡的重要原因之一。这已是广为人知的史实。

总而言之，后汉时代的三大势力，到了三国以后剩下了两个势力存在：一个是以地主豪族为背景的儒教官僚势力，一个是以皇帝权力为背景的宦官势力。也就是说，皇帝独裁权力与牵制皇帝权力的儒教官僚之间的对立，已成为中国国内政治的主要问题。

东亚历史上的外戚宦官及儒教官僚

众所周知，中国周边的各民族都是在吸取和模仿中国的政治制度中，形成了各自的国家。这里面最有代表性的是朝鲜和日本。那么，牵动中国政治的这三大势力，在朝鲜和日本是怎样被接受的呢？

首先，被视为"中国政治之祸根"的宦官在日本不曾存在。朝鲜虽然效仿中国引进了宦官制度，但在朝鲜历史上宦官从没出现在政治舞台上。与此相比，中国后汉以后已经消灭了的外戚，在日本却长期保持了重要的政治地位。比如平安时代，天皇的外戚藤原氏操纵政权实行摄关政治；镰仓时代，将军的外戚北条氏任执权（辅佐将军统辖政务的最高官职）左右政治。在朝鲜外戚也是一股重要的政治势力。特别是李氏朝鲜王朝末期的十九世纪，外戚安东金专权政治近六十年，这也就是有名的所谓"世道政治"。在韩国，直到近年涉及总统夫人及家族的营私舞弊事件还时有发生，成为人们关注的新闻。这也许是外戚政治留下的后遗症。在日本和朝鲜，外戚之所以一直能够作为政治势力存在，很大程度上是因为日本、朝鲜固有的母权家族制度的影响。虽然儒教的父权家族制度这个中国有代表性的思想已传入日本和朝鲜，但显然它的影响力是有局限性的。而家族制度作为儒教最核心的部分，这也就意味着，日本和朝鲜在对儒教的吸取借鉴上程度虽有不同，但都是有取舍的。

最后拿儒教官僚来说，因为儒教的影响力本身是有局限性的，所以在性质上与中国不尽相同。在日本，科举制度没有被引进，儒教知识阶层进入权力中心参与政治的事情也从未发生过。中国的士大夫的"士"指文士，而日本的"士"指武士。在中国除了改朝换代的混乱期或者少数民族政权下，武人从不干预政治。这一点和日本形成了鲜明对比。朝鲜从高丽时代就引进了科举制度。到了朝鲜王朝时代，由于举国上下推行儒教化政策，出现了相当于中国士大夫的两班阶级。不过，中国的士大夫主要通过科举产生，是一个世袭性很弱的流动性阶层。而朝鲜的两班世袭的性质很强，在这一点上与六朝以前的门阀贵族很接近。

通过比较，我们可以看出，日本和朝鲜虽然借鉴引进了中国的政治制度，但这个制度的影响却只停留在表面。就像给固有的文化、习惯套了一件中国制度的外衣，日中朝三国实际上存在着很大的差异。

黄巾之乱

未被写进《演义》的大事件——党锢之祸

《演义》开场写了宦官专横之后，接下来转笔黄巾之乱。主角刘备、曹操、孙坚都出场到齐，故事开始进入正题。但是，在故事进入黄巾之乱前，我们有必要先来看看另一件没有被写进《演义》的重要历史事件。

前面我们提到过，导致后汉王朝灭亡的主要社会力量是信奉儒教理想主义，对外戚、宦官专权的腐败政治进行抨击的清流派知识阶层及官僚。清流派领袖陈蕃欲策划发动政变，以推翻宦官势力，但最终事败被杀。就在这前后，发生了两次对清流派的大镇压，这就是党锢之祸。党锢也就是把对政权持批判态度的清流派阶层视为异己分子，制造黑名单，对这些"党人"实行囚禁，以封杀他们的行动。

在陈蕃事件两年前的延熹九年（166），另一名清流派领袖李膺，被宦官牢脩以煽动太学生诽谤朝廷的罪名诬告，在全国有两百多人被逮捕。第二年，永康元年（167）在外戚窦武的求情辩护下，被逮捕的清流派虽然一度获释，但仍被遣返归乡接受禁锢。这就是第一次党锢之祸。同年十二月，桓帝死。紧接着，第二年窦武和陈蕃就发动了政变。

8《熹平石经》拓本　校订儒教五经刻石。书法出于当时最有名清流派文人蔡邕之手

窦武、陈蕃谋事失败被杀。第二年，也就是灵帝建宁二年（169），宦官曹节上奏诬告，使以李膺为首的清流派一百多人被处刑。与这些清流派有关系的人也都被免官禁锢。这就是第二次党锢之祸。有关党锢之祸，在《演义》最早的版本嘉靖本里完全没有记载。通行版本（毛本）里也只简单地提了一句："桓帝禁锢善类。"但是，这两次党锢之祸实际上与黄巾之乱有着非常密切的关系。

在两次大镇压之后，清流派的活动被彻底封杀了。但是，历史证明这种对知识阶层的镇压，往往是适得其反。镇压越强大，反抗也越激烈，而一般大众总是对受压迫的一方持同情态度，当权者最终因此失去人心。也许是意识到这对统治不利，在两次党锢之后，当政者开始对知识阶层实施一些怀柔政策。比如，熹平四年（175）朝廷对儒教经典的五经进行了校订，并刻于石碑立在太学的门前。这就是作为中国历史上最早的石经而闻名的熹平石经。把石经立在太学门前，当然是为了督促学生们少管政治好好读书。可见不论在哪一个时代，学生都是最激进的政治批判者。紧接着，三年后的光和元年（178），朝廷又在宫廷鸿都门内设立新的太学，招收千名太学生。当然这也是笼络知识阶层的一环。但是，就在同一年，熹平石经的执笔者、当时首屈一指的文化人蔡邕因主张改革被放逐朔北（今山西省大同市以北）之地。

以宦官为主体的政权与清流派知识阶层之间的这种对立日渐加深，黄巾之乱正是在这两者间的矛盾激烈冲突的形势下爆发了。

黄巾之乱与知识阶层

第二次党锢之祸十五年后，也就是光和七年（中平元年、184年）二月，太平道教主、钜鹿人张角发起了暴动，数十万的信徒在各地同时行动。太平道是当时民间宗教之一，后来发展为道教。信徒以教人悔过、画符诵咒，替人治病，在十余年间势力大增。后汉晚期，社会不安与日俱增，这种新兴宗教在当时非常流行。实际上在熹平元年（172），南方的会稽（浙江省绍兴）就有叫许生的人自称阳明天子发起暴动。与太平道一样这也是一个宗教暴动。

张角自称天公将军，张角的两个弟弟张宝和张梁各自称地公将军、人公将军，以"苍天已死，黄天当立，岁在甲子，天下大吉"的口号在各地蜂起。信徒都以黄巾裹头，被称为黄巾军。按五行思想，黄色排列在象征汉王朝的红色之后。而光和七年正是甲子年。可见黄巾之乱是经过非常周到的事前准备的。

黄巾之乱一般被视为是以宗教为背景的农民暴动。但是如

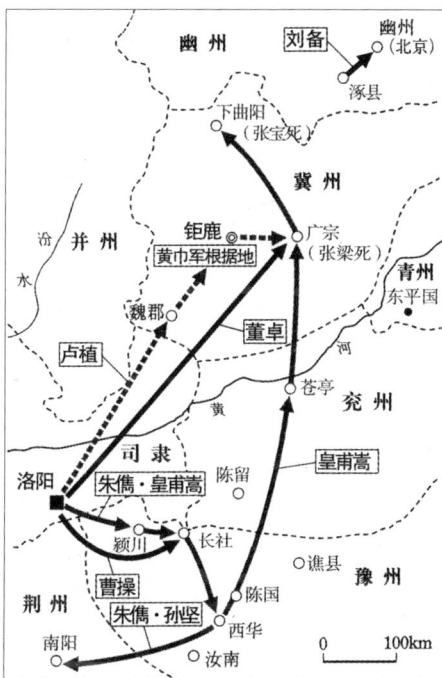

此大规模的暴动，单靠农民的力量是组织不起来的。张角把信徒按万人单位分成大小三十六个"方"，每一个"方"都设将军统率。这样的组织建设没有读书人的参与是很难做到的。当时的知识阶层除了清流派这样的虽不满国政、但只谋求现行统治下改革的一部分人以外，还有不少经历了党锢之祸、对政治彻底失

9 镇压黄巾之乱进军路线图

望选择隐遁生活的读书人。太平道尊崇黄帝以老子的道家思想为信条，而当时在一部分读书人当中，道家思想的影响已相当深入。由此可以推测，有相当一部分对政治不满的下层读书人参加了太平道。据说当时都城及地方官厅的大门上都被写上了代表黄巾军的"甲子"二字。这说明有一部分下级官吏对暴动是支持的。张角还取得了宦官的内应，但因密告而败露。本来预定在三月五日的举兵，不得不提前到二月。

接到各地暴动勃发的报告，朝廷立即任命外戚何进为大将

军，加强首都的防备。紧接着又下令解除持续了十五年的党锢。当时的北地太守皇甫嵩向灵帝进言，认为应当解除党锢。灵帝征求宦官吕强的意见，吕强也认为如果这些有不满情绪的读书人投靠张角，为其出谋划策，张角的势力就会更加壮大。灵帝听了这个意见心中大慌，只好认可了皇甫嵩的进言。由此因窦武、陈蕃政变失败被打倒的外戚及清流派官僚获得了复权。

张角其人

在镇压暴动的过程中，与清流派思想接近的一些官僚掌握了主导权。与郑玄齐名的著名学者、也是刘备的老师的卢植，奔赴张角的根据地河北；主张解除党锢的皇甫嵩以及朱儁奔赴驻扎黄巾军主力的河南颍川郡（现在的河南省许昌市一带）指挥讨伐。皇甫嵩的叔叔皇甫规，在党锢之祸时置自己的命运于度外，以清流派党人的身份挺身而出，要求逮捕自己。皇甫嵩自己年轻时也受到过窦武和陈蕃的聘请，但他本人没有答应。卢植也曾对窦武提出过忠告，建议他慎重行事。也就是说皇甫嵩和卢植这两个人对清流派虽抱有同情，但又不像清流派那样只强调理想，而是属于注重现实的稳健派。朱儁因在交趾郡（越南）镇压反乱有功，当时也是小有名气的武将。

在这三个人的得力指挥下，暴动很快被镇压下去。张角病死，张宝、张梁也相继战死。虽然残余势力的抵抗后来又持续了多年，但到这一年的十月，暴动基本上得到了平息。十二月，年号也由光和改为中平。

　　黄巾军的主力之所以集结在河南的颖川郡，这和这次暴动的本质有着很大的关系。以颖川为代表的河南一带，是当时文化程度最高、也是清流派文人大量聚集的地区。像陈蕃、李膺等一些受过党锢迫害的文人，很多都出身于这一地区。这一地区出身的文人，在继汉之后出现的魏仍然起着重要的作用。这一地区成为黄巾军的重要据点，说明当时知识阶层内部存在着谋求体制改革的稳健派和企图推翻政权的激进派之间的冲突。最终镇压了这次暴动的卢植、皇甫嵩和朱儁三人，卢植出身于河北涿郡，皇甫嵩出身于西部的安定（现在的甘肃省平凉地区），而朱儁出身于南方的会稽（浙江省绍兴市），都属于边远地区出身。

　　那么大家一定很感兴趣，黄巾军首领张角究竟是一个什么样的人物呢？很遗憾史书对此都保持缄默，只字不提。不过《演义》里提到张角是"不第秀才"，也就是说张角是科举考试落第的书生。可是，在汉代还不存在科举制度，当然也不可能有所谓的"不第秀才"。这个错误完全是《演义》作者缺乏历史知识所致。但是后世的落第书生里确实不乏对体制不满分子，从这个意义上说，这个错误的设定很有点儿歪打正着的妙意。清朝末期的十九世纪，落第书生洪秀全在基督教的影响下，发动太平天国运动，而镇压这次运动的是现实派高级官僚曾国藩。历史是会重演的，这句话也许没错。

主角登场

乱世奸雄曹操

　　黄巾之乱爆发的那一年（184年），曹操（155—220）和孙坚（155—191）三十岁，刘备（161—223）二十四岁。在《演义》里，这三个人都以黄巾之乱为契机登上故事的舞台。但实际的情况是怎样的呢？顺便提一下，这一年孙坚的长子孙策（175—200）十岁，次子孙权（182—252）年仅三岁，诸葛亮（181—234）也才四岁。

　　曹操据说年轻时就被予以"治世之能臣、乱世之奸雄"的评价。他的祖父是宦官曹腾，父亲曹嵩是曹腾的养子，曹操作为曹嵩的长子出生。那么曹腾是一个什么样的人物呢？话说外戚梁冀毒死年幼的质帝，大臣们都希望立聪明的清河王为下一个皇帝，但梁冀最终立了昏愚的蠡吾侯为帝。这就是桓帝。梁冀被认为是后汉史上最横暴的外戚，而向梁冀进言立蠡吾侯的就是曹腾。后汉的衰退从桓帝起变得非常显著。从某种意义上说，曹腾是为自己的子孙铺好了篡权之路。后来，魏的明帝给他的这位高祖父授予高皇帝的尊号。虽然是在死后的追赠，但曹腾成为中国历史上唯一的宦官皇帝。

　　曹腾的养子曹嵩，据说本来出身夏侯氏。他利用养父积蓄的巨大财产买官，官至太尉。相对于清流派，曹嵩恰恰属于被人唾弃的浊流。也许是对自己的出身抱有自卑感的缘故，曹操年轻时曾一度沉溺于打猎赛狗，游荡乡里。但他毕竟不仅仅是有钱人家的浪荡公子，二十岁时他被推举为孝廉，在都城洛阳（后汉时为雒阳，本书统一用洛阳）任北部尉（相当于今警察局局长）。一当上北部尉，他就以违反夜间外出禁止令为由，逮捕并杀了颇受灵帝宠爱的宦官的叔叔。由此，曹操与自己宦官

10 曹操　三国争雄之胜者，"乱世之奸雄"

亲戚的圈子划清了界线，进而加入了清流派官僚的行列。

　　黄巾之乱爆发时，曹操的任地谯县正好与颍川的东部相邻，他配合皇甫嵩、朱儁讨伐颍川的黄巾军。在这个过程中，曹操收编了部分黄巾军，扩大了军事力量。同时又任人唯才，广泛罗致人才，在颍川一带赢得了知识阶层的支持。随后，他又把献帝迎到颍川郡的中心许都（现在的河南省许昌市），逐步掌握了实权。到了晚年，曹操又把女儿嫁给献帝为后，成了汉王朝的外戚。也就是说，在曹操一个人的身上聚合了后汉宦官、外戚及豪族文化人这三种互不相容的势力。难怪说曹操是奸雄，他能够成为三国争斗的胜者应该说是理所当然的。不过，曹操没能等到篡夺政权的那一天就不幸离世。

看相的流行　　　评曹操为"治世之能臣，乱世之英雄"的许劭是看相评论人物的名手。当时在一些社会名士之间流行看相，也就是通过看相来推测人的能力和性格。

当时普遍认为容貌是反映人的能力及人格的一面镜子，人们对外表长相都很重视。这种向往高贵容貌的风潮与当时社会名士的贵族化有一定的关系。不过，相貌因人而异，千差万别。对相貌的重视，说明这个时代的人们对相貌所反映的能力、性格等已经有相当细致的分析。对个性的发现，是这个时代的又一个重要的风潮。

许劭和他的堂兄许靖每月一日决定一个主题，频繁地进行人物品评。他们的评论甚至对名士社会的各种传闻及官吏的提升选拔都产生了很大的影响。后面我们将要提到的魏的官吏录用法——九品官人法等，都和这种盛行的人物品评有很大的关系。当时颍川是名士聚集的地方，许邵兄弟就生活在颍川南边的汝南。因此，他们的人物品评被称作"汝南月旦评"（月旦也就是每月一日的意思）。直到现在，人们还把人物评论叫做月旦。

曹操一族的墓 1974 年，在安徽省亳县的城南一带发现了一个古墓群。调查的结果证实这些古墓是曹操先祖父辈的墓。亳县位于汉代的沛国谯县，也就是曹操的故乡。古墓共有十多座，因损坏严重，被葬者身份的考证难度很大。但后来从古墓中出土了银缕玉衣、铜缕玉衣等当时只有诸侯高官才可以享用的陪葬品。由此推测出这些古墓里有曹操的父亲曹嵩、祖父曹腾的墓。

特别值得注意的是，从这些古墓里出土了大量刻有文字的砖。据推测，这些文字很有可能是由当时的造墓工匠刻上去的。这些文字有很多是"会稽曹君"、"故颍川……曹褒"、"长水校尉曹炽"、"吴郡太守太守曹鼎"等曹氏一族的名字。曹褒是曹操的堂弟、名将曹仁的祖父，曾任颍川太守。曹炽是曹褒的儿子，也就是曹仁的父亲。会稽曹君是指曹炽的弟弟、曾任会稽太守的曹胤。曹鼎是曹操的族子、名将曹休的祖父。

看得出来，曹操的一族在谯县是很有势力的大豪族。继祖父曹腾之后，仍然高官辈出，特别是在当时名士聚集的颍川、孙坚的故乡吴郡、会稽等地都有过出身曹氏一族的太守。这对后来曹操在身边聘用大量颍川出身的名士，又与孙坚一族联姻并对吴采取一系列怀柔政策都有很大的影响。另外，从这些砖刻文字里还发现了许多表达工匠们内心不满的字句，其中有"仓（苍）天乃死"这样与

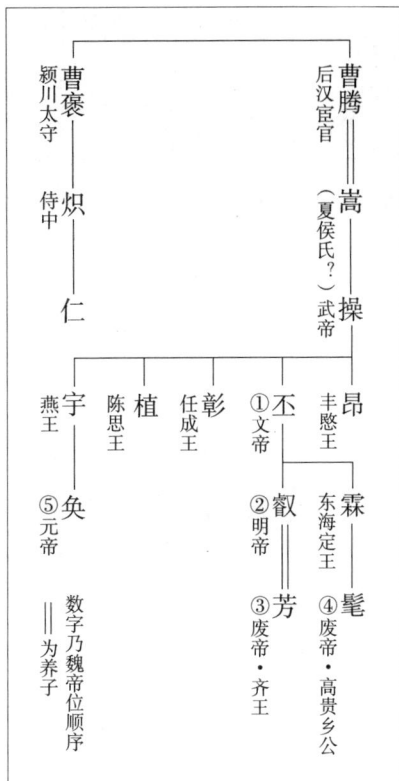

曹腾 后汉宦官
嵩 （夏侯氏？）
武帝 操

曹褒 颍川太守 — 炽 侍中 — 仁

燕王 宇 · 陈思王 植 · 任城王 彰 · ①文帝 丕 · 丰愍王 昂
⑤元帝 奂 · ②明帝 叡 · 东海定王 霖 · ④废帝·高贵乡公 髦
③废帝·齐王 芳

数字乃魏帝位顺序
＝＝为养子

11 曹氏家系图

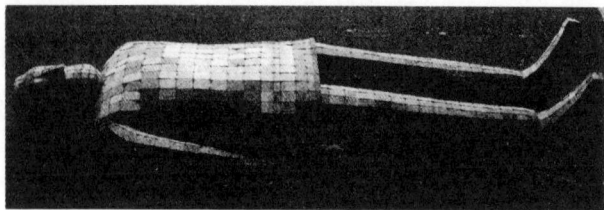

12 **银缕玉衣** 曹氏墓出土。估计为曹操父曹嵩或祖父曹腾。选自《三国志展纪念图录》（中国画报社，1987年）

13 **曹氏墓** 在当年的谯县，现在的安徽省亳州市

14 **"会稽曹君"刻印** 拓本。为曹氏墓出土砖刻

黄巾军口号很类似的字样，还发现有"倭人"的文字。此墓出土时曾一度成为很受关注的话题，但后来经过专家考证认为这些都属于误认。不过，由于这些文字使用了隶书、楷书、草书等字体以及当时的避讳等，成为书法史的贵重资料。

南方的青年武将——孙坚　　孙坚出身吴郡富春（今浙江省富阳市）。富春位于吴郡的最南边，东邻会稽郡郡府山阴（今绍兴市）。这一带是当时汉族移居的最前线，由此以南的浙江省南部和福建省全域还处于未开发地区。作为都城来说，富春理所当然是处于偏远的不发达地区。但是，这个地区不仅从有史以前就存在不同于黄河流域的独特文化，而且有铜等丰富的自然资源。正是因为这种开垦地特殊的环境形成了孙坚勇武豪放的性格。《三国志》里对孙坚的父亲只字未提，可见孙坚不是什么大家出身。

15 孙坚 37岁战死。子孙策、孙权继承遗志

在后来六朝时代的小说《幽冥录》里有如下叙述：孙坚的父亲孙钟，年轻时因家贫在家种瓜。有一天，有过路人讨瓜，孙钟热情款待。没想到，这位过路人原来是神仙的化身。为感谢孙钟，神仙提出两条让他选择，要么让他的子孙代代做诸侯，要么只做几代皇帝。孙钟选择了后者。这虽然是杜撰出来的故事，但多少与孙坚的身世有关。他与曹操不同，和宦官、外戚、豪族文人这些王朝的中枢势力完全没有关系。顺便提一句，上述的这则故事，在日本被收入儿童读物《蒙求》和室町时代的说话集《三国传记》里，广为人知。

孙坚年轻时，一次偶然遭遇海贼。他毫不胆怯，单枪匹马击退海贼，从此远近闻名。紧接着，他又在镇压会稽"阳明天子"的宗教反乱中大显身手。黄巾之乱爆发后，他跟随同乡朱儁在颍川以南的汝南、南阳等地作战，平息了暴乱。从此孙坚名声大振。之后，孙坚又赴西部凉州讨伐叛乱，在这里孙坚与董卓遭遇。当时董卓因违反军令待罚，孙坚进言斩董卓，但未被采

孙静　孙坚 长沙太守　孙羌

暠　匡　翊　①权 大帝　策 长沙桓王　辅　贲

恭　绰　②亮 废帝·会稽王　③休 景帝　奋　霸 鲁王　和 南阳王　虑　登 宣太子

峻　綝　④晧 后主·乌程侯

数字乃吴国帝位顺序

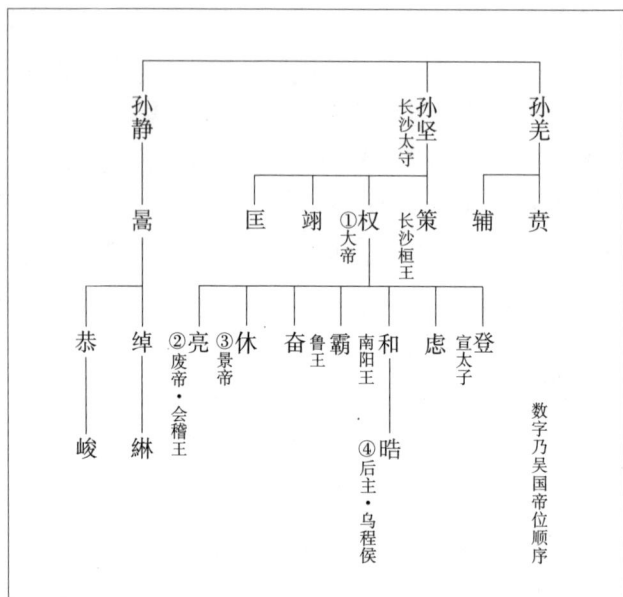

16 孙氏家系图

纳。如果按孙坚的进言杀了董卓的话，历史将会是另一种走向了。董卓后来挟持皇帝专权横暴，孙坚在攻打董卓的战斗中也留下赫赫战果。初平二年（191），孙坚率兵攻打荆州刘表，被刘表部将黄祖射死。年仅三十七岁。

孙坚的儿子孙策，在性格上继承了其父的热血豪放。孙坚转战北方不幸战死后，孙策主要把故乡的吴郡、会稽郡一带纳入自己的势力范围，为吴国的建立奠定了基础。但是，孙策二十六岁时也不幸遇刺身亡。孙策的弟弟孙权，对父兄的死于非命很是忌讳。吴国建立以后，孙权就安分守己地专心经营国家。

吴是三国中武人色彩最强的政权。为争夺汉王朝正统后继者的地位，魏、蜀之间互相敌对。吴避开争端，时而服从于魏，时而与蜀结盟，与此同时大力加强对江南土地的开发，取得了不小的成果。吴在三国中最晚称帝，又持续最长，和它的这种处世哲学有很大关系。

17 刘备 自称前汉景帝后裔

浪子英雄——刘备

刘备出身幽州涿郡（今河北省涿州市），自称是前汉第六代皇帝景帝之子、中山靖王的后裔。不过刘备的这个皇族身份水分很大。因为中山靖王据说孩子超过一百二十人，依此算下来他的子孙后裔要达五万人以上。刘备的祖父据说当过县令，但他的父亲没做过官，只是一个普通人。刘备年轻时拜同乡的大学者卢植为师。但是他天性厌恶学习，热衷斗犬、赛马，爱音乐，喜好穿着打扮，是公认的花花公子。但他重义气有人望，手下聚集了不少年轻人。

按《演义》的记述，黄巾之乱爆发时，刘备在幽州参加义兵，结识了关羽、张飞。三人在桃园结拜为义兄弟。刘备不仅跟随皇甫嵩、朱儁以及老师卢植讨伐黄巾军，而且表现出色。不过，这些内容除了刘备带手下在幽州加入义兵也许是真的以外，其余的都是《演义》的杜撰。之所以说"也许"，是因为《三国志》注引用的《典略》里有这样的记载：刘备的第一仗是在幽州参加镇压

刘启
前汉・景帝
───
中山靖王胜
───
蜀・昭烈帝备
───
后主禅

18 刘氏家系图

张纯反乱。《典略》还说，在对战中，刘备负伤，靠装死才勉强逃了一命。而实际上，黄巾之乱爆发时，曹操和孙坚一直跟随讨伐军统帅皇甫嵩、朱儁转战各地，立下战功，并崭露头角。与曹操、孙坚相比，刘备只不过在幽州参加了小规模的局部战斗，即使不考虑他年轻曹操、孙坚六岁这一优势，我们还是很难找出刘备登场有什么英雄之举。

与刘备关系不错的，是一起求学于卢植手下的师兄公孙瓒。公孙瓒后来割据幽州，与袁绍连年混战。最后因败给袁绍而自杀。据《三国志》注引用的《英雄记》说，公孙瓒厌恶士族，多与巫师、商人结拜兄弟。桃园结义很有可能是以公孙瓒为原型的。《演义》说，桃园结义后，中山的马贩子为三兄弟提供了资金援助。这事倒是不假，因此可以看出刘备、公孙瓒都与商人、游侠之辈关系不浅。就连关羽也是杀了人被通缉的逃犯。可见，结拜兄弟这事情本身就是商人、游侠之辈特有的习惯。

所谓商人、游侠实际上都是一些无家游民。而刘备也有流浪（落荒）英雄的别称。刘备经历曲折，在军阀混战中，他屡遭挫败，四处流落。起先刘备做高唐县令时，兵败出逃，在公孙瓒手下避难。之后又投靠徐州牧陶谦。陶谦死后，虽继承了陶谦的地盘，又兵败于吕布投靠到曹操手下。之后又与曹操反目出走，寄身袁绍篱下。眼看袁绍将要败给曹操，刘备又投奔荆州刘表。

刘表死，荆州告急，刘备这次投靠了孙权。孙刘联手在赤壁大败曹操，占领了荆州。但与孙权关系紧张，刘备又离开荆州，向西进军，从刘璋手里夺取了蜀。这次刘备总算找到了落脚之地。从北逃到南，从东逃到西，与其说刘备是流浪英雄，不如说他是落荒英雄要来得更贴切。后来毛泽东指挥的长征，大概是历史上唯一能与刘备大逃亡匹敌的一次壮举。不过刘备就像一个不倒翁，他逃而不亡，不仅大难不死，而且还越活越茁壮。三国之中，在异乡建国的只有刘备一人。

因为身处他乡，刘备能够依靠的乡党亲戚几乎没有。曹操和孙权身边都有很多同乡的部下、兄弟或亲戚之类。刘备没有兄弟，除了一个儿子以外，也没有别的亲属（正因如此也少了魏和吴的那些血肉之争），同乡的部下也只有张飞和简雍两人。要把这么一个既没有地缘关系又没有血缘关系的松散集团凝聚起来，只有靠大义了。这个大义就是：实现汉王朝的复兴。不打倒魏就不能实现统一，北伐成了蜀这个国家不可回避的命运。与吴开发江南的战略截然相反，蜀如果放弃北伐，那么它也就失去了作为国家存在的理由。但是，既无地缘又无血缘，仅靠大义聚合在一起的组织毕竟是脆弱的。何况所谓的大义也已经相当褪色了。最后，足智多谋的诸葛亮也不能改变蜀的命运，蜀成为三国中最早灭亡的国家。

曹操、孙坚（孙策、孙权）、刘备等人出身性格虽然各不相同，但他们之间并不是没有共通点：对后汉末期的统治阶层、士族来说，他们都游离于主流之外，属于社会的少数派。这实际上也是三国时代的一个写照：三国最终没能实现统一，三国时代也只能是从汉到南北朝的一个过渡时期而已。

第二章

群雄割据

走向霸权之路

董卓的专横　　　　　读过《演义》的人，如果要问谁是这部书里最大的反面人物，大部分人的回答可能是董卓。曹操虽然也是一个反面人物，但他还有好的一面，是一个有魅力的反面人物。董卓这个人既傲慢又残忍，打仗又打不过黄巾军，可以说是一无是处。这一点不仅小说这样写，史书也一样。那么像董卓这样一个一无是处的反面人物，为什么能那么得势呢？董卓出身于陇西郡临洮（今甘肃岷县），那里是羌族和汉族杂居的地区。董卓和羌族的关系很密切。当时指挥镇压黄巾军的皇甫嵩，就出生在临洮北边的安定。皇甫嵩的叔叔皇甫规，是镇压羌族反乱的功臣。羌族的反乱在后汉末期已经是威胁王朝存亡的大问题。董卓对出自名门的皇甫嵩无疑怀有很大的自卑感。征讨黄巾军时，董卓屡战不胜，而皇甫嵩却战功显赫。后来，在平定凉州人王国反乱时，董卓与皇甫嵩意见完全对立，但最终还是皇甫嵩占了上风。因此董卓对皇甫嵩的嫉妒越来越深。

黄巾之乱被镇压平息之后，各地的反乱如燎原之火，以凉州的韩遂、边章、王国等人的反乱为开端，在东北辽东有张纯、张举联合乌丸族反乱，张举自称天子。在四川有马相自称天子造反。太行山一带的黑山军等农民武装势力（黑山贼等盗贼团伙）也猖獗之极。除了各地此起彼伏的反乱，朝廷里也险些发生企图废灵帝夺权的事件。局势很不安定。当时也有人撺掇皇甫嵩篡权，被为人正直的皇甫嵩严词拒绝了。

为对应各地的反乱，皇族刘焉提议强化各州刺史的权限，称为牧。刘焉任益州牧，同为皇族的刘虞任幽州牧。可是后来，刘虞被袁绍利用，差点儿当上皇帝。而刘焉也在四川野心勃勃地做起了自己的皇帝梦。不可思议的是，这时真正的皇帝灵帝却以无上将军的称号举行了阅兵式。可见，后汉王朝已经到了威信扫地、摇摇欲坠的危险阶段了。

挟天子以令诸侯

董卓一直伺机篡权，当然不会放过任何一个机会。他深知要篡权，在地方造反不如直接进入中央控制皇帝，"挟天子以令诸侯"，这才是篡夺王朝大权的最古典的手段。而这个机会终于被董卓等到了。

中平六年（189）四月，灵帝死。何皇后所生的少帝即位。外戚何进掌握了实权。袁绍这时进言，建议何进抓住时机一扫宦官势力。何进犹豫不决，袁绍又进言招外地军阀进驻京师，打压宦官势力。何进于是招驻兵并州的董卓入京。在这之前，董卓对朝廷的召唤总是敷衍搪塞，能逃就逃。这当然是为了保存实力，伺机篡权。他对黄巾军的屡战屡败，大概也是同样的用意。

不过，这次董卓非常爽快。他立刻率兵奔赴京师洛阳。可是董卓的兵还在路上，何进就因消息走漏被宦官杀了。这时，袁绍乘机把宦官势力一网打尽。董卓就是在这个外戚宦官同时被消灭的权力空白中进入洛阳。他接管何进麾下的军队，转眼间就掌握了实权。

董卓首先废少帝，立少帝异母弟陈留王为帝。这就是后汉最后的皇帝献帝。为了赢得作为后汉统治阶层的儒教官僚和豪族的支持，收买人心，董卓又对窦武、陈蕃等受党锢迫害的清流派文人恢复名誉，并重用他们的子孙。之后董卓自任为相国。相国是皇帝之下，百官之首。然后又任命公孙度为辽东太守，刘表为荆州牧。这为后来的群雄割据铺垫了道路。因（曹操、袁绍等）反对势力在东边集结，董卓于是挟献帝迁都长安，达到了"挟天子以令诸侯"的目的。但不久东方反对势力因内部不和而瓦解，董卓篡夺皇位的时机已经成熟。就在这时，董卓被自己最信赖的部下吕布所杀。

董卓与曹操的共同点 在这短短的几年里，董卓暴虐无道，做尽了坏事。他"挟天子以令诸侯"的手法，后来被曹操继承并发扬光大。曹操把献帝迎到自己的根据地许都，独占权力，伺机篡夺皇位。但就在梦想将要实现的时候，曹操不幸病死。

值得一提的是，董卓和曹操都很重用清流派文人。据《三国志》等书的记载，董卓为罗致人才，对知识界软硬兼施，甚至加以恐吓要挟，不择手段。就连当时首屈一指的文化人蔡邕都是被逼无奈只好应命的。但是董卓被杀时，蔡邕却为董卓悲哀痛哭。蔡邕因此被处以死刑。这说明董卓虽然一贯为人横暴，但在知识界还是赢得了一定人望的。董卓的父亲曾在清流派文人聚集的颍川当过官吏，董卓也许因此对知识界的重要性有一定的认识。

董卓和曹操对清流派文人及官僚都多少怀有自卑感。控制知识界，把皇帝作为傀儡的做法，可以说是这种自卑感的产物。曹操是否有意地模仿董卓，这无从可知，但结果是两者所采取的手法非常相似。只不过董卓以失败告终，而曹操达到了自己的目的。历史的记述往往是对失败者加以夸大丑化。史书上对董卓残忍横暴的描写，在很大程度上不排除有夸大的成分。总之，从董卓"挟天子以令诸侯"、献帝沦为傀儡的时候起，后汉王朝实际上就已经灭亡了，这也是三国的开端。

关东与关西的对立

董卓进入洛阳掌握实权后，曹操、袁绍以及袁绍的异母弟（一说为从弟）等人都先后逃离洛阳，在东边揭起反旗。这是初平元年（190）元月的事情。《演义》称之为十八路诸侯军。书中把讨伐董卓描写成正义对邪恶的战争，但事实并非如此。首先十八路诸侯本身就是《演义》的一个虚构。这里面有名字的公孙瓒、孔融、陶谦、马腾等人实际上都没有参加联合军。另外，《演义》里说响应曹操的号召，十八路诸侯集结陈留。但实际上冀州牧韩馥屯兵河北的邺。渤海太守袁绍与河内太守王匡屯兵黄河北岸的河内。兖州刺史刘岱、陈留太守张邈、张邈之弟广陵太守张超、东郡太守桥瑁、山阳太守袁遗、另外还有破虏将军鲍信（据《三国志·武帝纪》等记载，这时鲍信的官职为济北相。但鲍信任济北相是后来由曹操推举所为）、奋武将军曹操这七路大军驻屯陈留郡的酸枣。豫州刺史孔伷驻兵陈留以南的颍川。而后将军袁术及部下孙坚则在更南边鲁阳驻兵（参照图19）。

这些诸侯联军的盟主为袁绍，驻屯酸枣的主力军由张邈指挥。张邈是当时被称为"八厨"的清流派文人集团的一员。这些关东诸侯实际上就是清流派官僚的联合。自古以来，在中国常说"关西出名将，关东出名相"，这里所说的"关"就是函谷关。函谷关大致在洛阳与长安的中间位置上。以函谷关为界，关东与关西在气候风土、民情风俗上大不相同，关西在军事上一直处于优势。但是由于中国重文轻武的传统，关西的军阀势力表面上对

19 与董卓军对阵的关东诸侯

关东文人势力表现得很服从，但在根本上两者还是处于一种敌对关系。因此关东诸侯与董卓的抗争，并不是什么正义对邪恶的抗争，而是关东、关西两大势力的对抗。实际上当时身处长安，一直与董卓处于竞争关系，但又同属关西出身的皇甫嵩就没有参加关东诸侯的行动，而是听从了董卓的命令。《演义》里把关西军阀之一的马腾写进十八路诸侯之中，这完全不合情理。

看到关东诸侯大军集结，董卓当机立断实行迁都，把献帝从洛阳迎到长安，自己却留在洛阳。《三国志》认为，这是董卓畏于关东诸侯兵力强大而西逃。但实际上，关东诸侯的集结给了董卓一个很好的借口，他乘机把皇帝挟持到自己的势力范围内，达到了"挟天子以令诸侯"的目的。对董卓来说，关东诸侯只不过是一些乌合之众，在军事上毫无经验，董卓根本没有必要害怕他们。而且诸侯内部也存在不少矛盾。像袁绍、袁术兄弟，因袁绍为庶子，袁术为嫡子，两人历来不和，对付董卓的步调并不是想象的那么一致。事实也确实如此，关东诸侯集结屯兵连日大摆宴席，并不积极攻打董卓。最后只有王匡、曹操、袁术以及孙坚与董卓军交战。这里面只有孙坚取得了胜利。其余的都大败而归。

顺便提一下，按《演义》的描写，刘备、关羽、张飞这时随公孙瓒参战，并且大显身手。关羽刀斩董卓部下华雄，三兄弟虎牢关大战吕布等等。但这些都是《演义》虚构的内容。实际上公孙瓒和刘备根本就没有参加讨伐董卓的诸侯联军，华雄不是被关羽而是被孙坚的部下所杀。

前面提到，诸侯军连日大摆宴席，按兵不动。曹操对此大为不满，从酸枣孤军出击，在酸枣西边的荥阳与董卓军交战，大败而归。按《演义》的记述，曹操是在追击由洛阳向长安败退途中的董卓，在荥阳遭埋伏吃了败仗的。但是，荥阳在洛阳的东边（参考图19），董卓从洛阳往西边的长安逃跑的话，不可能经过荥阳。这个错误的设定说明，《演义》的作者对这一带的地理并不熟悉。《演义》在地理关系的记述上，有关南方的部分基本上没有问题，但有关北方的记述错误很多，可以想象作者很有可能是南方人。

天下大乱

曹操崭露头角

因缺乏粮草，持续了一年多的诸侯联军也就自然解散了。这期间诸侯内部的矛盾也越来越激化。先有袁绍想立幽州牧刘虞为帝，被曹操反对。袁绍并不罢休，又从冀州牧韩馥手里夺取了冀州。另外刘岱和桥瑁反目，刘岱虽然杀了桥瑁，但他自己又在与青州黄巾军残余部队的交战中被杀。这些内部斗争无疑暴露了诸侯联军的松散体制。而曹操正是钻了这个松散的空子崭露头角的。

曹操虽然与袁绍、张邈等联军将领关系紧密，但作为宦官的孙子，他在联军里的地位并不高。他首先积极采取行动，攻打董卓。虽然失败，但他因此崭露头角。刘岱死后，鲍信看中了曹操的才能，推荐他作了兖州牧。不久曹操击败黄巾余党，收编降兵三十余万，挑选精锐编为"青州兵"。曹操逃离洛阳的时候，手下只有五千左右的兵力，后来虽然在扬州又募集了四千左右的兵力，但不少在中途就开了小差。三十余万兵力对曹操来说实在是一个不可想象的数字。曹操因此一跃而出，成了与袁绍平起平坐的一大势力。后来，他又把跟随袁术、孙坚的颍川黄巾余党吸收编入到自己手下。

这时，曹操在兖州招贤纳士，有颍川出身的名士荀彧、东郡的程昱投到曹操的幕下。这两个人后来都成了曹操得力的谋士。后来因荀彧举荐，又有颍川名士荀攸、钟繇、郭嘉等人投靠曹操。就是这样曹操一面取得了以颍川为中心的文人、官僚的支持，同时又大量收编黄巾余党，逐步扩大地盘，为夺取天下打下了牢固的基础。

曹操招降黄巾军残余，编"青州兵"是在初平三年（192）十二月，而这一年的四月在长安董卓被司徒王允和吕布刺杀。董卓的部下郭汜和李傕又杀王允为董卓报仇。吕布弃长安东逃而去。

不久郭汜与李傕反目，两军大打出手，长安陷入混乱之中。西边的这种混乱，正好给曹操在东边专心经营地盘创造了好条件。另外，这一年的一月，孙坚在与荆州牧刘表部将黄祖的对战中战死。

吕布逃离长安以后，先投靠南阳的袁术。后又寄身于河北袁绍篱下。但是他走到哪儿都被人怀疑，成了一个不受欢迎的人物。吕布是长城以北五原郡人，当初在并州刺史丁原手下为将，后来他被董卓收买，杀了丁原，认董卓为父。这次他又背叛了董卓。袁绍、袁术对他的怀疑不是没有理由。吕布之所以投靠袁绍、袁术，是想以杀董卓作为资本来讨好袁氏兄弟。袁绍、袁术逃离洛阳后，留在洛阳的袁氏一族被董卓抄杀殆尽。吕布以为杀了董卓，替袁氏兄弟报了仇，就能取得他们的信赖，但他的想法完全落空了。

吕布无奈，只好投奔曹操的根据地兖州。当时曹操因父亲曹嵩被徐州牧陶谦的部下所杀，正率兵攻打徐州。曹操借口报父仇，在徐州一带大肆屠戮，其穷凶极恶为董卓所不及。这时，留守兖州的是当年诸侯联军将领、曹操的盟友张邈。张邈乘隙背叛曹操，正好又有吕布到了兖州，两人联手反曹。曹操一时间陷入绝境。多亏有谋士荀彧和程昱的尽力，曹操经历苦战最终化险为夷。

吕布与刘备的共鸣与背叛　吕布败给曹操后走投无路，最后来到徐州。这时徐州牧陶谦已病死，刘备接管徐州。在这之前刘备靠公孙瓒的照顾，在各地做地方下级官吏，这次他接替陶谦统管徐州，终于在历史的舞台上出头露面了。吕布见到刘备，对刘备说，我们都是出身偏远的人，还叫妻女出来拜见刘备。同为乱世求生的落荒英雄，吕布无疑从刘备身上感到了强烈的共鸣。刘备肯定也有同样的感受，但也正因境遇相同，刘备始终不能信任吕布。而实际的结果是，刘备攻打南方袁术之时，吕布乘隙夺了徐州，两次抓刘备的妻儿为人质。刘备被迫投靠曹操。

吕布在刘备与曹操之间反复无常。曹操和刘备忍无可忍，起兵攻打吕布。吕布遭部下暗算，被活捉。吕布对曹操说，只要两人齐心协力一定能取得天下。曹操心动，问刘备如何。刘备进言说别忘了丁原、董卓的下场。曹操于是下令将吕布缢死。临死前吕布怒视刘备，大骂刘备是最不讲信用的人。在充满了背信与复仇的乱世里，这也是给人留下深刻印象的无情可悲的一幕。

吕布是三国时代首屈一指的猛将，他手持画戟，坐下赤兔马的飒爽英姿被人们称赞为"人中吕布，马中赤兔"。在《演义》里吕布的勇猛甚至在关羽之上。吕布的坐骑赤兔马后来由曹操赠送给关羽，成为关羽形象不可缺少的一部分。当然这也是《三国演义》作者的创作而已。赤兔马应该是从一而终，最后与主人同归于尽了。

天下形势与远交近攻　曹操把吕布赶到徐州的第二年，也就是建安元年（196）七月，献帝一行冒死从混乱不堪的长安逃回洛阳，实现了时隔六年的还都。但是洛阳已被董卓放火洗劫成废墟。这时，因颍川的黄巾军残党与袁术勾结，曹操在颍川郡中心地许昌驻军讨伐。得知献帝还都，曹操于是迎献帝到许昌。对此，曹操的部下里反对意见很多。因为一是献帝本来是董卓拥立的皇帝，像袁绍就极力主张另立皇帝。二是逃回洛阳的献帝连皇帝的体面都已经难保了。但是荀彧进言，掌握这个有名无实的皇帝，实际上有利于实现自己的政治目标。曹操最后采纳了荀彧的意见，决定保护献帝。和董卓一样，曹操从此得到了借皇帝名义号令天下的大义。曹操也因此在群雄相争的混战之中取得领先地位，为后来夺取天下创造了有利条件。

当时，建安元年的天下形势是这样的：首先在北方的辽东有公孙度自立王国，往南在幽州（现在的北京一带）有公孙瓒割据，而并州、冀州、青州的广大区域是袁绍的势力范围。黄河以南的兖州、豫州、司州东部（洛阳一带）是曹操的地盘。袁绍和曹操之间有董卓任命的河内太守张杨，张杨在献帝逃离洛阳时曾提供粮草支援。在曹操南边的南阳有董卓过去的部将张济的侄子张绣占据，这个张绣曾经给过曹操以沉重的打击。另外，在东南部的徐州有吕布，再往南，扬州北部有袁术。与扬州隔江而望的吴郡成为孙策的根据地。长江中流的荆州，上流的益州各由刘表、刘璋两个皇族支配。益州北部的汉中有五斗米道教主张鲁建立的宗教王国。北边的凉州有韩遂、马腾等大小军阀盘踞。司州西部（长安一带）郭汜与李傕依然争斗不休（参照图20），正是处于群雄割据的状态。军阀之间为争夺地盘展开了激烈的争斗。

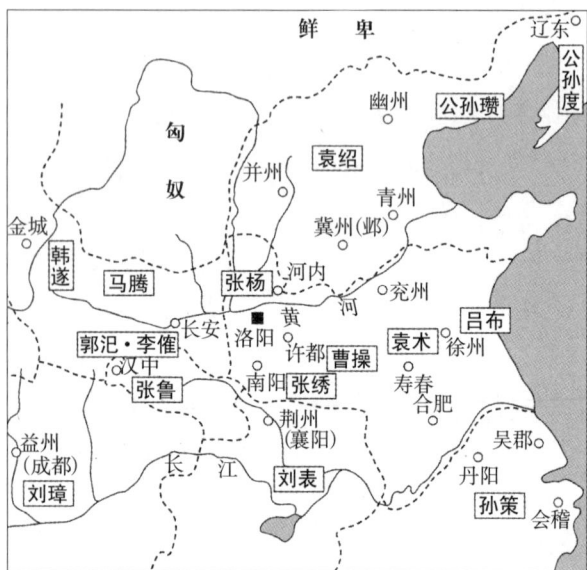

20 建安元年（196）军阀割据图

这中间，比如说袁绍、袁术兄弟，两人历来关系很僵。于是袁术联合与袁绍处于敌对关系的公孙瓒，而袁绍也不是等闲之辈，立即联合袁术的敌手刘表进行对抗。这种为进攻眼前的敌人而去和敌人背后的敌人结盟的远交近攻的方法，从战国时代以来，就一直被作为外交的基本战略，到了三国时代也被继续沿用。后来的魏吴蜀三国间的攻防也是以远交近攻为基本战略展开的。

谶纬与玉玺、袁术的即位　　建安二年（197）的正月，袁术称帝。袁术出身四世三公的士族豪门，本来应该是政权中枢的栋梁人物。袁术的即位是后汉王朝逐渐走向衰亡的一个

62

象征性事件。袁术即位时，据说是利用了预言书上一句话"代汉者，当涂高也"。袁术的字为公路，"术"与"路"同意，"涂"通"途"，也有路的意思。所以"当涂高"说的就是自己。这种牵强附会的解释，对袁术来说却是如获至宝。

这里所说的预言书也叫做谶纬。"谶"也就是对未来的神秘预言，"纬"是相对于"经"而言的。当时为传授圣人之道，除了利用儒家经典，还编集了用预言解释儒家经典的"纬书"。在后汉，自始祖光武帝利用预言书即位以后，谶纬思想非常流行，假托孔子之名编造的谶纬书也大量出现。就连郑玄这样的儒家经典注释的集大成者也为谶纬书写起了注释。可见谶纬对了解后汉的政治、思想有着非常重要的意义。魏蜀吴三国的王朝创始和皇帝的即位，都离不开谶纬的预言制造舆论。预言书的语句神秘而暧昧，可以由人恣意解释。到了魏建国时，因为"魏"通"巍"，有"高"的意思，这时"当涂高"又被解释成指"魏"。

袁术称帝除了利用谶纬造谣，还因为他仗着手中有一块传国的玉玺。这块玉玺出自秦始皇之手，汉朝的皇帝代代相传。玉玺上刻着"受命于天，既寿永昌"八个大字。玉玺在袁绍诛杀宦官的混乱之中丢失。董卓纵火焚烧宫殿，从洛阳撤退后，孙坚进入洛阳，在化为废墟的宫殿的一眼井里找到了这块丢失的玉玺。后来袁术把孙坚夫人押作人质，硬从孙坚之子孙策手中夺到这块玉玺。皇帝即位不能没有玉玺，到刘备即位时，相传它又被从汉水的河底找到了。不过这大概不是真东西。后世也经常有伪造玉玺的事情发生。到了明代还出现了一本以玉玺的流传为中心而写的三国历史故事《三国志玉玺传》。

袁术的称帝是他性急无谋的一大失算。他因此搞得众叛亲离，内外交困。最后袁术走投无路，只好去投靠与他关系很僵的袁绍。但是还在半路上，袁术就病死了。袁术的势力就此分崩瓦解。玉玺后来经被袁术扣留的徐璆之手又重新回到汉王朝手中。袁术的家族也被孙策抓获，女儿给孙权作了后宫。

官渡之战

曹操与袁绍的直接较量　　曹操手中虽然控制了献帝，在群雄之中取得了有利的地位，但他的地盘位于群雄割据的中心，四方受敌。于是他首先怀柔远方的韩遂、马腾，取得他们的支持，然后消灭了一直与他为敌的吕布以及张杨的后继眭固。这之前郭汜、李傕已被歼灭，张绣也投降了曹操。曹操周围的董卓势力基本上被一扫而光。而这时袁绍在河北攻打公孙瓒，公孙瓒兵败自杀。袁术也病死。这样到了建安四年（199）八月，袁绍和曹操在黄河两岸直接对峙，冲突已到了不可避免的时候。这一年的秋天双方拉开大战帷幕。第二年，即建安五年十月，在黄河南岸的官渡，终于迎来了最后的决战。

当时袁绍在军事上处于绝对优势，而且北方的公孙度和西

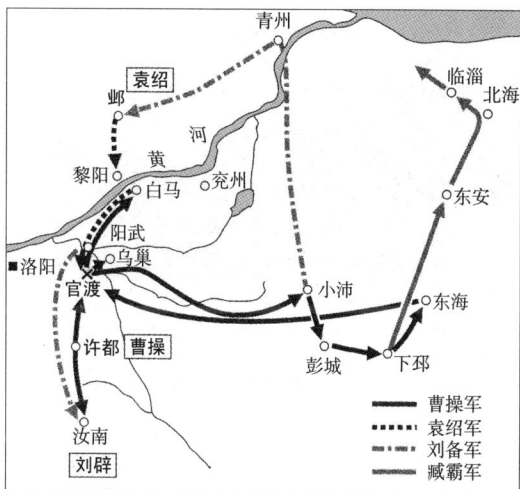

21 官渡之战　曹操战胜袁绍，奠定平定河北基础

方的韩遂、马腾等都采取中立的态度，袁绍不存在后顾之忧，可
以全力以赴对付曹操。与此相比曹操的条件就很不利了。他背后
有与袁绍有同盟关系的刘表，还有虽与刘表敌对但却野心勃勃的
孙策，曹操随时有受后方攻击的可能性。曹操于是派卫觊为使
者前往与刘表敌对的益州刘璋处，想策动刘璋从侧面牵制刘表。
可是卫觊因道路不通，只到了长安就不能前行了。祸不单行，这
时献帝又恐于曹操的专横，下密诏令外戚董承暗杀曹操。虽然
这个阴谋因消息泄漏而失败，但又有刘备伙同董承一党在徐州小
沛起兵反曹。曹操立即采取行动击破刘备，刘备逃奔袁绍而去。
留下来的关羽敌不过曹操，只好投降。曹操又派臧霸（先为陶谦
部将，后与吕布同伍，吕布被杀后投降曹操）占领袁绍在黄河南

22 官渡古战场 河南省中牟县。因多次黄河泛滥地形有所变化，但是此地当无疑问

岸的地盘青州，消除了袁绍由侧面袭击的后患。

这之前，在荆州南部的长沙太守张羡策应曹操举兵攻打刘表，刘表受到牵制，不能与袁绍共同对付曹操。

而这时，正准备乘虚袭击许都的孙策遭暗杀身亡。这样曹操的后顾之忧也自然消失。虽然袁绍又怀柔盘踞许都南边汝南的黄巾残党刘辟，并派刘备到汝南合流以搅乱曹操后方，这一行动也被曹操一举粉碎。

曹操在排除了种种不利因素后，在官渡迎击袁绍的进攻，最终以少胜多取得了全面胜利。曹操的胜利与袁绍集团的内部不和有很大的关系。在围绕攻打曹操的问题上，袁绍的谋士们意见不一，互相牵制。而这些谋士本身都是一些官僚士大夫，代表着不同地域、不同集团的利益。也就是说袁绍虽然手下有很多谋士，但他却不会用人，这也是袁绍失败的最大原因。谋士许攸的叛变最具有代表性。曹操正是采用了许攸的计谋，对袁绍的粮草屯集地乌巢发动了奇袭，最终取得了官渡之战的决定性胜利。

关羽的传说：
"过五关斩六将"

《三国演义》在对官渡之战的描写里，表现得最英勇善战的莫过于关羽了。关羽斩袁绍大将颜良、文丑，威名大振。他谢绝曹操厚遇，回归刘备的行动体现了他重义的英雄美学。但实际上，关羽斩的只有颜良一人。而且颜良是在听寄身袁绍处的刘备说关羽是来投奔袁绍，对关羽毫无防备的情况下被关羽斩杀的。所以对关羽来说，其实这并不是一个什么佳话。

关羽在寻找刘备的路上，过了五道关卡，斩了曹操的六员部将，也就是《演义》里有名的"过五关斩六将"的故事。这段故事后世还被作为戏剧上演。但这完全是作者的虚构创作。而且关羽不从许都到河北的袁绍处寻找刘备，却绕道相反方向的洛阳、荥阳，这显然不合理（参照图21）。不过这里值得一提的是，前述曹操与董卓交战时，荥阳被错误地放在洛阳的东边。到了关羽时，荥阳的位置又恢复正常了。这一点也说明了《演义》的完成是经历了一个复杂的过程。

总之，《演义》里有关关羽的故事，包括前述的赤兔马的例子，与史实无关的虚构很多。这与后世的关羽信仰有很大的关系。被圣人化了的英雄破关斩将的故事，在民间传说里随处可见。在日本义经的《劝进帐》就是一个典型的例子。

曹操的屯田制度　　官渡之战时，由袁绍阵营叛逃曹操的许攸曾问过曹操还有多少军粮供给，曹操谎称还有一个月左右的粮草，但实际上所剩粮草仅够维持一天。曹操的这个谎言当然没能骗得过许攸。对曹操来说保证战争持续的最大问题就是军粮问题。曹操在艰苦的条件下基本上保证了军粮

23 青梅煮酒论英雄

的供给，这要归功于他所推行的"屯田制"。

黄巾之乱以来，连年的战乱使北方人口骤减、土地荒废，同时出现了大量的难民。这一时期，在北方的幽州、南方的荆州以及西方的益州数十万至近百万的人口为躲避战祸而流出。曹操统治下的中原一带也因此人口流失，生产荒废。作为诗人曹操在诗中写到"生民百遗一"（《蒿里行》）以形容当时的惨状。"百遗一"虽然有一定的夸张成分，但有文献记载说当时的人口只有东汉最盛期的十分之一（《三国志·张绣传》）。募集劳力，恢复生产成了曹操政权的当务之急。

建安元年（196），曹操迎献帝至许昌，并采纳枣祗、韩浩的建议在许都一带设置屯田。曹操首先募集流民，把无主和荒废的土地分给他们耕种。还提供耕牛、农具，采取集体从事生产的方式，国家向屯田民征收租税。这一措施在许都取得了很大的成果，于是曹操又在各地推广这个经验，各郡设置典农中郎将，各县设置典农都尉，以不同于一般地方行政系统的组织与编制进行管理。说白了也就是国营集体农场。它和社会主义中国推行的人民公社也有相似之处。从西汉武帝时就开始兴办屯田，但那都是在偏远地区由兵士从事生产劳动。在内地如此大规模的民屯，中国历史上只有这个时期有过。

起初屯田民只按租用官牛的头数缴纳租税，这是因为无主农地来源非常丰富。后来剩余农地越来越少，官府采用了分给屯田民一定数量的土地，对土地的收获直接课税的方法。租税按规定使用官牛者，官六民四，使用私牛者，官民对分。百分之五十的租税率看上去似乎很高，这和东汉当时的租率不相上下。但屯田民没有兵役、劳役等负担，在政府的庇护下能够专心从事农业生产，政府也因此获得稳定的收入。屯田制度是一项有利于官民双方的合乎事宜的政策。

后来，建安十八年（213），曹操又采纳司马懿的建议，在与吴交战的淮河流域、与蜀接壤的关中地区施行了军屯。军屯在生产效率上进一步得到提高。由于施行屯田制，确保了军粮的安定供给，魏在与吴、蜀的长期两面作战中始终保持着有利的形势。吴和蜀也因此效仿魏的做法施行屯田。吴主要在长江流域兴办民屯和军屯，蜀在与魏接壤的汉中施行了军屯。

屯田制在战乱期为恢复生产确保供给发挥了巨大的威力，但随着战乱的平息，生产力得到恢复，屯田制的弊端也越来越暴露出来。屯田民处于政府的严密管理之下，没有自由。表面上屯田民没有兵役、劳役负担，但实际上他们常常被强制征用参加各种劳动，一旦有事也被强迫参加战斗。更主要的是屯田这种集团化管理体制束缚了农民的自由，阻碍了农民的生产积极性。到了魏的后期，租率升至官七民三，甚至官八民二，屯田民的不满也日趋高涨。入晋以后，除了军屯，民屯最终被下令废止。在集团化农业的局限性这一点上，可以说屯田与人民公社的失败有着共通之处。

另外，屯田制实行土地公有化，把公有土地分配给农民耕种的做法，与东汉统治阶级的地主豪族的利益相违背。战乱期豪族势力不得不做出一定的让步，但战乱一旦平息他们的不满就爆发出来了。所以，以司马氏为首的地主豪族政权废止屯田是理所当然的。从这个意义上来说，屯田制的实施反映了三国作为一个过渡时代的历史特征。屯田制采用的土地公有和政府直接管理人民的措施，后来被起源于北魏、确立于唐代的律令制下的均田制继承吸收。

赤壁之战

曹操平定河北

袁绍在官渡虽然大败而归，但他在河北一带保持着强大的势力，依然是曹操的强敌。但是，袁绍有一个致命的弱点，那就是他的三个儿子彼此不和。袁绍的三个儿子，长子袁谭、次子袁熙、幼子袁尚。按理应由长子袁谭为嗣，但袁绍偏爱幼子袁尚，想立袁尚为后。于是袁绍令长子袁谭出任青州刺史，次子袁熙出任幽州刺史，以外甥高幹为并州刺史，只有袁尚留在冀州自己的身边。兄弟之间的不和由此而产生。特别是长子袁谭和幼子袁尚间的矛盾尤为突出，造成了部下的分裂。参谋审配、逢纪追随袁尚，辛评、郭图追随袁谭，双方互不相容。

废长子另立后嗣，历来都会留下后患。袁绍明知故犯，执意要以幼子袁尚为后，实在是不够明智。不过，不明智的不仅仅是袁绍一人。与袁绍有同盟关系的荆州牧刘表也犯了同样的错误。刘表想绕过长子刘琦立次子刘琮为后继，引起兄弟不和，招致了灭亡的结局。后来，这种兄弟间的争权夺利甚至连臣下也被卷入的家庭纠纷，除了刘备的蜀以外，在魏和吴都有发生，成为三国时代政治斗争的一种典型。

就在官渡之战后的第三年，袁绍失意而死。袁绍一死，袁谭与袁尚的对立激化，两者发生冲突。袁谭身为长子却得不到继承人的地位，心怀不满，竟向先父袁绍的夙敌曹操求救。这时，曹操面临着两个选择，一是攻打南方的荆州；二就是利用袁氏兄弟的内讧向北方出兵。

曹操的部下大多数赞成前者，但曹操采纳了荀攸的意见，决定派援军解救袁谭。曹操明知袁谭有诈，但为了笼络袁谭，还让儿子曹整娶了袁谭之女为妻。当然这完全是出于政略的需要，也是曹操笼络对手的惯用手段。

曹操出兵河北，势如破竹，引水灌城攻克了袁尚的根据地邺城。这时，袁谭负约反曹。曹操送还其女进讨袁谭，袁谭战败身死。并州刺史高幹在邺城陷落时也投降曹操，但后来又叛变。

曹操派兵讨伐，高幹在逃往荆州的途中被杀。走投无路的袁尚只好逃往幽州投奔袁熙。在幽州又遇袁熙部下离反，袁尚、袁熙同奔辽西投靠乌桓，继续抵抗。不久，曹操北战乌桓，在柳城击破乌桓骑兵军团，乌桓大败。袁尚、袁熙只好投奔辽东太守公孙康。在辽东公孙度死后，由他的儿子公孙康接任太守。公孙康深知与曹操对抗不是上策，于是杀了袁尚、袁熙，献首级于曹操。其间活动于太行山一带的农民武装黑山军头目张燕也投降了曹操，至此河北境下全部被曹操平定。

有关曹操平定河北的叙述，在《演义》一百二十回中只用了三回的篇幅。这多少给人一种平定河北只不过是官渡之战的事后处理之感。但实际上，曹操平定河北全域凯旋邺城，已是建安十三年（208）的正月了。为平定河北耗费了他整整七年的岁月。也就是说官渡之战以后的曹操，其三分之一的人生都投入到平定河北这一艰巨的事业里了。可想而知，平定河北对曹操具有非同一般的重大意义。这也是为什么后来他没有回到献帝所在的许都，而是把邺城作为自己新的根据地常驻的理由。邺城在黄巾暴动时曾被黄巾军作为集结地，后来袁绍、曹操又相继以此为根据地，这也说明黄巾暴动的影响是相当之大，是不可低估的。

这一年，曹操在邺城废除三公设丞相职。六月，曹操自任丞相，他称霸天下的梦想又向前推进了一步。至此，在北方能与曹操对抗的，只剩下西方凉州的韩遂、马腾了。而这时，韩、马之间发生内讧，马腾接受怀柔也来到邺城。从官渡之战的胜利到统一北方，曹操度过了他人生最充实的一段黄金时代。此时，曹操五十四岁。曹操回到邺城，立即兴造人工湖玄武池，着手训练水军，为攻打荆州刘表作准备。建安十三年七月，曹操丞相的位子还没有坐热，就迫不及待地率大军南下，想一举扫除荆州刘表势力。但他做梦也没想到，迎接他的是赤壁的大败。

孙策、孙权平定江南　　就在曹操致力于平定河北时，在南方，孙权也在为巩固江南的统治竭力奔走。孙权的江南统治是继其兄孙策的事业而发展的。孙权的父亲孙坚被刘表部将黄祖射杀是在初平三年（192），与董卓被杀同年。孙策的死与官渡之战（200年）同年，也就是说，孙策平定江南正好与曹操征伐河南、山东同期。

前面说过，袁绍与异母弟袁术向来不和，自己的三个儿子也手足相煎。孙氏一族与此完全相反，不仅父子、兄弟包括亲戚部下在内，都很团结，关系非常牢固。孙策能在短期间内平定广大的江南地区，当然有赖于他出色的才能与见识，同时也离不开孙氏一族的相互协助和支援。江南地区指长江以南的东部（故也称江东）地区，按当时的行政区域说，也就是扬州。扬州下有吴、丹阳、会稽、豫章四个郡，地域广大，包括了今天的江苏省南部、浙江省、福建省以及江西省的大部。

孙策在父亲孙坚死后，曾归附袁术。他借兵袁术致力于平定江南。在前后四年的时间里，孙策战绩卓著：扬州刺史刘繇败走、

24 孙权像 孙权墓又名"吴王坟",位于南京东郊的梅花山,图为梅花山下的孙权像

吴郡太守许贡被杀、会稽太守王朗战败投降、豫州太守华歆更是不战而降。孙策开朗阔达,言语幽默,深受爱戴。当时人们都以"孙郎"的爱称称呼他,袁术甚至感叹"我要是有孙郎这样的儿子,死而无憾"。后来,袁术称帝(197年)时,孙策反对,与袁术断绝了关系。就此,孙策真正走上了建功立业之路。

孙策的创业得到了孙氏一族的大力支持。他的叔父孙静,在其兄孙坚起兵时,就积极支援,帮助招募亲戚乡党五六百人。后来,孙静一直留守老家寿春,为孙策攻打会稽做出了很大的贡献。孙策的堂兄孙贲、舅父吴景也为孙策攻打丹阳充当先锋。孙策平定江南,可以说是孙氏一族共同奋斗的结果。但是,在事业一帆风顺发展的背后难免不埋下一些祸根。吴郡太守许贡被孙策攻杀,而孙策则不幸死于许贡部下的暗杀。孙策死后由其弟孙权继业。为巩固政权、安定人心,孙权专心致力于内治。他主要施行了以下两方面的措施。首先,他积极招延人才,除了重用孙策原来的部下张昭、周瑜、程普等人外,还招聘到鲁肃、诸葛亮之兄诸葛瑾等名士加入阵营。武将吕蒙也是被孙权从一般兵士里选拔出来的。孙权重用人才,为事业的顺利发展打下了基础。

孙权着手的第二件事就是镇抚山越。山越也就是居住在南方山地的少数民族,他们是包括从今天的云南、贵州等边境地区到东南亚一带各少数民族的祖先。当时，南方的广大地区居住着这些少数民族，汉族的居住地只散在其中。因此，对吴来说，镇抚山越、加强民族融合（后面还要详细提到）是优先于吴魏、吴蜀相争的首要问题。孙权把大量人才投入到这一艰巨的事业中，从江西南部到福建山区的广大区域里成功地平定了山越的反抗。不过，山越的反抗并没有被杜绝，孙权对山越的讨伐后来又持续了很长时间。

曹操对孙氏的怀柔

曹操对孙策、孙权兄弟平定江南，事业稳步发展并不是坐视不管。一是因为离得远，二是因为曹操在北方接连不断地发动战争，无暇顾及南方的局势。当曹操得知孙策平定江南时，心中不安，叹息道"猘儿难与争锋也"。于是，他对孙策采取了怀柔的策略。前面提到过，曹操的族人里有担当过吴郡、会稽郡太守的，因此他对江南的情况比较了解。

首先曹操上表孙策为讨逆将军，封吴侯，孙权继业后，曹操又上表孙权为讨虏将军，领会稽太守，用官职、称号笼络他们。当然，对孙氏来说，曹操的存在也是不可轻视的。孙策曾专门派部下张纮赴许都，向曹操进呈礼物。这时，曹操把张纮留在许都，还授予官职。孙权继业后，曹操任命张纮为会稽东部都尉，让他回到孙权身边，想以此怀柔孙权。

不过，曹操最擅长的怀柔手段，还要数他搞政治联姻这一手。曹操对袁绍的长子袁谭就用过这一手。对孙氏兄弟也不例外。建安三年（198），在张纮赴许都献礼之际，曹操就把弟弟（可能是死于张绣之战的侄子安民之父。因早死，名不详）的女儿许配孙策之末弟孙匡。又为儿子曹彰（后来的任城王）娶孙策堂兄孙贲之女。这种政治联姻，一方面起到笼络孙氏的作用，另一方面，也是曹操安插在孙氏家族里的楔子。实际上，后来孙贲之弟孙辅因对孙权的统治感到不安，企图密通曹操，被察觉遭到软禁。到了吴的末期，孙匡之孙孙秀，也就是曹操之弟的外孙，带妻儿、兵士数百人投奔晋。类似这样的事件，赤壁之战时也有发生。可见曹操的这一手是很成功的。

孙策平定江南时，扬州刺史刘繇以及太守许贡、王朗、华歆都是当时的名士。其中刘繇战败而死，许贡被杀，王朗和华歆投降。但这两人都没有跟随孙氏，而是投靠了曹操，后来成为魏的重臣。从这里可以看出，曹操的魏是以东汉豪族名士为主体的政权，而孙氏的吴与此不同，它的军人政权的特点非常显著。

曹操与孙策、孙权之间虽然一直互相提防互相牵制，但两者又都缺乏足够的实力和机会制服对方。所以对彼此的统治只好采取默认的态度。但是，形势在不断变化。首先，孙权通过镇抚山越，大大地巩固了统治基础，开始对外采取行动。他选择的第一个攻击目标是，驻守荆州东部江夏郡的黄祖。黄祖曾射杀孙坚，与孙权有杀父之仇。建安十三年（208），孙权获得黄祖部将甘宁的协助，终于大胜黄祖。黄祖被斩首。孙权又乘胜直取柴桑（今江西省九江市西南）。不用说，孙权的下一个攻击目标自然是荆州的刘表了。而这时，完成河北平定的曹操也积极备战，准备南下攻打荆州。这样，曹操在北，孙权在东，两者都虎视眈眈地觊觎着荆州这块土地。就在这关键时刻，刘表病死，荆州成了有虚可乘之地。

**"髀肉之叹"：
刘备在荆州的岁月**

就在官渡决战即将拉开帷幕时，刘备以联合黄巾残党扰乱曹操后方为借口去了汝南，乘机脱离了袁绍。后来曹操进攻汝南，刘备只好投奔荆州刘表处。这是刘备的又一次流亡。如果刘备不离开袁绍，很有可能成为曹操的俘虏，也许连命都保不住。刘备来到荆州，同为汉室后裔的刘表待他以上宾之礼，派他驻守荆州北部的新野。

这时，曹操和孙权都在为巩固自己的地盘，在河北、江南大力发展各自的势力。刘备在新野却无奈地过着无所作为的日子。这期间，刘备打的唯一一仗就是在博望迎击曹将夏侯惇和于禁。刘备用伏兵之计大败曹军。《演义》里这段"博望烧屯"归功于诸葛亮的计谋。但实际上，这时刘备还不认识诸葛亮。

有一天，刘表宴请刘备。席间刘备去上厕所，突然发现自己原来因常年骑马而肌肉紧凑的大腿上竟长出一层厚厚的脂肪。刘备不禁感慨落泪。回到席上，刘表见他面有泪痕，就问他原因。刘备说："日月若驰，老将至矣，而功业不建，是以悲耳。"这也

25 刘备马跳檀溪图（歌川国芳绘）

就是"髀肉之叹"的典故。

　　刘表听了刘备的这番话，既同情刘备的处境，又对刘备的不甘沉沦存有戒备之心。作为一方诸侯，刘表也曾英名远扬。现在他年老力衰，不能不对自己的前途感到担忧。但年龄在刘备之上的刘表已经没有发展势力的野心，刘备劝他乘虚袭击曹操，他也下不了决心。为此，刘备感到十分懊恼。刘表把他的心思都用在孩子身上。前面说过，刘表想撇开长子刘琦，立次子刘琮为接班人。夹在两人之间，刘备也感到很为难。

　　作为这一时期的一个故事，裴松之注《三国志》里有以下一段叙述：刘表的部下蔡瑁，在以此宴席上想加害刘备。刘备有所觉察，于是假称上厕所，逃离了现场。名马"的卢"跳过檀溪，使刘备得以逃生。这段故事也被写进《演义》里，不过，看得出来这属于一段虚构的情节。在上厕所和骑马这两点上，与刚才的"髀肉之叹"非常相似。这不可能纯属偶然。而且，类似的事情在孙权身上也发生过。魏攻打合肥时，孙权被魏将张辽追赶，孙权策马急奔跨过津桥的故事在《三国志》的正文里有记述，应该说这是真有其事了吧。但是比较两者，说的都是英雄策马跨河脱险的事。在这里，史实与传说的界限非常模糊。不过，即使作为创作，这个故事还是很生动地反映了当时刘备寄人篱下的窘迫处境。

刘备拜请诸葛亮 这一时期的刘备的"静"与曹操、孙权的"动"对照非常鲜明。但是，寄人篱下的生活也不是一无所获。刘备在荆州结识了一位影响他日后人生的重要人物，这就是众所周知的诸葛亮。有关刘备与诸葛亮的相识，《演义》是这样写的：刘备跃马过溪，脱离险境后，与号称"水镜先生"的司马徽偶然相遇。刘备从司马徽那里打听到"卧龙"、"凤雏"的存在。但再问二人的姓名所在时，司马徽只是笑而不言。第二天，刘备回到新野，有叫单福的人来投靠。这个单福实际上就是诸葛亮的朋友徐庶。徐庶为刘备出谋划策挫败曹军的进攻。曹操知道后就设计想迫使徐庶离开刘备。于是曹操派人抓了徐庶的母亲，又仿照徐母的字体写假家书通知徐庶。徐庶为救母亲，只好离开刘备归依曹操。临行前，徐庶告诉刘备，"卧龙"就是诸葛亮。因此后来有刘备三顾诸葛亮的故事。

这一段写得迂回曲折，为诸葛亮的登场制造了气氛。当然这些并非全部是事实，作者在创作过程中采取了虚实糅合的写法。首先，马跃檀溪和偶遇司马徽完全没有关系。史书上记载，司马

26 三顾茅庐　明戴进绘

徽直截了当地回答刘备，"卧龙"就是诸葛亮，"凤雏"就是庞统。另外，徐庶也没有用过单福的别名。徐庶本名福，出身单家（贫寒之家的意思），对这一点，《演义》的作者是借题发挥呢还是曲解其意，这就无从所知了。而且，徐庶跟随刘备基本上与诸葛亮在同一时期。徐庶因母亲被曹操软禁，被迫离开刘备确有其事。但发生的时间在后来刘备逃往江陵的路上。至于曹操伪造徐母家书，这就纯属虚构了。《演义》里的故事，"七分事实三分虚构"（清代学者章学诚著《丙辰劄记》），这部分故事尤其有代表性。

刘备与诸葛亮相遇的背景，首先因为刘备取代了年老无为的刘表，在荆州的影响与人望与日俱增。再就是刘备本人求贤若渴，十分重视网罗人才。前面已提到过，由于北方连年的战乱，大量流民避难于幽州、荆州、益州等地。这些流民里除了农民以外，还有不少士人学者。当时一些豪族（大多为学者、名士）更是带领全家以及庄园的农民一起移民他乡。特别是荆州，地处连接南北的交通要道，又少战乱，前来避难的士人尤其多。侨居荆州的士人里，司马徽是一个有代表性的人物。司马徽和徐庶都出身于名士之乡颍川郡。而诸葛亮的老家在山东徐州琅琊郡，因叔父诸葛玄任豫章太守，于是随叔父移居荆州。在这里，诸葛亮结

27 诸葛亮隐居地　湖北省襄樊市西部隆中山有牌坊，为清代所建。河南省南阳市也有传为诸葛亮隐居之地

识了司马徽、徐庶等一大批流亡的士人学者。

　　曹操、孙权之所以在乱世之中能够挫败群雄发展壮大，与他们重用人才是分不开的。得力的人才对事业发展固然有重要的作用，同时能否网罗天下名士，更关系到自己的名望和影响力，无疑，意义非常重大。但是，刘备三番五次的失败和辗转使他根本无暇顾及招贤纳士。刘备蛰居荆州的这段时间，虽无所事事，却意想不到地得到了招募人才的机会。求贤若渴的刘备通过司马徽结识诸葛亮，这不能不说是一个必然的结果。

　　诸葛亮在他隐居的隆中，为刘备指出了三分天下的发展方向。即容忍曹操对北方、孙权对南方的统治，刘备应以取荆州、益州作为与两者对抗的战略方针。刘备在自己坎坷无为的人生里，第一次听到如此透彻的见解。可以说，这是刘备在荆州漫长的寄居生活中得到的最大收获。而这个计划付诸实施的机会，出乎预料地很快就摆在了眼前。刘备三顾茅庐请到诸葛亮的第二年，也就是建安十三年，发生了赤壁之战。

赤壁前夜

建安十三年八月，曹操率大军南下准备进攻荆州。就在这时，刘表在荆州病死。刘表的死可以说是一个历史的巧合。次子刘琮接替刘表任荆州牧。黄祖被杀后任江夏太守的长子刘琦，在刘表病危时前来探望，被刘琮拒之门外。兄弟矛盾加深。与袁绍死后的情形非常近似。但这回投降曹操的不是心怀不满的长子刘琦，而是继承了荆州的刘琮。刘琮听从部下意见，不做任何抵抗就投降了曹操。

对曹操来说这可是喜出望外的结果。对攻打荆州，曹操也是做了一番准备的。没想到如此简单地，荆州就落到了自己的手里。不过，这个意外的事态在无形中打乱了曹操的计划。按曹操原来的计划，此次南征只是针对荆州而来的，并没有把孙权当作讨伐的对象。曹操在玄武池训练水军，完全是为了对付荆州的水战。荆州不战而降，使曹操产生了非分之想，他决定乘机讨伐孙权。部下贾诩、程昱劝曹操慎重行事，但曹操不听。曹操这时给孙权的信里写道："近者奉辞伐罪，旌麾南指，刘琮束手。今治水军八十万众，方与将军会猎于吴。"（我奉汉帝之命讨伐罪人，旌旗向南一指，刘琮就投降了。现在我率八十万水军，想与将军你在吴一起会猎。）"会猎"意指皇帝巡幸地方时的狩猎。曹操大有以皇帝自居之意，充分暴露了他企图称霸天下的野心。对于年过五十有半的曹操来说，成就大业更是刻不容缓。

刘琮投降的消息对刘备来说有如晴天霹雳。刘备慌忙带兵南逃，曹军在后紧追不舍。刘备又一次在混乱中抛弃妻儿，脱身而逃。虽然赵云从乱军中救出阿斗，张飞在当阳长坂坡拆桥喝退曹军，但都不济于事。刘备这次终于被逼到了走投无路的绝境。

28 赵云救阿斗　勇救刘备独子的忠臣，《三国演义》著名情节。杨柳青年画

刘琮投降曹操，对孙权来说也是意料之外的事件。孙权征江夏杀黄祖，下一步就是想夺取荆州。没想到，荆州的敌手突然消失，取而代之的是强大的曹军。面对号称水军八十万的曹操大军，孙权阵营上下震惊。以张昭为首的大部分部下都主张不战而降。就在这关键时刻，孙权的堂兄、豫章太守孙贲策划降曹，甚至准备把儿子当做人质送往曹营。前面提到，孙贲的女儿是曹操儿子曹彰的妻子。曹操派使者授予孙贲征虏将军的称号，使其与讨虏将军孙权平起平坐，意在离间孙权内部的关系。如果孙贲叛变曹操，必然导致孙权阵营军心涣散，后果不堪设想。这时，孙坚时代的老部下、吴郡太守朱治自告奋勇，前往豫章说服孙贲，使孙贲回心转意。

面对危机，坚决主张抗曹的是鲁肃、周瑜二人。鲁肃为吊丧刘表在赶赴荆州的途中，得知刘琮投降、刘备南逃的消息。于是改道当阳，与陷入绝境的刘备见面。刘备对自己的前途已非常悲观，打算去南方的僻地苍梧（今广西壮族自治区梧州）落脚。鲁肃劝说刘备与孙权结盟，共同抗曹。对刘备来说这可是求之不得的机会，他又一次绝处逢生。刘备立即结束南逃，率兵进

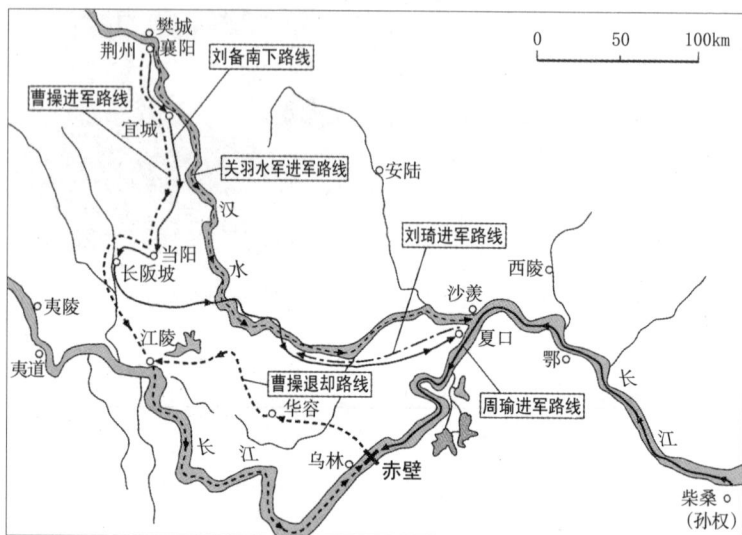

29 赤壁之战 曹操沿长江顺流而下，在赤壁与周瑜、刘备军对决，后从陆路败走江陵

入夏口与刘琦的部队合流。而诸葛亮这时随鲁肃来到柴桑，与周瑜一起做孙权的说服工作。他们一一指出曹操的弱点：凉州韩遂、马超仍然是曹操的后顾之忧；曹军远道而来，补给困难；曹军号称八十万，但实际只有一半左右；而且曹军不习水战，兵士中又流行疾病等。本来举棋不定的孙权受到鼓舞，决心联合刘备共同抗曹。

曹操遭火攻兵败

这样，曹操、刘备、孙权三个集团在无法预料的局势变化中迎来了赤壁之战。曹操的兵力除了从北方带来的三十万，在荆州又新得的十万，共四十万，实际在前线参加战斗的只有二十万左右。孙权军共有十万兵力，周瑜率领其中精兵五万，直接参加战斗的有三万左右。刘备这时只有两千左右的兵力。

30 **赤壁摩崖石刻** 湖北省赤壁市。面向长江岩壁上的"赤壁"二字，传为周瑜手书

与如此弱小的刘备联盟，孙权军的作战总司令周瑜表现得很消极，在内心更有可能是反对的。鲁肃主张联合刘备，完全是为了利用刘备在荆州的声望。刘琮的突然投降使荆州的舆论一分为二。反对投降的民众都把希望寄托在刘备身上。这造成了后来荆州本地及侨居士人的分化，有一半人服务于魏，另一半人则服务于蜀。鲁肃认为，吴在荆州缺乏群众基础，只有和刘备同盟，才能获得荆州反曹势力的支持。

曹军的船队从江陵出发，沿江而下，在长江南岸的赤壁一带与周瑜的水军遭遇。曹军初战不利，撤退到北岸的乌林，与周瑜军隔江对峙。而这时曹操军中疾病蔓延，士气日渐低下。

曹军北方士兵居多，不习水战，曹操于是命令船队用绳索把船舰互相牵连起来，以减轻风浪的颠簸。吴将黄盖发现了曹军的这个弱点，就向周瑜建议用火攻战术。周瑜采纳黄盖的建议，让黄盖写诈降书给曹操。善用计谋的曹操竟没看出其中有诈。黄盖选十艘小船打头，船上装满浸满油脂的干柴，外面用帐幕盖好，其他战船随后，由南岸向北岸的曹营驶去。曹军毫无防范，黄盖船队就接近了曹营，然后一齐点火冲进曹操船队。这时东南风大作，曹操的连环船队顷刻间就淹没在一片火海之中。曹操失去了几乎所有的船舰和大半人马，慌乱中收拾残兵败将经华容道向江陵撤退。华容道非常泥泞，行军十分艰难，曹操到达江陵时已狼狈不堪，他留下曹仁驻守江陵，自己匆匆引军北还。

《演义》中的赤壁之战

有关赤壁之战的前后经过，史书的记载大致如此。但《演义》在史实的基础上，把这段历史创作成一组气势庞大的战争故事。这组故事由为黄盖诈降甘受"苦肉计"的故事；庞统诱曹操锁战船巧施"连环计"的故事；曹操的使者蒋干群英会中计，曹操错杀蔡瑁、张允的故事；为求东南风诸葛亮南屏山筑台祭风的故事；曹操败走华容、关羽义释曹操等一系列的故事构成，又以诸葛亮与周瑜的斗智、曹操与周瑜的明争、周瑜与诸葛亮的暗斗等线索穿插其中，各情节的发展此起彼伏，把故事推向高潮。《演义》把赤壁之战描写得扣人心弦、引人入胜，使人读到这一段往往不忍释卷。可以说，赤壁之战是《演义》中最精彩的一段描写。但是这些故事情节基本上属于虚构创作。只有蒋干作为使者被曹操派往周瑜阵营这一点是事实。不过时期是在赤壁之战以前，那时曹操为怀柔孙权，常派使者往孙权阵营活动。

这里，史实和小说都记述赤壁之战发生在阴历十一月。我们不禁要产生疑问，在这样的隆冬季节怎么会刮东南风？可是，如果没有东南风，黄盖的火攻就不能成立。也就是说，东南风是决定这场战役胜负的关键。显然，《演义》的作者也抱有同样的疑问，因此特意设定了以下的场面来处理这个问题：曹操对担心火攻的部下说，冬天不会刮东南风不用担心火攻，然后让诸葛亮施巫术祭风唤来东南风。但实际上东南风怎么可能是诸葛亮唤来的？

31 在七星坛呼风唤雨的诸葛亮 选自江户时代绘本《绘本通俗三国志》。有关赤壁之战的最有名的作品

另一种说法是，冬至以后这一带偶尔也有刮东南风的时候，周瑜和黄盖恰巧对这个气候的特殊性有一定的了解。不过，事实是否确实如此，谁也无从考证。赤壁之战的开端就出于偶然，那么它结束于偶然刮起的东南风也许并不奇怪。

赤壁之战后，曹操、刘备、孙权间的三国分立的局面基本形成。在这三人以外，虽然还有益州的刘璋、汉中的张鲁、凉州的韩遂、马超等地方军阀势力，但他们既没有取得天下的野心也没有夺取天下的实力。军阀割据的时代由此结束。

第三章

三分天下

围绕兵家必争之地荆州的攻防

周瑜的奋斗与英年早逝　　从赤壁之战发生的 208 年到曹操死曹丕即位的 220 年，是三雄相争愈演愈烈的时期。三者间的攻防主要在三个地域展开：首先在中部，为争夺荆州孙权与刘备相持不下；西部，为争夺刘备入蜀后的汉中，曹操与刘备对峙；在东部，为争夺合肥，孙权与曹操发生冲突。而且这三个争夺战互相牵制、密切相关，我们先来看荆州的攻防。

参考本书封二的地图就会发现，荆州位于中国的中心，相当于中国的心脏部分。由荆州往北经洛阳、太原可达蒙古，往南经交州（广州）可至越南及东南亚地区。作为东西交通大动脉的长江又横穿荆州北部，而且，如果从长江支流的汉水溯江而上，可到达四川盆地北部的汉中。也就是说，荆州正好位于联结东西南北的水陆交通要道之上，因此历来是兵家必争之地。

曹操在赤壁大败以后，留曹仁（曹操的堂弟）和乐进把守荆州北部的江陵和襄阳，自己引军北还。周瑜乘胜追击，率大将程普、吕蒙、甘宁向江陵发起进攻，经过一年的苦战，终于击退曹仁夺取了江陵。周瑜在战斗中虽身负重伤，但孙权还是任命他为南郡太守，统率以江陵为首府的南郡地区。

就在周瑜指挥大军攻打荆州的时候，刘备乘机占领了荆州南部的武陵、长沙、零陵、桂阳四郡。周瑜对既成事实只好默认，孙权也把自己的妹妹嫁给刘备为妻，以巩固同盟关系。

驻守长沙郡的老将黄忠这时也投靠到刘备麾下。就此，荆州七郡被割据，曹操占据了北部的南阳郡，孙权占据了中部长江沿岸的南郡和江夏郡，刘备占据了南部四郡。这种三方割据的状态简直就是三国鼎立的一个缩影。

荆州七郡，刘备虽然占据了南部的四个郡，但南方四郡的大部分地区居住着武陵蛮等少数民族，经济十分落后。刘备在这里只能得到一个地方军阀的位置。为了实现诸葛亮三分天下的大计，刘备必须向西边的益州发展。南郡（江陵）是通往益州的门户，因此刘备无论如何也要把南郡这块军事要地置于自己的控制之下。江油口位于南部四郡最北部的长江南岸，隔江与江陵相望。刘备首先改称江油口为公安，把这里作为自己的根据地。时刻准备伺机取得南郡的统治权。

对刘备的这个企图，周瑜有所察觉，他当然不会把好容易到手的南郡拱手让给刘备。不仅如此，周瑜和刘备同样，也打着向益州扩张的算盘。刘备知道周瑜不会放手南郡，就亲自去长江下游的京（今江苏镇江）拜会孙权，提出借南郡的要求。刘备为得到南郡已到了迫不及待的地步，于是他想利用盟友加妹夫的双重关系来说服孙权。周瑜

32 周瑜 清代画像

知道刘备到了京，就写信给孙权要求扣留刘备，但鲁肃认为北方曹操的威胁还没有解消，还应该继续利用刘备对抗曹操，孙权听从了鲁肃的建议，没有扣留刘备。

周瑜得到自己的进言没有被采纳的消息，立刻从江陵赴京拜见孙权。周瑜与孙氏一族的孙瑜一道向孙权提出攻打益州的计划，得到了孙权的同意。周瑜立刻率军返回江陵，中途行至巴丘（今湖南省岳阳市），因旧伤复发身亡，年仅三十六岁。周瑜的死对孙权是一个巨大的损失，但对刘备却是一个机会。周瑜留下遗言推荐盟友鲁肃接替自己的职务。但鲁肃实际上一直是主张联合刘备的，这对壮志未酬的周瑜来说，不能不说是一个遗憾。

有关这一段史实，《演义》主要写了诸葛亮如何巧夺周瑜费尽苦心才到手的江陵，写诸葛亮事事神机妙算，"三气周瑜"，最

后气死周瑜的一系列故事。这些当然都是创作。围绕争夺荆州而展开的一连串的明争暗斗，在《演义》里并没有反映出来。

鲁肃的深谋远虑　　鲁肃是徐州南部东城(今安徽定远县) 人。周瑜的祖父曾任东汉的太尉一职，而有关鲁肃的父亲却没有记载，可见鲁肃并非出身名门。不过鲁肃的家很有钱，他年轻时热衷于击剑骑射，不理家事，被乡里老人称作"狂儿"。周瑜闻名，有一天，率部下来见鲁肃，想请鲁肃资助一些粮食。鲁肃家当时有两座米仓，听了周瑜的来意，鲁肃毫不犹豫把其中一座送给了周瑜。从这件事可以看出鲁肃是一个非常慷慨的人。但是鲁肃的慷慨不是那种只付出不要回报的慷慨。用现在的话来说，鲁肃的慷慨是一种投资。不久，北方陷入战乱，鲁肃举家迁往江南。后来，鲁肃经周瑜推荐结识了孙权。这样，鲁肃以前的付出得到了回报。

鲁肃见到孙权后，两人谈得非常投机。鲁肃分析说，东汉王朝的复兴已是不可能的，而曹操的优势也一时无法改变。他建议孙权首先鼎足江南，然后伺机消灭刘表，占领长江以南以成霸业。鲁肃的这个战略构想和诸葛亮三分天下的主张完全相同。而且，鲁肃提出这一构想要早于诸葛亮。在占领长江以南这一点上，鲁肃与盟友周瑜的见解是一致的，不过，周瑜的主张比较性急，想通过单独行动，强行扩大势力范围。相比之下，鲁肃的主张要稳妥得多，他提出要高瞻远瞩有步骤地推进计划。但是，鲁肃的主张并没有得到广泛的支持。特别是孙权部下首屈一指的名士张昭，更是对鲁肃持批判态度。

起初，鲁肃对共同抗曹并没有具体的联合目标。但在赤壁之战的前夜，他最先清醒地认识到，刘备正是自己应该联合的对象。鲁肃不顾刘备当时正陷于穷途末路，专程赶到刘备处说服他共同抗曹。对初次见面的诸葛亮，他以自己是诸葛亮兄诸葛瑾之友的身份与诸葛亮建立信赖关系，亲自陪诸葛亮到柴桑与孙权会见，同时叫回周瑜共同劝说孙权抗曹。这些都是鲁肃一人促成的。

鲁肃在力主抗曹时，对孙权说了这样一番话："我即使投降曹操，按我的身世，回老家还能得到一官半职，可是您投降曹操的话，能回哪儿去呢？"前面说过，鲁肃并非名门出身，门第与孙权大概不相上下。关于这一点，后来做过吴国使者赴魏的赵咨在被问及孙权长处时曾经说过，孙权的长处之一就是从"凡品"（普通家庭）中提拔重用了鲁肃。鲁肃说这番话，是暗指主降派张昭等一些所谓名士。进入东汉以后，名士阶层虽然各自从属于魏蜀吴这三个集团，但内心对汉王朝的正统性却非常在意，对以汉朝正统继承者自居的魏抱有很强的屈就心理。鲁肃不属于名士阶层，因此他的想法和主张也就截然不同。

第一次荆州分割

周瑜死后，鲁肃接替他成为后继者。鲁肃与周瑜不同，很快就把刘备梦寐以求的南郡以及荆州的支配权借给了刘备。鲁肃认为曹操势力强大，不可能单独与其对抗，而吴还没有完全掌握荆州人心，不如把荆州借给刘备，利用刘备去安抚人心，使曹操多一个敌人，这才是上策。因为是借给刘备，所以包括刘备已经到手的南部四郡将来都能要回来。再说荆州东部的江夏郡和长沙郡北部的汉昌（后改称吴昌，今湖南省平江县）都在自己手里，这相当于攥住了荆州的脖梗子，并不威胁吴的利益。鲁肃基于以上理由劝孙权把荆州借给了刘备。

这是一个大胆而周密的计略。在自己处于绝对的优势的情况下，仍然能够从大局出发，向比自己弱小的对方做出大幅让步。如此高度的政治策略，只有鲁肃这样的能把一仓米毫不犹豫就送给周瑜的侠义豪爽之士才能决断。这就是由孙权和刘备对荆州的第一次分割。

据说，曹操听到这个消息时正在写信，他惊愕得连笔都掉到了地上。当年，刘备寄于曹操篱下时，有一次曹操在刘备耳边无意间吐露真言说"当今天下英雄只有你和我了"，刘备当时也惊惧得掉了筷子。这回刘备终于出了一口气。这也应该归功于鲁肃。因为得到了荆州，特别是南郡，刘备进入益州的路打开了，三分天下的计划因此得以实现。可以说，鲁肃才是三国时代首屈一指的战略家。

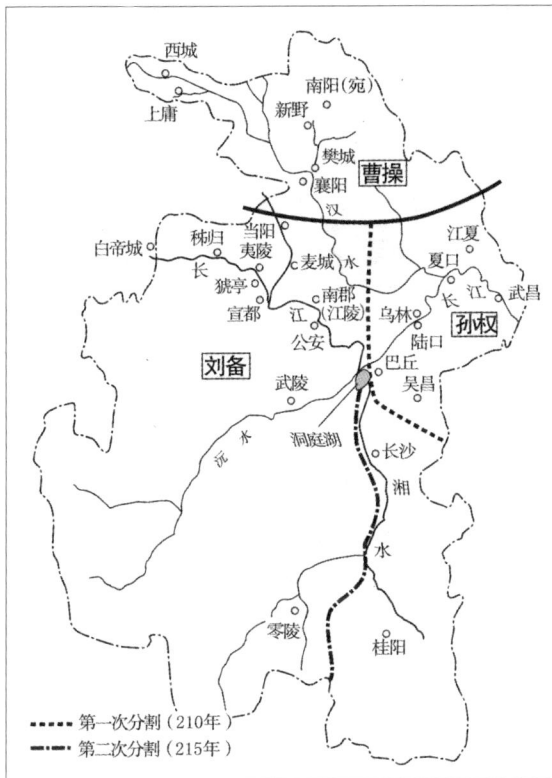

33 蜀与吴瓜分荆州

　　但是，鲁肃的深谋远虑并没有得到正确的理解和评价。鲁肃死后，就连孙权在回顾他的功绩时也认为，力说建帝王之业，力主在赤壁抗击曹操是鲁肃的功绩，但主张把荆州借给刘备是鲁肃的失误。我认为这个评价是不公正的。鲁肃死后，为争夺荆州的领属，孙刘同盟出现了裂痕，最后导致了两者的灭亡。

　　《演义》更是贬低了鲁肃这个人物。从赤壁之战孙刘联合抗曹到借荆州与刘备巩固同盟等决策，都是鲁肃主导的结果。可是《演义》却颠倒黑白，把这些全归功于诸葛亮，鲁肃则被描写成一个奔波于刘备、孙权之间的滑稽可笑的老好人。在《演义》里，以代表了善的蜀和代表了恶的魏的矛盾为主要线索，而吴则被贬低到一个陪衬的角色。这点在鲁肃的描写上尤为突出。

孙夫人的悲剧

这里，我们回过头来看一下刘备与孙权妹妹结婚的这一段故事。孙权妹妹嫁给刘备，是在刘备夺取荆州南部四郡、驻屯公安以后。孙权为什么要把妹妹嫁给刘备呢？《三国志·刘备传》里说："权稍畏之，进妹固好。"也就是说，孙权慢慢地对刘备有所畏惧，就把自己的妹妹嫁给刘备，以巩固同盟关系。问题是，这时候孙权是否真的那么害怕刘备吗？

试想，孙权一族曾被曹操施与政略婚姻，遭受离间之苦。这回孙权对刘备难说不是用了同一个计谋。史书说，孙权的妹妹是女中豪杰，性格和她的父兄一样非常豪放，身边总有侍女上百人持刀护卫，刘备每次去孙夫人那里总是忐忑不安。而且，这位孙夫人还从吴带来了不少官吏和兵士，经常制造麻烦，成了逼在刘备腋下的一把刀。后来刘备率兵进入益州时，孙权大怒，派船去接回了妹妹。这时孙夫人企图将刘禅带回东吴做人质，但被赵云和张飞截下。连同荆州的那一次脱险，刘禅这是第二次得救于赵云。

从以上的经过来看，孙权嫁妹与刘备完全是为了牵制刘备，防止他独占荆州。感到害怕的应该是刘备，而不是孙权。另外，这个孙夫人应该是孙权的亲妹妹，但在《演义》里，把她写成是孙权母亲之妹、孙坚第二夫人吴国太的女儿（也就是孙权的异母妹）。两人结婚的时期也被安排在刘备去京向孙权借地的时候。吴国太、二乔（以美貌著称的姊妹，大乔为孙策妻，小乔为周瑜妻）的父亲乔国老等人物在这里相继登场，以诸葛亮如何授锦囊妙计、赵云如何按计行事、保护刘备及夫人安全返回荆州等情节穿插其中，《演义》把这一段故事写得有声有色。

《演义》对孙夫人的最后作了如下交代：刘备在对孙权部将陆逊的作战中大败，这时误传刘备战死。孙夫人听到消息后，悲痛万分而投江自尽了。当然这纯属虚构。《三国志》以及裴松之的注里，对回到东吴以后的孙夫人只字未提。很难相信她最终会为夫殉死，但这并不能改变她作为政治牺牲品的不幸结局。在《演义》里，孙夫人的名字叫孙仁，但这是孙权的异母弟孙朗的别名。根据《三国志》的记载，孙权的两个女儿分别叫鲁班和鲁育，不知为什么这个胞妹连名字都没留下来。

单刀会：第二次荆州分割　建安二十年（215），也就是刘备取得益州的第二年，孙权派诸葛亮的哥哥诸葛瑾与刘备交涉，要求返还荆州。对此，刘备的答复是："等我得了凉州就还。"这等于是回绝了孙权的要求。孙权大怒，派吕蒙袭取长沙、桂阳、零陵三郡。刘备感到事态严重，从成都回到公

34 明代商喜《关羽擒将图》（北京故宫博物院藏）

安，命令镇守江陵的关羽夺回三郡。孙权也亲自赶到鲁肃驻守的陆口，派鲁肃率兵抵御关羽。两军剑拔弩张，吴蜀大战一触即发。

就在这时，曹操发兵进攻益州北边的汉中。刘备慌了手脚，只好向孙权提出讲和。孙权再次派诸葛瑾与刘备交涉讲和的条件。交涉的结果是，双方以湘水为界平分荆州，湘水以东的江夏、长沙、桂阳归孙权所有，湘水以西的零陵、武陵、南郡归刘备所有。这次讲和，孙权得到的只是长沙南部和桂阳，而刘备却得到了南郡的所有地方，条件对刘备非常有利。想必这里面肯定少不了鲁肃的努力和调解。

为争夺荆州，鲁肃与关羽两军对峙，形势紧迫。这时，鲁肃邀请关羽会谈。双方让兵马停在百步以外，只有少数将校各带单刀赴会。会谈中鲁肃历数了关羽和刘备的不义。据说关羽被说得无言以对。不过，这次会谈中，鲁肃肯定向关羽提示了妥协的条件，不然鲁肃没有必要专门请关羽上门会晤。鲁肃痛斥关羽，实际上是骂给自己身后的东吴将校们听的，说白了也是骂给以孙权为首的强硬派们听的。鲁肃因为与关羽驻地相邻，常受到关羽军的挑衅，但鲁肃总能从大局出发，极力缓和紧张局势。

可是，到了《演义》里这一情节又被写得黑白颠倒了：关羽威风凛凛，言词犀利，鲁肃完全不是对手，最后狼狈退席。这段"单刀会"的故事，自元代被写成戏曲以来，直到今天的京剧演出，都是深受人们喜爱的曲目。照例，鲁肃仍然被戴上丑角的帽子。

鲁肃死后，东吴集团里再也没有像他那样重视孙刘同盟的人，又加上关羽失利，荆州全部被孙权占领。

刘备平定益州及汉中攻防

曹操的失败和张松献图　　益州，国名称作"蜀"，也就是现在的四川省，它位于长江上游，是一个四周环山的盆地，面积大约是日本的 1.5 倍，加之物产丰富，有自成一国的优越条件。东汉初期，公孙述曾在此称帝，后来又有不少的独立王国及势力在这里诞生。最近的有蒋介石在这里据守，直到日中战争结束。

东汉末期，荆州江夏郡出身的皇族刘焉任益州牧。相传益州有天子之气，因此刘焉是抱着自立为王的野心来到益州的。当时，中原混战，大量流民移住益州。特别是来自荆州南阳和长安三辅一带的移民达数万户之多。刘焉从这些移民中招募兵士，组织成"东州兵"。可是大量移民的流入令当地居民十分不满，北邻的汉中守将张鲁又不断骚扰，局势很不安定。刘焉死后，他的儿子刘璋继承父业。但刘璋性格懦弱、优柔寡断，益州的民众越来越感到不安。

刘备和周瑜都把益州作为下一个夺取的目标，正是因为了解到益州的这种境况。

赤壁之战前夕，刘璋派部下张松去见曹操，顺便观察动静。当时曹操刚得了荆州，正得意洋洋，把其貌不扬的张松根本不当回事。张松离开曹操，马上就去拜访了刘备。刘备虽然身处困境但却盛情款待了张松。张松回到益州向刘璋进言，建议他与曹操断绝关系，与刘备结好。实际上张松暗地里早就想迎刘备入主益州取代刘璋了。张松向刘备详细介绍了蜀的实情，连地图都一并献上。

曹操冷落张松实际上与赤壁的大败一样，是曹操的又一大失败。张松虽然其貌不扬，但博闻强记，聪明过人。据说，有一次，曹操部下杨修在张松面前炫耀曹操写的兵书，张松只看了一遍就能把书中内容暗诵如流。曹操通常很重视发掘人才，只要是有能力的人，不论出身、长相都能受到重用。再说，曹操一直是很想笼络刘璋的，官渡之战时还特意派了使者去表示友好。这次对待张松，不知为什么曹操表现得这么冷淡，连杨修的极力推荐都不管用。曹操赶走张松，不仅失去了吞并益州的绝好机会，还把这个机会拱手让给了刘备。可见，曹操在荆州的这一时期，确实有点儿心态失常。

在《演义》里，张松求见曹操的这一段，被写在刘备即将进入益州的建安十六年（211），地点是许都。《演义》给张松背诵曹操著书一段还添油加醋，写张松看了曹操的《孟德新书》后对杨修说："这哪里是什么新书，在我们蜀地连小娃娃都能背下来。"曹操听了恼羞成怒，干脆叫人把书撕碎烧了了事。

张鲁的宗教王国　　汉中位于益州北部，是联系蜀与关中的交通要地。统治这里的是张鲁。张鲁的祖父张陵是豫州沛国人，早年在蜀的灵山鹄鸣山修道，开创了"五斗米道"。具体内容回头再做详述，但五斗米道最大的特点就是用符水咒法替人治病，这一点与黄巾军的太平道大同小异。病若治好就收报酬五斗米，因此得名五斗米道。前面提到，益州有大量来自南阳的移民，而南阳又是黄巾军的根据地之一，所以两者之间也许多少有点儿关系。实际上，在益州的绵竹就已经有过马相自称天子被诛杀的事情，马相也称自己是黄巾军。五斗米道和太平道的教祖都姓张，这似乎也不完全出于偶然。

张陵始创的五斗米道，传到孙子张鲁时，势力已相当壮大。当时，张鲁的母亲就经常出入益州刘焉家传"鬼道"。说起"鬼道"，《三国志》里也有邪马台国的卑弥呼用"鬼道"蛊惑人心的记载。所谓"鬼道"大概就是指那些招神驱鬼的巫术。让人感到有意思的是，这些巫术在中国的中部地区往往被作为邪教遭到禁止，可是在益州这样的边远地区却很宽大，连州牧家都常有道士往来。

刘焉为达到自立为王的目的，想在政治上对五斗米道进行利用，于是他派张鲁到汉中任督义司马。刘焉让张鲁先封锁了通往北方的道路，然后又杀害了朝廷派来的使者，却向朝廷报

35 青城山 位于成都西60公里的道教圣地。传说张陵在此地开始传布五斗米道。现为世界遗产

告说五斗米道为非作歹、拦路打劫。实际上是想以此为借口摆脱朝廷的控制，建立自己的独立王国。官渡之战时，曹操的使者没能到达益州也正是这个原因。

可是，后来张鲁在汉中势力不断扩大，到了刘璋的时候已经到了无法控制的地步。刘璋一怒之下杀了张鲁的母亲和弟弟，两人从此成为仇敌。这时曹操乘隙而入。

曹操讨伐关中

曹操在赤壁大败而归，无力继续扩张，于是他把精力转向内政的治理上，首先他不计身份，广罗人才，然后在邺都建铜雀台，正式把邺都定为自己的根据地，又任命儿子曹丕为相当于副丞相级的五官中郎将，扎扎实实地为篡夺汉王朝做准备。建安十六年（211），在南方征讨上吃了苦头的曹操又把目标转向了西边。他命令驻守洛阳一带的司隶校尉钟繇和将军夏侯渊率兵讨伐张鲁。不过，讨伐张鲁只不过是曹操的一个借口。进讨汉中必然要途经关中地区（长安一带），关中当时被马超、韩遂等大小武装势力割据。要想把这些大小割据势力各个击破，就不得不在广大的关中地区转战，这样既花时间又耗费兵力。可是，如果曹操大军要路经关中攻打汉中的话，这些割据势力必然会联合起来抵抗曹操。曹操的目的就是要在这些大小割据势力集结在一起时，把他们一网打尽。曹操的部下高柔（后来官至司空）向曹操建议：不如先平定关中，关中一旦平定，汉中自然归顺。可见，高柔对曹操的意图完全没有理解。而实际上钟繇也根本就没有进兵汉中。

果不其然，关中割据势力在听到曹操出兵讨伐汉中的消息后，立即行动起来。以马超、韩遂为首的割据势力十部，共十万大军在洛阳西边的潼关集结。当年，为讨伐董卓，关东诸侯曾联合起兵，这次为对付曹操，关西割据势力又联合起来了。不过，关西割据势力的这次联合仍旧是一种临时抱佛脚式的乌合之众，不如说正中了曹操下怀。不久，曹操也亲率大军直逼潼关。曹军先由潼关北渡黄河，然后向西进军，再渡黄河到西岸，接着沿河南下包抄联军的侧面。联军侧面受敌，措手不及，只好撤退到渭水以南。马超等请求讲和，曹操不准，反设计离间他们。

关西割据势力中最大的是马超和韩遂。马超的父亲马腾与韩遂当年曾是结义兄弟，后来反目成仇，马腾投靠了曹操。马超与韩遂也因此不和。曹操与韩遂年轻时在洛阳有过交往，于是曹操请韩遂阵前相会，两人在众人环视之下并马交谈。曹操故意不谈军事，只与韩遂叙说旧情，两人谈得抚掌欢笑。马超见状心中生疑，等韩遂回来就向他打听会谈的内容，韩遂如实回答说："没说什么大不了的话。"马超听了，更加对韩遂不信。曹操接着又给韩遂写信，信中故意留下多处修改的痕迹，看上去好像是韩遂篡改过一样。马超偷偷看在眼里，心中对韩遂越发怀疑。曹操用以上计谋成功地离间了马超、韩遂的关系，然后他乘机发起进攻，一举粉碎了他们的联军。

曹操继续向西进军，在长安北边的安定迫使杨秋不战而降。见大势已定，曹操留夏侯渊驻守长安，自己引兵东归。随后，夏侯渊又由长安向西进兵追讨马超，马超最后只得投奔张鲁。刘备攻打成都时马超又归顺了刘备。韩遂后来也被杀，曹操就此如愿平定了关中。曹操回到邺都后，为报复马超诛杀了马腾及其一族。

在《演义》里，这一段历史，被写成是马腾预谋暗杀曹操，不幸事泄，一族老小被曹操诛杀灭门，马超为报父仇遂起兵反曹。与史实相反的不止于此，《演义》又写曹操在潼关大败，混在乱军之中，听到马超军喊："穿红袍的是曹操！"曹操就马上脱下红袍。又听到喊："长髯者是曹操！"曹操就急忙抽出佩刀割掉胡须。马超得到报告，又叫人喊："短髯者是曹操！"曹操听见了赶紧扯旗角包头而逃。这一段把曹操描写得极其滑稽可笑，这当然是为了美化后来成了蜀将的马超。

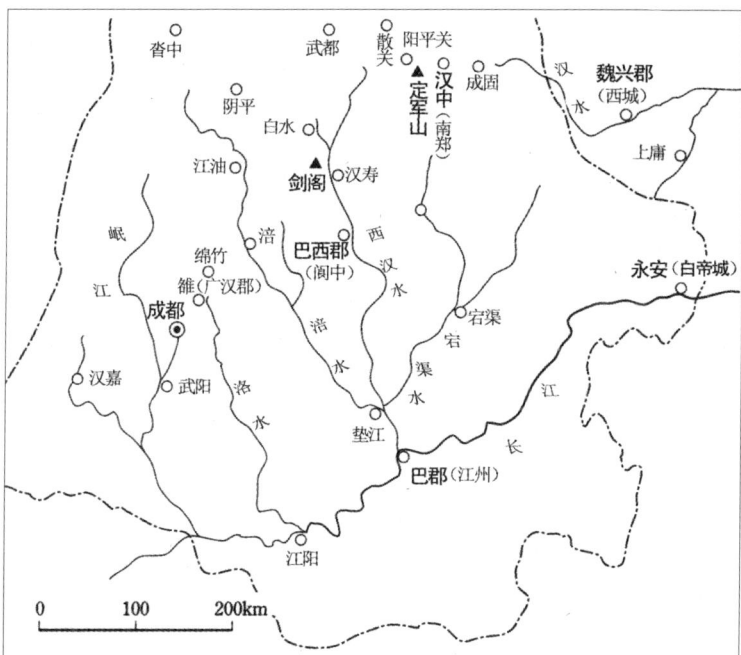

36 益州相关图

刘备夺取益州

曹操虽然按计划成功地平定了关中，但这次西征却给刘备提供了进入益州的机会。钟繇、夏侯渊将领兵征讨汉中张鲁的消息从关中传到汉中，又传到益州刘璋的耳朵里。刘璋深感恐惧。汉中是益州北边的屏障，如果失去了汉中，益州必然难保。张松本来就有意迎刘备入蜀，他觉得机会终于来了，于是向刘璋建议：应该抢在曹操之前先拿下汉中，但我们的实力有限，刘备和您同是汉室后裔，不如请他入益州帮我们攻打张鲁。虽然很多部下都表示反对，但头脑简

105

单的刘璋还是采纳了张松的建议。张松立即派法正去迎接刘备。恐怕连曹操也想不到事情会发展到这一步。

荆州的刘备当然不会放过这个难得的机会，他留下诸葛亮、关羽、赵云等人守荆州，自己和庞统等领兵向益州出发。庞统就是当年被司马徽称作"凤雏"的谋士，他才智过人，与"卧龙"诸葛亮齐名。而把庞统推荐给刘备的则是鲁肃。实际上在此之前，孙权就向刘备提出过联合攻打益州的建议。可是，刘备以自己与刘璋同为汉室后裔为由，拒绝了孙权的建议。孙权于是决定派孙瑜领兵单独攻打益州。刘备这时又给孙权捎话说："我要是同意了你去攻打刘璋，作为同族我还有什么面目做人。你要是一定要打益州的话，那我就只好披发隐居山里去了。"刘备一面请求孙权罢兵，一面派兵阻止孙瑜过境。孙瑜无奈只好撤兵。孙权也被刘备信誓旦旦的话语所蒙骗，以为刘备并无意夺取益州。当孙权听到刘备去了益州的消息，气得大骂："这个狡猾的东西！"孙权派人接回胞妹正是在这个时候。

刘璋得知刘备到来，亲自引兵出迎。张松、法正以及庞统等人都劝刘备趁机拘留刘璋。可是一贯注重大义名分、行事慎重的刘备没有同意这个建议。双方将士设酒摆宴畅饮一百多天，刘备这才带兵北上葭萌。临行，刘璋又给补充了兵员物资。但是刘备根本无意攻打张鲁，他在葭萌一边积极"厚树恩德、以收众心"，一边伺机夺取成都。这时正值建安十六年（211）冬，与曹操从关中撤兵东归不相前后。

成都的无血开城

第二年，机会终于等来了。对于夺取成都，庞统献上了上、中、下三策：选精兵直袭成都，一举攻克为上策；刘璋手下大将杨怀、高沛各领强兵，据守关口，我们可以放出风声假称荆州有急，做出要回师救援的假象，乘其不备抓住杨怀、高沛、兼并他们的部队，然后再进军成都，这是中策；退回荆州，再慢慢伺机重新出兵攻蜀为下策。庞统劝刘备早下决心，他说："如果再犹豫下去，情况会越来越不利。"刘备选择了中策。无巧不成书，就在这时，孙权在合肥与曹操对峙，他派人请刘备回荆州救援。当然这完全有可能是刘备一手炮制的幌子而已。刘备以荆州告急为由，向刘璋要求增兵一万及资粮若干。可是，刘璋只拨给他四千兵力。这时，张松因为不知道刘备的真实意图，他写信给刘备，劝说刘备不要离开益州。可是，张松被告发，这封信也被送到刘璋手里。刘璋看了信恍然大悟，明白自己中了奸计，立即派人斩了张松。刘备见事情败露，知道自己的戏已无法再演下去，就公开与刘璋反目。刘备先依计斩了杨怀、高沛，然后挥师直指成都。

可是，成都并非唾手可得，一路上刘备遭遇了意想不到的顽强抵抗，他不得不调遣诸葛亮、张飞、赵云等入蜀增援。在成都北边的雒城，刘备围城猛攻，却久攻不下。庞统在攻城时中箭身亡。围城持续了一年以上，雒城才终于被攻克。刘备率兵直逼成都。这时，刘备得到马超败走汉中的消息，于是派使者去劝说马超归顺。马超受诺，立即率人马赶到成都城外，与刘备合流。

37 庞统祠墓　庞统是与诸葛亮并称的策士。墓位于四川省德阳市，据记载宋代还存。现存墓为清代康熙年间重建

消息传到城内，全城震撼。不过十天，刘璋就决定放弃抵抗，实行"无血开城"，打开城门向刘备投降。建安十九年（214）夏，刘备进入成都，完成了历时三年的益州征讨。这次，在最后的关键时刻，刘备能请来马超确实起了很大的作用，但间接地说，这里面也有曹操的一份功劳。曹操要是知道了，不知会作何感想。

《演义》里写庞统死在落凤坡，用落凤来隐喻"凤雏"庞统的死。但这显然是一个架空的地名。另外，还写了庞统死后诸葛亮带兵赶来增援，这也与史实不符。顺便提一下，刘璋投降后被刘备迁往公安，孙权得荆州后，又以刘璋为益州牧。

汉中争夺战："鸡肋"之谜

正当刘备为夺取益州征战奔走之时，曹操在邺被册封为魏公。刘备平定益州的消息，给曹操当头一棒，让曹操心里很不是滋味。攻打汉中本来是自己为征讨关中放出的烟幕弹，没想到却给刘备促成了好事。既然这样，那就干脆拿下汉中再说。建安二十年（215）三月，曹操亲自率领大军征讨汉中张鲁。四月，曹操大军越过散关进入汉中境内，接着破阳平关直逼汉中的中心南郑。这时，逃到凉州的韩遂被部下杀害，首级献给了曹操。张鲁

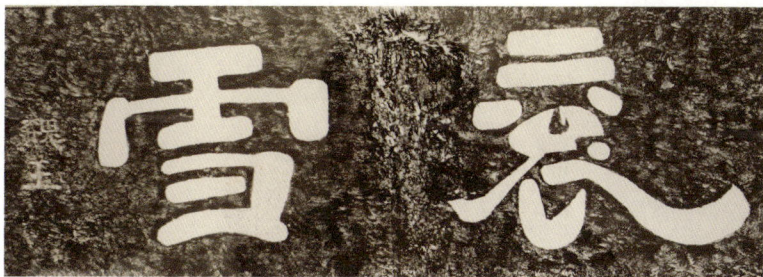

图三

图三 曹操书法"衮雪"拓片——汉建安二十四年（219），曹操驻兵汉中褒谷口运筹国事，见褒河流水汹涌而下，撞石飞花，挥笔题写"衮雪"二字，随从提醒："衮字缺水三点。"曹操抚掌大笑："一河流水，岂缺水乎！"遂成千古美谈。

【曹操墓发现】

2009 年 12 月 27 日，河南省安阳县安丰乡西高穴村发掘一座东汉大墓，为文献中记载的魏武王曹操高陵。

图四

图四　曹操高陵出玉、玛瑙装饰品

图五　曹操高陵出土的石牌　　　　　　　图五

有意投降却被部下阻止，只好逃往巴中。

当时，司马懿随军，他向曹操进言说，刘备在益州还没有站稳脚跟，现在又率兵东下，与孙权争夺荆州。如果我们趁机进兵益州，刘备势必瓦解。但曹操也许因为在荆州吃够了苦头，无意再战，他说："人苦不知足，既平陇，复望蜀。"实际上，曹操这时与孙权之间战局紧张，根本无力攻蜀。汉中局势已定，曹操即率主力东归。曹操一举攻克汉中，使成都陷入恐慌，为对付曹操，刘备不得不匆匆与孙权讲和，同意平分荆州。这一年的十一月，张鲁也投降了曹操。

失去了汉中，益州就等于失去了北边的大门，随时有可能遭到曹操的攻击。刘备对此十分忧虑。而这时，曹操留在汉中的守将张郃果然南下，向巴郡的宕渠发起进攻。刘备派张飞率兵赴宕渠迎击，迫使张郃撤回汉中。此后的四年里，曹操又派出夏侯渊、张郃、徐晃等与刘备在汉中展开了激烈的争夺战。但是，战况逐渐向有利于刘备的方向发展。这是因为，建安二十一年（216）曹操由魏公被进一步册封为魏王，对曹操来说取代汉王朝已经到了最终阶段。曹操这时不仅面临种种国内矛盾，在东方与孙权的战争也僵持不下，对于汉中的得失他已经无力顾及了。

不过，就在这时，局势发生了重大的转折，孙权得知曹操被册封为魏王，于是转换方针，于建安二十二年与曹操联盟和好。这使得曹操消除了来自孙权的顾虑。第二年，也就是建安二十三年，曹操亲自率领大军进驻长安，指挥作战。但是，战局的不利

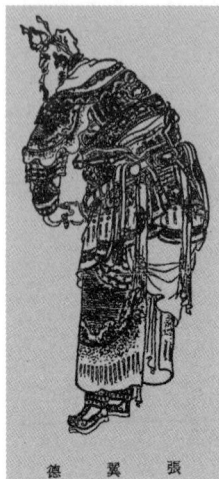
38 张飞像

已经无法扭转，曹军在定军山大败，主将夏侯渊也死于刘备老将黄忠刀下。建安二十四年三月，曹操由斜谷再次进入汉中，但这次刘备据险坚守，曹军死伤者不断增多，五月，曹操不得不命令全军撤退。

刘备夺取汉中以后，为了与曹操对抗，自封为汉中王。当年汉高祖刘邦为项羽所迫来到汉中，以汉中为根据地实现了天下统一。国号的汉也正是取自于汉中的汉。掌握了汉中这块宝地，无疑极大地激发了刘备恢复汉室的热情。这成为刘备生涯最美好的一个时期（刘备迎来了他事业发展的顶峰期）。

曹操决定撤离汉中时，下达的口令是"鸡肋"，为什么是"鸡肋"，曹操的部下们都不解其意，只有杨修解开了这个迷，鸡肋，弃之可惜，食之无味，曹操以鸡肋来比喻汉中，决定放弃这块地方。这看上去好像是曹操的一种自我解嘲，但实际上又不完全是自我解嘲。曹操打败张鲁之后，根据张既的提案把汉中的数万居民移往长安。后来统治汉中的杜袭施以仁政，又有八万多居民自主移往洛阳和邺都。因此，汉中到了刘备手里时，已基本上没有多少人在那里居住。

刘备在与曹操争夺汉中时，曾请蜀的学者周群预测成否，周群当时回答说："当得其地，不得其民。"结果果然如周群所说，在人口激减的那个时代，人的价值甚至要远远大于土地，曹操感到自己已无力夺取土地的时候，就带走了那里的居民。留下来的荒无人烟的土地，的确成了食之无味的"鸡肋"。后来诸葛亮北伐时，汉中因人口不足导致军资粮草不足。诸葛亮于是在汉中设置军屯，促进生产。不管怎么说，刘备夺取了汉中，占领了包括汉中在内的整个益州，从而实现了三分天下的大业。

曹操对孙权——合肥的攻防

孙权迁都建业　合肥现为安徽省的省会，由长江下游的南京向西大约一百五十公里，位于巢湖之滨。巢湖有濡须水与长江相连，巢湖北部又有施水、淝水两河联结淮水，而位于淮、淝两水分歧点上的则是军事重镇寿春，寿春南有芍陂。由淮水向西北逆颍水而上可达颍川郡的许都，逆涡水而上则可到达曹操的故乡谯县。也就是说，从许都、谯县由水路可一气南下进入长江。因此，自寿春至合肥、巢湖一带一直是吴魏相争的主战场。

建安十三年冬，赤壁之战刚一结束，孙权就亲自率领大军包围了合肥，又命令张昭攻打合肥北边的当涂。孙权围城一月有余，无法攻破。后曹操援军赶到，孙权只好撤军。当时周瑜正在攻打江陵的曹仁，孙权想以包围合肥展开两线作战配合周瑜，但没

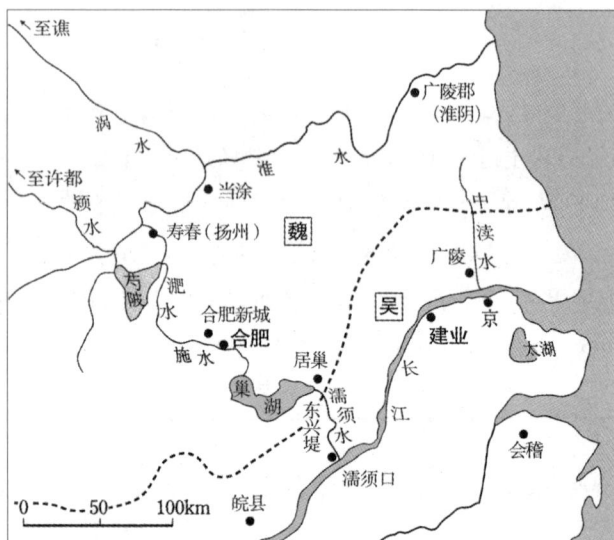

39 魏与吴主要战场

有成功。在长江中游的荆州及下游的这一地区，孙权的两线作战已成为对曹作战的基本战略。

值得一提的是，合肥被孙权包围一个多月却能够坚守不破，是因为在此之前，扬州刺史刘馥积极营建整备，把原来是一座空城的合肥建设成繁荣的军事重镇。刘馥于建安十三年，也就是赤壁之战发生的那一年，死于合肥。也许是因为这个原因吧，《演义》里是这样写的：赤壁之战前夜，曹操与诸将饮酒，横槊作歌，歌中有"月明星稀，乌鹊南飞"一句，刘馥认为这是不吉之言，曹操大怒，举槊便刺死了刘馥。让刘馥这样死确实很冤枉，但从这里可以看出，《演义》的作者在选择人物角色时，对《三国志》是作了相当研究的。

另外，估计也就是在这前后，曹操已经预料到孙权要向长江沿岸地区发动进攻，因此他决定把这一带的住民大量迁往北方。可是，事与愿违，曹操的这个做法引起当地住民的恐慌，十余万人东渡长江逃往孙权统治的江东。

当时曹操控制的长江西岸地区，除了合肥南边的皖城以外，几乎化为无人地带。由此可见，在孙权统治下的江东，百姓的生活要相对安定富庶一些。后来曹操又从汉中向内地大量移民，可能多少借鉴了这一次的经验。

建安十四年三月，曹操在谯县组织水军，七月曹操率军沿淮水、淝水南下合肥，在芍陂开设屯田，然后留张辽、乐进、李典三将防守合肥，自己回师谯县。刚才已经提到，合肥一带人口严重流失，曹操此行的一个主要目的就是设置屯田，储备军粮，积极备战。

孙权当然也已经意识到合肥一带将成为自己的下一个主战场，于是，建安十七年（212），与刘备在荆州的抗争刚告一段落，孙权就在长江南岸的秣陵修筑石头城，改秣陵为建业，把这里作为新的根据地。这就是现在的南京。

此后，南北朝时期的南朝的东晋、宋、齐、梁、陈，五代十国的南唐，后来的明朝，以及近代的中华民国等都以南京为都。但南京的基础却是由孙权在这时奠定的。孙权又采纳吕蒙的提议在濡须水的长江入口濡须口修筑堡垒，这就是濡须坞。这样，曹操、孙权双方都做好了迎战对方的准备。

40 石头城　孙权在现在的南京最早建设的都城

谋臣荀彧之死

建安十七年十月，曹操终于决定出兵濡须口。出兵前，董昭建议曹操晋爵国公，但荀彧婉言表示反对，激怒了曹操。曹操派人给留在寿春的荀彧送去食品，荀彧打开食器，见里面空无一物，明白了曹操的意图，只好服毒自尽了。

荀彧是曹操手下首屈一指的谋臣。以官渡之战为代表，荀彧长期以来为曹操出谋划策，做出重大贡献。但荀彧又是出身颍川的名士，他对汉王朝的感情是特殊的。曹操企图晋爵国公，暴露了他篡夺汉王朝的野心。荀彧对此感到不安，而这种不安，也是曹操手下众多名士共同的感受。比如，后来做了魏的高官的钟繇、华歆、王朗等也都有同感，因此荀彧的死对他们的震动是可想而知的。但同时这件事也让他们醒悟到汉王朝的复活已是无法实现的梦想。曹操从濡须口撤军北还的第二年五月，果然被册封为魏公（魏王）。事已至此，当然不会有人站出来反对了。

生子当如孙仲谋　　曹操率领四十万大军进攻濡须口，首战曹军击破孙权西阵（江西营）。但孙权的七万守军英勇善战，两军对峙，僵持不下。这时，战争已越年进入建安十八年。一天，曹操见孙权军阵容整肃，不禁感叹道："生子当如孙仲谋，刘景升儿子若豚犬耳。"仲谋和景升分别是孙权和刘表的字，曹操当然很清楚，袁绍和刘表这两个人都是因为死后儿子们为争权反目成仇，最后自取灭亡，所以孙坚死后，曹操内心巴不得孙权兄弟也像袁绍、刘表的儿子们一样。但是孙权没能满足曹操的"期待"，而是成长为一个让曹操赞叹不已的英豪。

过了几天，孙权写信给曹操，信中写道："春水方至，公宜速去。"（春天来了，河也涨水了，你还是快回去吧。）又在另一张纸上批注到："足下不死，孤不得安。"（只要你不死，我就得不到安宁。）曹操见信大笑说："孙仲谋不欺我也。"遂即撤军北还。这一年，曹操五十九岁，孙权三十二岁，两人年龄相差如同父子，对曹操来说终于遇到了好对手。

就在两军对峙中，孙权准备了一艘大船，亲自乘船到曹操营前侦察军情。曹军不断向船上放箭，孙权所乘大船的一边受箭开始倾斜，于是孙权叫船掉头，这回，船的另一边又受箭，船很快恢复了平衡。孙权这才下令回营。《演义》里有名的诸葛亮草船借箭的故事，实际上就是以此为原型写的。赤壁之战时，诸葛亮向

41 逍遥津公园　安徽省合肥市。建安二十年孙权攻魏时败于魏将张辽的古战场。现为公园

周瑜立下军令状保证在三天之内准备十万支箭，然后准备了船只向曹军"借箭"，另外，刘备和曹操、孙权和刘备都彼此见过面，可是孙权和曹操两人却从没见过面。孙权和曹操最接近的场面，就是在这时。孙权乘船前来侦察，曹操在营中观望，距离虽远，说不定也曾彼此望见对方。这也完全是有可能的，"生子当如孙仲谋"，曹操的这句话就是一个证明。

两年后，建安十九年（214），曹操又一次出兵攻打孙权，但不获而归。但到了下一年的建安二十年，孙权趁曹操讨伐汉中领兵在外之机，率领十万大军进攻合肥。但是，曹操已预料到孙权的行动，早就做好了部署安排。合肥守将张辽奋勇抵抗，孙权不仅不能取胜，还险些在逍遥津丢了性命，幸亏有凌统救援，孙权才得以脱险。

孙权和曹操的最后冲突是在曹操当上魏王的第二年，也就是建安二十二年（217）的正月，曹操由巢湖东边的居巢出兵，再次攻打濡须口。这一次曹操又是一无所获，只好留曹仁、张辽驻守居巢，自己引军北还。经过四次交锋，始终不决胜负，说明孙权曹操双方谁也无法给对方以致命打击，真可以说是一对好敌手。孙权大概也认识到这一形势，他改变方针，派出使者与曹操讲和。孙权又一次把目标转向西方。这时，刘备正在汉中与曹操展开争夺战，荆州留关羽驻守。而就在这一年，一直发挥调解作用的鲁肃也不幸病逝。孙权意识到与曹操和好，再次夺取荆州的机会到了。这样，历史的舞台又回到了荆州。

荆州攻防

水攻樊城关羽威名大振　　刘备从汉中赶走了曹操，乘势继续向东进兵，他派孟达和养子刘封攻占了上庸。从上庸自汉水而下可达荆州北部。与此呼应，驻守江陵的关羽也率军北上，攻打汉水北岸的樊城（参照地图33）。刚当上汉中王的刘备这时正春风得意，恨不得能一举定乾坤。

樊城和襄阳隔汉水而望，是南北交通要道上的重要据点。后来在南宋时，蒙古军与宋军也在这里展开过长期的攻防战。襄阳本来是荆州的中心，荆州牧刘表以前就驻屯在这里。关羽

42 现在的襄阳古城　樊城与襄阳面临汉水，自古即为交通要道，现在合并为湖北省襄樊市

率军先渡汉水向樊城发起进攻。樊城的守将是曹操的堂弟曹仁。曹仁派于禁和庞德在樊城北郊的出城驻扎。于禁是曹操亲手栽培的勇将，庞德过去曾是马超手下的名将。

时值建安二十四年（219）八月，天降大雨，汉水泛滥，樊城被水包围，有如陆上孤岛。关羽乘船猛攻，出城水没，于禁被迫投降。庞德被擒，宁死不屈，最后被杀。关羽又乘势攻下南岸的襄阳，把樊城封锁在包围圈里。樊城城外洪水已达城墙顶部，岌岌可危。

樊城告急，曹操立即调遣驻守汉中的徐晃赴樊城北部、南阳郡的中心宛城。可是，这时在南阳，因劳役繁重，民众多有不满，这之前已有守将侯音制造反乱刚被镇压。关羽围困樊城，南阳民众、土匪武装等也纷纷举兵响应，一时间，关羽威震华夏。对曹操来说，南阳一旦失去，许都必将受到威胁。万一关羽攻入许都劫走献帝的话，那曹操称霸天下的美梦就会化作泡影。曹操甚至一度商议是否要把献帝迁出许都，以避关羽兵峰。

曹操与孙权结盟

可是，关羽和刘备在这里犯了一个严重的错误。刘备一心只顾在益州、汉中扩大势力，忽略了与东方孙权的同盟关系。这和刘备一直过于依赖鲁肃的说服调解有很大关系。实际上孙权接回孙夫人就已经是一个断交的警告了，可是刘备却没有认真对待。而镇守荆州的关羽又是一个性格傲慢的人，孙权曾想给儿子娶关羽的女儿，关羽不但不许婚还大骂孙权使者。鲁肃死后，孙权在政策上已经开始变化，但关羽和刘备却全然不知。

鲁肃的后任吕蒙与周瑜想法相同，一贯主张赶走刘备，夺回荆州。他认为在北方与曹操继续抗争已意义不大，建议孙权不如攻打关羽夺回荆州。孙权认为吕蒙说的有道理，于是与曹操讲和。为麻痹关羽，吕蒙的计谋十分巧妙。吕蒙本来就多病，这次他假称病情恶化离开陆口。然后派年轻的陆逊接替他的职务。陆逊到任后，像过去鲁肃那样对关羽十分低姿态，甚至是加倍的殷勤。关羽因此轻看陆逊，放松了警惕，果然把配备在江陵与吴交界处的守备军调出增援樊城。关羽的后方因此空虚。

对曹操来说，与孙权和好虽然使他能调遣合肥兵力救援樊城，但援军不能立即赶到。司马懿等人给曹操献计，以割荆州南部给孙权为条件，让孙权从背后袭击关羽。这里因两者利害一致，所以同盟关系一拍即合。孙权马上写信给曹操表示愿意袭击关羽，又要求曹操替他保密。但曹操故意把孙权的信用箭射入樊城城内和关羽营中。得到消息，被关羽和洪水围困的樊城守军士气大振，而关羽对孙权的背叛却半信半疑，眼看樊城就要陷落，关羽又不忍放弃，关羽犹豫再三决定继续围城。这个决定使关羽后来陷入绝境。一切都在曹操算计之中。与孙权结成同盟，利用孙权袭击关羽，自己坐享渔翁之利，在这一点上曹操的战略是非常老谋深算的。

关羽之死与三国领土的确定

吕蒙为偷袭江陵做了周密策划，他挑选精兵藏在船舱里，又叫船夫装扮成商人，昼夜兼行，深入荆州。留守公安、江陵的分别是士仁和糜芳，这两人为关羽攻打樊城供给军资，关羽认为不够迅速，扬言回来后要处罚他们，因此他们对关羽心有不满。吕蒙一到，士仁和糜芳先后投降。关羽傲慢气盛在这里也害了自己。

听到江陵失守的消息，关羽急忙从樊城撤兵南归。在回江陵的路上，关羽几次派使者与吕蒙联系。直到这时关羽还不愿意相信孙权已经背叛了自己。吕蒙进入江陵后，对城内百姓，特别是出征樊城的将士家属厚加抚慰，又款待关羽的使者。使者回去告诉军中士兵。关羽手下将士得知家中平安，无意再战。这时，孙权也亲自进入江陵，一面致力于收揽人心，一面派陆逊占领江陵西边的宜都、夷陵，以防御益州的刘备。

关羽撤到江陵北边的麦城，自知大势已去。这时孙权派人向关羽劝降，关羽假装投降，从麦城突围逃走。但孙权早已安排朱然与潘璋截断了关羽的去路，关羽和儿子关平被擒，最终被斩杀。时值建安二十四年（219）十二月，关羽从樊城撤兵时，曹仁想趁机追击抓获关羽，但谋士赵俨劝他不要追，曹操也命令放走关羽。曹操的战略就是要让关羽和孙权互斗，自己坐享渔翁之利。可是，曹操的如意算盘落空了，他没料到关羽这么快就失败被杀，孙权这么不费力就取得了荆州。当然这都是吕蒙周密

43 关林　位于洛阳市。相传曹操埋葬关羽首级之处。明清代备受崇拜，扩建有拜殿等

计划的结果。孙权把关羽的首级献给曹操，曹操内心虽然懊恼，最后还是如约封孙权为荆州牧。

关羽被杀不久，吕蒙也因旧疾发作医治无效而死。到了第二年，建安二十五年的正月，曹操也病死。这两个人的死都发生在关羽死后不久，虽然纯属偶然，但无疑给人们也带来了某种暗示。在《演义》里，不仅吕蒙和曹操被关羽冤魂附体死于报应，连朱然和潘璋后来也在夷陵之战中被赵云和关羽的次子关兴所杀。实际上，朱然和潘璋后来还活了很多年。《演义》里还有一段写关羽冤魂不散飘落玉泉山与老僧普净再会的场面。关羽过五关斩六将，在汜水关曾被普净救过一命。这次关羽又受普净指点而开悟。不过，这段故事可能应该是在关羽崇信比较盛行的唐代以后才出现的。普净以及关羽的忠实部下周仓都是虚构的人物。

关羽死后，孙权掌握了整个荆州南部，后来的魏、蜀、吴三国的领土基本上是在这个时候确定的。孙权取得荆州成为这次战争的最大获利者。为达到目的，他放弃了与刘备的同盟关系，

与曹操联手，更进而向魏称臣纳贡表示服从，但这只不过是一种表面上的服从，对孙权并没有什么损失。而对曹操来说，令吴、蜀互斗，自己乘其敝的企图虽然落空，但与孙权讲和使他从既要对付刘备又要对付孙权的东西两线作战里解脱出来，能够腾出手来处理内政，给曹丕在第二年称帝即位创造了条件。损失最大的就是刘备了，他不仅丢了荆州，还失去了关羽，刘备当上汉中王还没得意几天，就挨了曹操、孙权的联合的当头一棒。早知如此，还不如当初就把荆州还给孙权，这显然是刘备在战略上的重大失误。可是，刘备不仅没能从这次失败中吸取教训，而是失去冷静，做出错误判断，招致了夷陵之战的惨败。

第四章

三帝鼎立

魏文帝与蜀昭烈帝

曹操的遗言　　　　在策划攻打关羽的时候，孙权写信给曹操表示愿意称臣效力。这时，曹操身为魏王，身份在孙权之上，为了结成同盟，孙权只好采取称臣的形式。孙权在信里吹捧曹操负有天命，实际上就是煽动曹操受天命自立为皇帝。曹操拿着孙权的信对大臣们说："是儿欲踞吾著炉火上耶！"（这小子是想让我坐到炉子上啊！）

曹操的这句话有两重意思，第一重意思是，按五行说汉王朝是受命于火德的，坐在炉火上也就暗指取代汉王朝。另一重意思很直截了当，要坐到炉子上就免不了被烫伤，这当然是曹操的一种幽默表达，但也流露出他既想当皇帝又怕受非难的矛盾心理。

44 魏文帝 曹操死后不久其子曹丕即登上皇位。选自《历代帝王图卷》（波士顿美术馆藏）

当时在场的大臣陈群、夏侯惇等都乘机劝曹操代汉称帝。可是曹操说如果天命在自己身上的话，自己也只做周文王。周文王虽然取得了三分之二的天下，但还是受命于殷王朝，直到儿子武王时才终于改朝为殷，取得了天下。也就是说曹操已经把称帝的梦想寄托在儿子身上了。这之后不久，也就是第二年的正月，曹操病死于洛阳，终年六十六岁。曹操那时也许已经预感到自己的命不长了。

有关曹操的遗言，《三国志》的记载非常简单，只有葬仪从简，官吏、士兵都不得离开自己的岗位等几条内容。这里我们不妨来看一下陆机的《吊魏武帝文》，陆机是东吴名将陆逊的孙子，东吴灭亡后他为晋做官。《吊魏武帝文》是陆机根据当时朝廷秘阁里收藏的曹操遗令写的一篇追悼文，也是曹操研究的重要资料。陆机的这篇文章里写到，曹操临终前指着小儿子曹豹嘱咐其他几个儿子说："就托付给你们了。"说完他不禁落泪。又嘱咐自己死后让婕妤妓人都迁到铜雀台上去住，每天早上和傍晚要给自己供上食物，每月让妓人们为自己奏乐歌舞两次。又叮嘱儿子们要时不时登上铜雀台望一望自己的陵墓。还嘱咐众妾无事可做的时候，可以叫她们学着做草鞋去卖，等等，在文中陆机不厌其烦地把曹操如何挂念妻妾儿女、对身后之事安排得如何细致琐碎一一列举。陆机在这里抒发了自己的感想，他说像曹操这样叱咤风云的英雄，如此儿女情长，牵挂身后琐事，实在是令人同情。

出身东吴的陆机，对东吴的夙敌魏以及使东吴灭亡的晋打心眼儿里是抱有抵触情绪的，陆机所说的曹操遗令完全有可能是为了贬低曹操而捏造出来的产物，对它的可信性我感到应该有所存疑。如果这篇曹操遗令确有其物的话，它向我们展现的将是曹操作为普通人的意外一面。曹操对家族的命运多少有些担心。这篇《吊魏武帝文》的内容基本上都被反映在《演义》里，而且确实对丑化曹操形象发挥了一定的作用。

曹氏兄弟的不和　曹操之所以对家族的命运放心不下，这是有一定原因的。因为他的几个儿子关系并不是很好。曹操孩子很多，其中正室卞夫人所生的曹丕、曹彰、曹植、曹熊四个儿子为嫡出子，除了老四曹熊夭折早逝外，其余三人都很聪明，特别是老三曹植文才过人，深得曹操宠爱。曹操内心很想立曹植为后继，又担心重蹈袁绍、刘表的覆辙，就向谋臣们征求意见。大部分人都认为应该立长子曹丕，其中贾诩更是竭力反对废长立幼，劝曹操要以袁绍、刘表为鉴，于是曹操打消了立三子曹植的念头。

曹操做出这个决定的另一个原因是，曹丕知道父亲偏爱弟弟曹植，因此凡事小心翼翼，处处讨父亲欢心。而曹植则自视很高，行为放任，常常惹曹操生气。比如说有一次，曹操率兵出征，曹丕、曹植都来送行，曹植出口成章对曹操歌功颂德，大出风头。曹丕的随从吴质在曹丕耳边悄悄说："你只管哭就是了。"曹丕照办，在曹操面前泪流不止，使曹操和在场的众人都很感动：曹植虽然能说会道，但对父亲的感情还是哥哥曹丕深。还有一次，关羽围攻樊城时，曹操想让曹植带兵出征，可是曹植却喝得酩酊大醉无法接受命令，令曹操大怒。就这样曹植渐渐地失去了曹操的宠爱。不过，曹植这一连串的行动也有可能是他故意做出来的。据说曹操临死前，次子曹彰对曹植说："听说父亲想要立你。"曹植说："那可不行！你又不是不知道袁家兄弟的事情？"可以想象，曹植为了避免兄弟之争，故意做出放荡之举甘拜下风也是很有可能的。

后来虽然曹丕当上了太子，但是他对曹植的嫉恨却没有消失。曹丕身边有吴质，曹植身边有杨修及丁仪、丁廙兄弟，这些亲信随从的存在也助长了矛盾的升级。有关曹氏兄弟的对立后世留下不少逸闻，在南朝刘宋时代的人物逸话集《世说新语》里有这样一个故事广为流传。有一次，曹丕想要治罪曹植，命令他在七步之内必须作出一首诗来，曹植脱口而出，作出一首这样的诗：

> 煮豆持作羹，漉菽以为汁。
> 萁在釜下燃，豆在釜中泣。
> 本自同根生，相煎何太急？

曹植把哥哥曹丕比作豆萁，把自己比作豆子，暗喻曹丕对自己过分苛待。曹丕听了以后感到很惭愧，只好放过曹植。兄弟对立配上曹植的诗才编出来的这段逸话，虽然不是事实，但照例被写进《演义》里。

还有一则有关男女关系的逸闻，据说曹操平定河北时，曹丕曾随军。那时，曹丕看上了袁绍次子袁熙的妻子甄氏，就娶了甄氏为妻。可是甄氏后来失宠被杀。这是一件真事。后来又有传闻说曹植也暗中对甄氏抱有好感，还说曹植《洛神赋》里的洛水女神就是以甄氏为原型创作的。这个传闻在唐代李善写的《文选》注释里第一次出现，虽然不是事实，但人们出自对甄氏的同情，这个传闻与名作《洛神赋》一时成为人们议论的热门话题，差点儿被误认成真事。总之，这都是从兄弟不和而产生的一些逸闻传说。

兄弟之间的继承权之争并不只限于曹丕和曹植之间。曹植虽然文才过人，但次子曹彰却很有军事才能。建安二十三年（218）曹彰代替曹操领兵镇压乌丸族反乱，大胜而归，不仅父亲欢欣，本人也很得意。曹操在汉中与刘备交战时，听说刘备派养子刘封出阵，自己也特意把曹彰叫到身边。总之曹操对二儿子曹彰也是相当信任的。曹操死时，曹彰从驻地长安赶回洛阳，据说因为过问魏王印绶所在受到谏议大夫贾逵的怪罪。曹彰大概也认为自己是有条件登上王位的。为此，曹彰后来一直受到曹丕的怀疑，最后郁闷而死。前面已经提到过，曹彰的妻子是孙权从兄孙贲之女，如果曹彰做了曹操接班人的话，那么后来魏、吴的关系可能又是另一个样子了。

曹操的三个儿子都各有本事，这反而让曹操担心在自己死后儿子们会闹纠纷。这就是为什么曹操把帝王大业托付给儿子，但又放心不下的一个原因。

三国胡须杂谈

有关曹彰还有一个说法，就是据说他的胡子是黄色的，被曹操称为"黄须儿"。曹彰镇压乌丸族反乱凯旋时，曹操对曹彰大加赞赏，他捏着曹彰的胡须说："黄须儿竟大奇也！"（黄须儿真了不起啊！）黄色是魏的象征性色彩，它取代汉王朝的红色，因此可能被认为象征吉祥。

与曹彰形成鲜明对比的要数孙权了。孙权的胡须据说是紫色的。有记载说，魏将张辽向投降的吴兵打听，说："向有紫髯将军，长上短下，便马善射，是谁？"（刚才的那个紫胡子将军，身长腿短，骑马善射的是谁？）吴的兵士回答说："是孙会稽（孙权）。"《演义》里称孙权"紫髯碧眼"，不仅胡须是紫色的，连眼睛也是绿的。不过这"碧眼"只不过是一种添枝加叶的说法，并非事实。

曹彰、孙权两人的胡须可以说是比较奇特的，与这两人相比，关羽的胡须要来的正统得多。关羽的美髯给人的印象太深，以至于诸葛亮在写给关羽的信里把关羽称作"髯"。不过关羽被献帝授予"美髯公"称号的说法却是《演义》的创作。关羽、孙权、曹彰在胡须的美丽和特异程度上可以称得上是三国时代的三杰了。

相对于这三人，刘备是一个没有胡子的人。刘备入蜀时，刘璋的部下张裕曾取笑刘备没有胡子，说袁绍清除宦官时，误杀了很多没有胡子的人，可见刘备的脸大概像宦官那样比较光吧。说到胡子，还有一个非说不可的人，那就是张飞。《演义》里形容张飞是"豹头环眼，燕颔虎须"，这不符合事实。唐代诗人李商隐有一首题为《骄儿》的诗，他在诗里描写了宝贝儿子如何调皮捣蛋，其中用了"或谑张飞胡，或笑邓艾吃"的字句，这就是最早的有关张飞胡的记述。估计所谓的张飞胡也是来自民间传说。

九品官人法

闲话休提，让我们把话题再回到曹操死后的历史上来。曹操死后之初，魏的内部情况并不是很平稳。汉中被刘备夺去，虽然勉强扛过了关羽的进攻，但荆州南部又被孙权占领，可以说是一无所获。令人担心的事不止于此，就在曹操死的前一年九月，在邺都发生了一场谋反未遂事件。曹操的同乡加亲信魏讽乘曹操出征在外，预谋发动政变。幸亏当时留守邺都的曹丕及早发现，他下令诛杀了魏讽，使政变以未遂告终，但这个事件株连数千人被杀，魏讽推荐的相国钟繇也被罢免。一时间邺都军中人心惶惶，空气异常紧张。以至于曹操死时，曹丕的属官们甚至打算要封锁消息。除此之外，曹丕还面临曹植、曹彰这两个强力的对手，让曹丕焦虑不安的理由实在太多了。所以，曹操的葬礼刚一完，曹丕就立即就任魏王，改年号为延康。紧接着，这一年的十月，曹丕就迫不及待地当上了皇帝。曹丕如此急于巩固自己的地位正是因为背后有上述不安因素。

曹丕从当上魏王到即位魏帝的这段时间里做了两件事，第一件事就是把曹植、曹彰等兄弟全部赶回封地，还派人对他们严加监视。接着，曹丕又杀了曹植的亲信丁仪、丁廙兄弟。但曹丕还是不能放心，他始终把自己的弟弟们幽禁在封地，不许他们自由行动。曹丕的这种做法导致了他本人以及后继皇帝的孤立，这也是曹魏走向衰退的原因之一。

曹丕做的第二件事就是采纳陈群的提案，施行了九品官人法。九品官人法是继承了东汉的人才选拔制度又进一步加以完善而形成的官吏选拔制度，其内容是在州郡设置中正官职，专门对人才进行评议，把人才分为九品向上推荐。九品的分法是，先分出上中下三品，然后把这三品再各自细分成上中下，加起来一共九品。但是品级的评定并不是完全按人物的优劣来决定，被品评人的家世高低也是一个重要判断标准，实际上是对东汉以来逐渐世袭化了的地方豪族、名士阶级的门第进行一个追认。九品官人法的制定者陈群也出身颍川的望族名士家庭，他本身就是名士的一个代表。曹丕因为不能信任自己的弟弟，把他们全部幽禁在封地，造成了他的孤立，使他不得不依靠这些士族官僚来维持自己的统治。这就使曹操在一定程度上推行的"唯才是举"的人才政策大大后退。曹丕的这种对士族的过度依赖，使门阀士族代表人物司马氏得以抬头，给政权埋下隐患，最终导致了魏的灭亡。

九品官人法确立了士族的门阀统治。这种门阀统治后来又从南北朝延续到隋，直至唐初，随后被改良的科举制度所取代。在这个意义上，九品官人法的制定与屯田制以及后面将要提到禅让都能证明三国的制度对后世影响极大。

另外，当年刘备还在徐州时，陈群曾经在刘备手下做过事。其实王朗和华歆这两位顶级官僚也都是从孙策手下归顺曹操的。从这三人身上我们可以看到当时的名士对魏、蜀、吴的选择标准。

**曹丕即位——
玩弄禅让把戏**

延康元年（220）十月，汉献帝下诏书宣布退位，把皇位禅让给曹丕。曹丕先是故作推辞，在"三让"之后才答应接受。曹丕在离许都不远的颍川郡颍阴的繁阳筑祭坛，并登坛即位，这就是魏文帝。禅让就是指在位君主自愿主动地让位与他人，是一种和平实现权力更迭的方式。禅让据说是沿袭了远古部落首领尧让位于比自己儿子更贤能的舜，后来舜又让位于禹的故事。不过这是产生于战国时代的一个传说，不知是否真有其事。要说类似的和平更迭政权的例子，西汉末期王莽的篡汉立新就是一例。但是王莽的时候没有搞禅让的仪式，因此，曹丕成了历史上第一个通过禅让仪式即位的皇帝。

45 受禅台 河南省临颍县。曹丕接受汉献帝禅让，登极时修建。高约13米

46 上尊号碑与受禅碑拓本（东京书道博物馆藏）
上尊号碑（右）为臣下们恳请曹丕即位的奏书石刻。受禅碑（左）拓本有新年号"黄初元年"字样

可是，与传说中的尧和舜相比，献帝的禅让显然不是自愿主动的。献帝是在被逼无奈的情况下同意让位于曹丕的。曹丕打着禅让的招牌实际上是上演了一出拙劣的篡权闹剧。曹丕附会汉室刘氏为尧之后裔的说法，硬把曹姓说成是舜的子孙，这也是曹丕为使自己的篡权名正言顺搞的小把戏。曹丕装模作样三次辞退献帝诏书，只不过是为掩人耳目走的过场戏。

曹丕在即位之后，很快就娶了献帝的两个女儿为妻。据说舜就是娶了尧的两个女儿做夫人，曹丕在这一点上也（毫不含糊地）效法了尧舜的做法。前面已经说过，曹操靠把女儿嫁给献帝自己当上了汉的外戚，曹丕也就是皇后的哥哥。曹丕娶的两位夫人虽然不是自己的妹妹所生，但对他来说相当于自己的外甥女。娶外甥女为妻当然是有悖于儒教伦理的，但曹丕似乎已经顾不得那些了。

曹丕如此拘泥于禅让的仪式，不惜做出种种蹩脚之举，是因为不这么做就无法名正言顺地取代延续了四百年之久的汉王朝。实际上，对曹丕的即位并不是所有的官僚都表示欢迎的。比如当时官僚最高位上的华歆、陈群在曹丕即位时就表现得不那么高兴。为此，两人受到曹丕的怪罪，陈群不得不辩解说自己本来是汉朝的臣下，这样的时候心里就是再高兴也不能表露在脸上。这也是陈群等官僚复杂心情的一种流露，虽然汉王朝早已名存实亡，但一旦它的灭亡成为现实时从心理上还是不能完全接受。出身四世三公的老臣杨彪更是不愿效力于曹丕，曹丕想任他为官，他固辞不应。

曹丕虽然受禅即位当上了皇帝，身边却没有一个亲兄弟，想依靠的大臣又未必绝对忠诚，都是这样的一些人物，曹丕不能不说是背上了一个沉重的包袱。曹操生前把当皇帝比作是让他坐在炉火之上，曹操所说的正是曹丕面临的这个困境。既然举行了禅让的仪式，自己的行动就应该像个天子。而且从禅让的道理上来说，让出皇位的一方也是贤能的天子，想杀掉又不行的。献帝因此得以保命，他被封为山阳公，后来比曹丕又多活了很多年。也许对于献帝来说摆脱了如坐针毡般的傀儡生活，心情也许反而舒畅了许多。

在曹丕登坛即位的受禅坛前，后来立起两块巨大的石碑："上尊号碑"和"受禅碑"。两块石碑上分别刻着群臣请求曹丕即位的上表文和记录了禅让过程的长文大作。在此后七百多年的时间里，禅让这种充满欺骗色彩的闹剧经历了晋、南北朝、隋唐，直到960年宋太祖最后一次施行禅让为止，被作为改朝换代的套路反复上演。

伴随曹丕的即位，年号也由延康改为黄初。按照五行说汉为火德，后继的魏应该为土德，土的代表色是黄色，所以年号定为黄初，这与黄巾军的"黄天当立"的口号如出一辙。这种根据五行循环占卜朝代交替的五行说，后来也被作为篡权的理论根据，被长期利用。这一年的年末，曹丕在洛阳营建宫殿进行了迁都。这也是为了显示自己是真正继承了汉的传统。

刘备即位——
复兴汉王朝的谎言

汉王朝灭亡和魏帝即位的消息转眼间传遍整个中国。对这个消息反应最快的就是刘备了。当时误传献帝被杀，刘备立即召集群臣为献帝服丧，并追谥献帝为孝愍皇帝。这是因为献帝这个称号是魏的叫法，有把皇位献上来的意思。随后刘备接受群臣的推戴即位称帝，年号定为章武，这就是蜀的昭烈帝。不过，蜀是益州的古名，正式的国名当然还是汉。章武的武取自光武帝的武，刘备以此表达了自己也要像光武帝诛讨王莽那样，打倒曹丕实现汉朝复兴的决心。时值魏的黄初二年四月，曹丕即位刚过了半年。刘备的行动也够快的了。

可是，问题是献帝实际上并没有死，献帝被害只不过是一个误传。刘备信以为真立即为献帝服丧。而在曹丕阵营里也有人为献帝的死悲哀落泪，一个是后来做了曹丕侍中的苏则，另一个就是曹植。苏则当时任凉州金城太守，曹丕即位的消息传来，苏则以为献帝被杀，非常悲痛，立即服丧致哀。得知真相后苏则也对自己过于冒失感到后悔。曹植当时身为临菑侯（临菑为青州，即现山东省临淄市）被控制在封地，听说献帝已死，曹植禁不住失声痛哭。不久，苏则被征为曹丕的侍中，有一次曹丕突然问及臣下："吾应天而禅，而闻有哭者，何也？"苏则以为是说自己，正要起身辩解，身边的同僚急忙在他耳边小声说："不是说你。"苏则这才作罢。当时，曹植被幽禁于封地，行动受到监视，常有人向曹丕报告曹植酒醉骂人。曹植哭献帝的事传到曹丕耳朵里，肯定也是有人打了小报告。

从以上的几件事我们可以得出以下两点结论：一是，献帝被害的谣言传播得相当广，甚至造成了曹丕阵营内部的动摇。二是，有一部分人企图对这个谣言进行政治利用，或者干脆这样说吧，有人为了搞政治利用故意散布了献帝被害的谣言。而搞政治利用的最显著的例子就是刘备的即位。刘备对献帝被害是误传的这个事实恐怕是，不，应该说肯定是知道的。要不然他怎么会那么急着要即位称帝呢？如果献帝活着的消息传开的话，到那时即位的戏就不好演了。从这个意义上来说，刘备的即位也不过是一场并不高明的戏，而且是匆忙上演草草收场。

在推戴刘备即位的上表文上署名的，还有黄权等一些过去曾极力反对迎备入蜀的刘璋旧部，他们支持刘备即位并不是发自

47 蜀昭烈帝　得知曹丕即位消息后，刘备亦自称皇帝。选自《历代帝王图卷》（波士顿美术馆藏）

内心的。费诗更是公然表示反对，认为即位时期尚早，使刘备非常恼火。虽说是汉室后裔，但刘备的家系是在系谱上都找不到的旁系的旁系，刘备急于称帝实际上暴露了他嘴上高喊要复兴汉室，内心却只想当皇帝的本来面目。刘备的即位使魏国那些对汉朝仍然追慕不忘的人也大失所望，刘备因此也失去了不少人心。

不过，刘备急于要完成即位事宜最大理由还是因为失去了荆州和关羽给他带来的打击。令刘备揪心的事不止于此，关羽死后，上庸太守孟达因担心刘备追究他对关羽见死不救的罪责，干脆投降了曹丕。曹丕的喜出望外可想而知。这时，诸葛亮以孟达叛变事件为借口杀了刘备的养子刘封，为可能会发生的后继者之争除去了隐患。诸葛亮之所以没有对刘备的即位表示反对，证明了他的三分天下之计所标榜的复兴汉室的理想归根到底只不过是一个招牌而已。

后来，刘备在夷陵之战遭到惨败，逃到白帝城，东吴派使者郑泉拜见刘备表达求和之意。于是刘备问郑泉，孙权对自己的即位是不是有什么不满。郑泉回答说，曹操父子篡夺帝位，你作为汉室宗亲不出兵讨伐而是自己当上了皇帝，这实在令天下失望。郑泉的话说得刘备惭愧不已。

孙权的战略与野心

夷陵之战与刘备之死　　曹丕和刘备即位当上皇帝的消息相继传来，孙权也立即请了方士占卜吴地是否有天子之气。孙权对称帝并不是没有野心，但是因为他既不是汉的后裔又没有能够接受禅让的有利条件，所以就只能从占星预言里找根据了。这时，吴的内部不断发生山越的反乱，外部又有可能受到刘备的攻击。孙权决定隐忍自重，先不考虑称帝之事。

221年四月，刘备刚一即位，孙权就把都城移到长江中游的鄂州，并改称武昌（今湖北省鄂州市），积极准备迎击来自刘备的进攻。果然，这年七月，刘备决定亲自率领大军东征孙权。对刘备的这个决定，赵云等多数臣下都再三劝阻，认为当前大敌是曹丕，而非孙权。可是刘备根本不听。孙权也派诸葛亮之兄诸葛瑾向刘备求和，刘备断然拒绝。这样刘备开始向吴进兵，首先占领了荆州最西边的巫县，然后沿江顺利到达秭归。

刘备为什么一意孤行不顾周围反对坚持要东征伐吴，通常都认为是为了给关羽报仇。而且在将要出征之际，张飞又被暗杀，暗杀张飞的人又投奔了孙权，这就更增加了他对孙权的仇恨。不过很难想象仅这两条理由就能让刘备变得那么固执，对于刘备，荆州可以说是他的第二故乡，他的很多部下也都是在荆州时就跟随他的，所以刘备很有可能是陷入了一种强迫症之中，那就是无论如

48 猇亭古战场 因为长江多次改道，夷陵以及猇亭等遗址难定。当在现湖北省宜昌市、枝江市一带

何要夺回荆州。

孙权看到与刘备的交战已经不可避免，八月他派出使者向曹丕称臣求降。曹丕封孙权为吴王。对吴来说可以暂时不用担心来自魏的袭击。第二年的二月，刘备率大军沿江南下，到达夷陵（今湖北省宜昌市）南边的猇亭，刘备大军在此设营。刘备又派马良去南部山区怀柔当地蛮夷首领，争取他们反吴。黄权曾规谏刘备不可深入敌地，刘备根本不听，而是让黄权驻扎长江北岸，防备魏军袭击。这时出征已半年有余，蜀军兵士疲惫，士气开始涣散。可是，刘备自以为熟悉荆州地理，因而十分大意，竟然在长江南岸沿江四百里一线连扎四十几座营寨。吴军主将陆逊在此之前一直不同意手下将领速战速决的主张，这时他感到机会到了，下令反击，一举向蜀营发动火攻。蜀军大败，损失兵力八万余，刘备死里逃生，好容易才撤退到白帝城。驻扎江北的

49 白帝庙 建于刘备死亡之地白帝城旧址。现因三峡水库水位升高，成为浮在长江江面的一个小岛

50 昭烈帝陵 位于成都武侯祠，传为刘备之墓，亦称惠陵。封土高 12 米，作为陵墓过于矮小

黄权因退路断绝，只好率军降魏。

东吴在赤壁之战时就以火攻大破曹军，这次又同样以火攻取得了胜利。对于赤壁之战时曾与孙权并肩作战的刘备来说，只能自愧自己的无能了。刘备撤到白帝城后，就没有再回成都，第二年，也就是 223 年的四月，刘备在郁闷失意中病死。终年六十三岁，比曹操少活了三年。临死前，刘备把诸葛亮从成都请来，嘱托后事。刘备对诸葛亮说，"如果刘禅无能，你就来当皇帝"，这就是历史上有名的刘备托孤，看得出刘备已经相当没有自信了。

《演义》里把这一部分完全写成了为关羽报仇的一场复仇战，关羽之子关兴、张飞之子张苞奋勇出阵，连斩潘璋、马忠、朱然等吴将。最后就连陆逊也误入诸葛亮的八阵图，落得个沮丧而归。读起来让人觉得打了败仗的不是蜀而是吴。这也是《演义》的一贯笔法，拥刘反曹，把魏作为最大的敌人，而吴则被描写成滑稽可笑的丑角。另外，在通行本的《演义》里夷陵被标记为彝陵，这是因为在少数民族政权的清朝，夷是一个需要避讳的字眼。明朝的版本里全部用的是"夷陵"二字。

孙权的忍耐 夷陵之战前后，孙权正面临着巨大的危机。孙权向魏称臣时，曹丕的谋臣刘晔就进言说："孙权知道刘备要讨伐他，又怕我们乘机袭击他，所以才假意求降，对他不可相信。我们应该和蜀一起对他进行夹攻才对。"曹丕这时如果采纳了刘晔的建议，那孙权必将大难临头。可是曹丕却说："对前来称臣请降的人我们却要讨伐人家，对想来归顺的人我们却要怀疑人家，认为人家肯定是因为害怕才来归顺，这不可取。我看还是接受孙权的归顺，袭击蜀的后方为好。"刘晔反驳说："如果我们袭击蜀的后方，蜀一定会从吴撤军（也就达不到攻蜀的目的）。"但是曹丕不听，还是坚持封孙权为吴王。

从曹丕这时的心境来看，孙权的归顺对他来说当然是一件值得高兴的事。自己刚一即位，刘备就对着干，马上也当上了皇帝，曹丕对刘备的憎恶，更增加了孙权归顺给他带来的满足。再加上曹丕还有一块心病，就是对自己的臣下耿耿于怀，他总觉得臣下对自己的即位并没有想象得那么欢欣，还有不少人对汉朝依然念念不忘。不过，曹丕的心病与其归过于臣下的态度，还不如说是汉王朝给他心里留下的阴影，这也是他为篡夺皇位应该付出的代价吧。刘晔的进言虽然不是没有道理，可是刘晔又和刘备一样也是汉室的后裔，这里很难说曹丕对刘晔就没有一点怀疑。"对来归顺我们的人不要动辄就去怀疑。"从曹丕的这句话里我们可以捕捉到他内心的动摇。在这个时候孙权要来称臣纳贡，自然是曹丕即位以来最让他得意不过的事，也是向天下显示自己皇帝威严的绝好机会。曹丕封孙权为吴王，而曹丕的兄弟这时都还只是公爵，他对孙权的待遇是很破格的。可见曹丕是想对孙权做最大限度的政治利用。

不过，正因为曹丕对孙权还存有提防之心，他深知这个时候如果出兵伐蜀只能是对吴有利，于是决定采取袖手旁观的策略，任蜀吴去斗。当曹丕听说刘备在夷陵布下连营，就断言刘备必败，完全是一副事不关己的评论家面孔。和关羽攻打樊城时的情形相同，三国为了各自的利益和打算，在这里又展开了一场三国时代特有的钩心斗角的智谋战。三国中魏和吴都各自有自己的外交战略，蜀在这一点上要显得差一些。

孙权在这一时期的行动可以用一个"忍"字来概括。当孙权被封为吴王时，大臣们都劝他自称九州伯独霸一方，武将中更有不甘屈辱愤然落泪的。可是孙权却默默地忍受了。后来魏又向孙权索要象牙、孔雀、犀牛角等南方特产做贡品，大臣们认为这是魏的无理要求，劝孙权不要答应。这时孙权表现得非常大度，他说，那些东西对自己来说就如石头瓦块。后来曹丕又要求孙权把长子孙登送到魏国去做人质，孙权不肯，而是找出各种理由推辞。孙权靠一个"忍"字，对曹丕始终采取面从腹背的做法。

223 年九月，曹丕以孙权抗命不从为由派三路大军南下攻吴，三路大军兵临长江下游的广陵、濡须口，以及中游的荆州南郡，

面从腹背的证据：年号黄武

声称只要送来人质就立即撤兵。孙权一面上书曹丕表达忠心，答应送儿子入朝，一面反击魏军的进攻。如果曹丕采纳刘晔的建议，在夷陵之战时袭击孙权后方的话，那孙权肯定会被置于死地。可是曹丕晚了一步，失去了攻打孙权的最佳时机。这也是孙权在战略上一贯坚持自制忍耐的结果。

曹丕急于把孙权的儿子弄来当人质，是因为他既然不顾群臣反对封孙权为吴王，就得拿出点儿证据显示自己对孙权的控制，而最好的证据就是人质。不过曹丕未免有些操之过急了。曹丕在头脑聪明这一点上很像他的父亲，但从他对几个弟弟的狠毒劲儿上看，他是一个既有点儿神经质又比较苛刻的人。曹丕的性急使孙权不得不放弃魏吴同盟，再次有了与蜀联合的想法。孙权在挫败了魏军的进攻以后，马上派使者前往白帝城向刘备转达和好的意思。

就在曹丕大军南下迫近长江的时候，孙权建元黄武。制定年号本来是皇帝的专权，孙权虽然不是皇帝，但是他想通过建元显示，自己虽然没有明确对外称帝，但实质上已经是皇帝了。这也是孙权一贯采取的蒙混战略的一环，这与迫不及待登上帝位的曹丕、刘备形成了鲜明的对照。黄武这个年号显然是从魏的年号黄初、蜀的年号章武里各取一字拼成的，单从这一点就可以窥

见孙权隐藏在隐忍自重外衣下的那颗野心。不知曹丕和刘备看到这个年号会作何感想。

51 吴大帝　孙权在曹操和刘备死后的公元229年即位。选自《历代帝王图卷》（波士顿美术馆藏）

孙权臣顺于魏、被册封为吴王，按理说应该使用魏的年号。可是，在东吴走马楼木简（后面我们还要提到）上却发现刻着建安二十七年的字样。实事上建安到二十五年就消灭了，二十七年是魏的黄初三年，即吴的黄武元年。也就是说在黄武之前，吴一直用的是汉朝的年号建安。

不过，魏的年号黄初在吴国制造的铜镜的铭文里也经常可以看到，这可能是铜镜这种东西很容易被带到国外的缘故吧。也就是说，当时吴国对内继续使用建安年号，对外则改用魏的年号，正是孙权面从腹背的确凿证据。而在蜀，随着建安二十六年刘备即位，年号就被由建安改成了章武。汉的年号使用的最长的，不是继承了汉朝大业的蜀而是吴，不能不令人感到可笑。

黄武后来持续了八年，229年四月，孙权经历了十年的漫长奋斗，终于正式登基，改元黄龙，这就是吴大帝。至此三个皇帝全部就位，这才是严格意义上的三国时代的开端。

诸葛亮的南征北伐

第二次吴蜀同盟

刘备死后，按照刘备的遗嘱，蜀的所有权限都集中在诸葛亮手中。后主刘禅当时还只有十七岁，而且是三国时代的头号昏君。而且在这以后刘禅也从没有过问过政事。魏和吴后来都发生过皇室的内讧，但是蜀没有过。一是因为本来皇族就少，二就是因为皇帝没有实权。

对诸葛亮来说，当务之急就是挽回刘备晚年失策造成的损失，尤其是修复与吴的关系。刘备还在世时，孙权就已经派使者郑泉向刘备转达了讲和的意思。所以，诸葛亮在223年十月，也就是刘备死后刚过半年，就派邓芝赴吴，与孙权重申旧好。邓芝极力说服孙权只有与蜀联合才是吴的利益所在。当时孙权正被曹丕逼迫交出儿子做人质，他感到魏吴同盟已无法继续，与蜀重修旧好已在孙权的视野之中。而且这时刘备也已经病死，于是孙权决定断绝和魏的关系，与蜀重新联合。鲁肃路线再次复活了。经过夷陵之战，孙权也感觉到靠吴的国力想吞并蜀不是那么容易的。要想对抗强大的魏，吴必须与蜀联合起来才行。不知孙权对鲁肃的先见之明是否有所感叹呢。

这里我们应该注目的是，魏吴同盟是建立在吴臣顺于魏的基础上，而吴蜀同盟则是在吴蜀对等的关系上结成的。这一方面是因为孙权当时已建元黄武，成为实质上的皇帝，另一方面对蜀来说这是一个很大的让步，如果蜀的实权不是掌握在诸葛亮手里，这种对等关系是不可能实现的。当然在吴蜀两者之间一些细小的分歧也还是存在的。

第二年，也就是 224 年的春天，邓芝作为使者再次拜会孙权。孙权对邓芝说："若天下太平，二主分治，不亦乐乎？"如果孙权真的这么想的话，说明中国统一不统一对他都是无所谓的。对此邓芝回答说，"天无二日，土无二主，并了魏以后，就是和大王你的战争了"。孙权听了大笑。吴蜀同盟归根到底是一个包含着对立的同盟。另外，后面还将提到，与过去的荆州之争一样，这时在两国之间还存在着决定益州南部归属的领土问题。但是，为了圆满解决两国间的外交问题，诸葛亮还是做出了很大的让步，在这一点上，诸葛亮与鲁肃应该算得上是同志了吧。

曹丕亲征与曹丕之死

孙权的背叛使曹丕大伤体面，曹丕大怒。这一年的秋天，他不顾臣下的反对，亲自率领大军赴长江下游的广陵，准备讨伐东吴。与广陵隔江相望的是吴的建业。吴将徐盛指挥将士一夜之间在长江南岸用木桩和芦苇建造了无数的假城楼，连绵数百里。曹军不知虚实，大惊。曹丕问部下："你们看孙权到底来不来？"他一直盼着孙权出现，想和孙权决一死战，可是孙权始终没有露面。曹丕每天望着滔滔长江叹息不已，最后只好撤军。可是，曹丕并不罢休，第二年秋天他又一次率军来到广陵，这一次仍然是一无所获，曹丕无奈只得回师洛阳。不久曹丕病死，终年四十岁。

　　曹丕不顾后果前后两次亲征孙权，充分暴露了他的心胸狭隘和他对孙权的深深憎恶。两次征吴和曹丕的早死给魏的前途投下了不吉的阴云。值得注意的是，曹丕的这两次亲征，一反过去自合肥、濡须口出兵的做法，选择了下游的广陵。看得出曹丕是选择了出其不意攻其无备的战术，可惜的是曹丕的战术没有成功。虽然广陵到长江一线后来成为有南北大运河贯通的交通要道，但是在当时还没有运河，从淮水到长江的航行困难极大，使曹丕受阻无法取胜。曹丕一死，孙权就反守为攻，亲自率兵攻打魏的江夏郡，又派诸葛瑾进攻襄阳。但最终不克而还。后来，魏吴之间又交战多次，双方各有胜负。

二帝并尊与领土分割案　　229年四月，孙权正式即位。吴蜀同盟由此进入了一个新的局面。经过十年雌伏孙权选择这个时期即位有以下几个理由：一是国内的山越反乱终于得到平息，二是与魏之间的战况比较稳定，还有一个重要的原因就是诸葛亮在前一年开始对魏进行北伐。诸葛亮的北伐是在蜀吴同盟的前提下才得以实现的。因此即使孙权这时即位，蜀也不会破弃与吴的同盟关系，而魏这时也忙于对付蜀的进攻，根本无暇顾及孙权的动向。孙权于是乘这个时机实现了自己称帝的梦想。孙权即位后立即派使者赴蜀，向蜀提出二帝并尊，即吴与蜀的皇帝为对等关系的提案。以前，孙权曾经对邓芝半开玩笑地说过这个想法，这回他可是正式地宣言了。

对蜀来说，与吴结成平等的同盟已经是很大的让步了，只要孙权不称帝，这个问题也就不去追究了。可是孙权正式称帝，问题就不那么简单了。二帝并尊对诸葛亮来说是个难题。蜀的内部已经议论纷纷，多数人认为应该以大义名分为重断绝与吴的关系。按照蜀的建国方针，蜀作为汉王朝的唯一后继者，对孙权的称帝当然不能容忍。但是，诸葛亮力排众议，他认为这样的时候更应该"应权通变，弘思远益"。诸葛亮承认了孙权的即位，还派陈震赴吴表示祝贺。对于北伐中的诸葛亮来说，除此之外大概也别无选择了。蜀不承认魏的帝位却承认吴的帝位，这显然是一种自相矛盾的做法，诸葛亮当然不会不明白。可见，到了这个时期，蜀的大义名分已经不复存在了。

陈震作为庆贺使节拜见孙权，孙权向他讲明了二帝并尊的原则，还缔结了具体的盟约。盟约首先对灭魏以后的领土分割做了规定：豫州、青州、徐州、幽州归吴所有，兖州、冀州、并州、凉州归蜀所有，中部的司州—函谷关为界东部归吴、西部归蜀。然后约定吴和蜀的一方受到攻击时，另一方必须出兵救援，双方之间互不侵犯，也就是吴蜀作为攻守同盟缔结了互不侵犯条约。吴蜀双方能够对领土分割做出如此具体的约定，是因为诸葛亮的北伐把对魏的征服已经纳入历史的时刻表，魏的灭亡已变得颇具现实味儿了。

这个盟约是中国历史上两个帝国站在完全对等的立场上缔

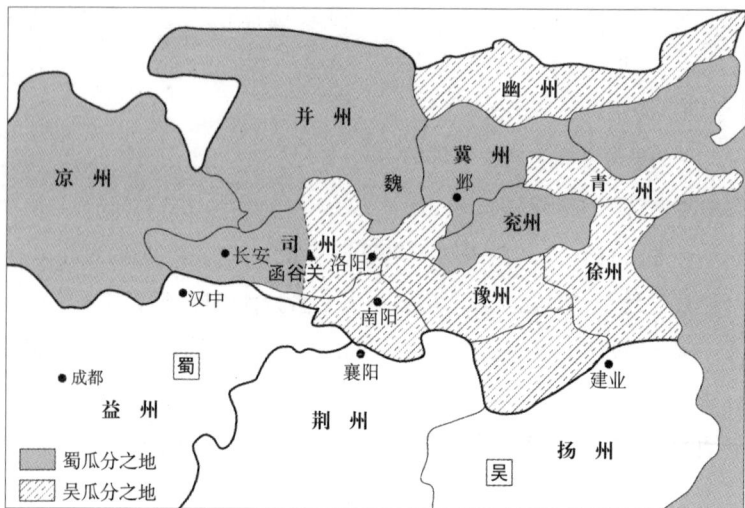

52 吴、蜀两国瓜分魏国案

结的第一个，也是最后一个独一无二的互不侵犯条约。这也是只有在三国这个特殊时代才有可能发生的。为了对付共同的敌国魏，吴提出了二帝并尊的现实主义路线，蜀也不再执著于王朝的正统地位和统一大业的实现，把正统论的大义名分置于高阁，因此才实现了盟约的缔结。真正意义上的三帝鼎立也只有在这个二帝并尊的路线下才成为可能。

魏的地盘还没有到手，孙权就已经开始考虑任命各州的长官的人事了，比如说朱然被任命为兖州牧，全琮和贺齐被先后任命为徐州牧。可不要以为这是纸上画饼。孙权一点儿都不含糊，和蜀签订盟约以后，他撤销了朱然作为兖州牧的空衔，因为兖州被划归了蜀。蜀也有所行动，后主的弟弟鲁王刘永被改封甘陵王，另一个弟弟梁王刘理也被改封安平王，因为鲁（青州）和梁（豫州）按照盟约都被划归于吴。可见蜀对蜀吴间的同盟关系也是非常重视的。孙权在完成了巩固吴蜀同盟的大事以后，把首都从武昌再次迁至建业。登上驶往建业的大船，孙权心满意足、春风满面的样子可想而知。

诸葛亮南征　　　　　诸葛亮在改善蜀吴关系之后面临的下一个课题就是解决南方问题。蜀的南方，包括现在的四川省南部、云南及贵州两省，自古就是少数民族聚集的地区。加强对这一少数民族地区的统治，对蜀来说具有重要意义。当时，益州郡豪族雍闿已经开始反蜀活动，他串通吴国交趾（越南北部）太守士燮企图投靠东吴。雍闿把蜀任命的益州郡太守张裔抓起来送到吴，又煽动少数民族首领孟获反蜀。这种情况如果放任不管肯定会影响正在进行的蜀吴交涉。而且从长远考虑，为了给北伐奠定基础，也必须首先平定南方。

蜀的建兴三年（225）二月，诸葛亮与部将李恢、马忠兵分三路开始南征，深入少数民族居住地区。诸葛亮《出师表》里有"五月渡泸，深入不毛"，说的可能就是这时的情形。

这次南征，除了用武力镇压反乱头领雍闿以外，对少数民族尽量采取慰抚怀柔政策，《演义》里有名的七擒孟获的故事就是其中一例。因为，当时对这些生活在深山密林中的少数民

53 出师表 诸葛亮记述自己北伐和南征的意义，向刘禅表忠心的文章。享誉极高。图为成都武侯祠内南宋武将岳飞手书石碑

族，蜀还没有能力去进行直接统治，而且也没有必要。这一地区正式成为中国领土是在后来蒙古忽必烈的远征以后了，汉民族对这里的开发更是到了明朝以后。

《演义》的这一部分主要以七纵七擒孟获为中心，对诸葛亮南征，史书的记述非常笼统，因此《演义》也只能靠虚构想象来写，出现了像什么一喝就会变成哑巴的哑泉、能解哑泉之毒的安乐泉、还有能驾驭猛兽会使妖术的木鹿大王等，就好像读《西游记》降妖治鬼的故事。在云南和贵州一带现在还流传着许多有关诸葛亮远征的传说，这些传说都是出自后世的创作，与诸葛亮远征的史实无关。

**孙权的南北政策
与对海洋的关心**

与诸葛亮平定地区南邻的交州，包括现在的广东、广西以及越南北部，从汉武帝时代以来就是中国的领土。其中位于现在河内一带的交趾郡，从东汉末期开始由太守士燮统治，名义上归属于东吴，但实际上很有一点独立王国的样子。当时，为躲避战乱从中原地区有大批的学者文人移居当地，在这里形成了独自的文化。士燮本人就是一个很有名望的文人。

黄武五年（226），士燮一死，吴的交州刺史吕岱就抄斩士氏

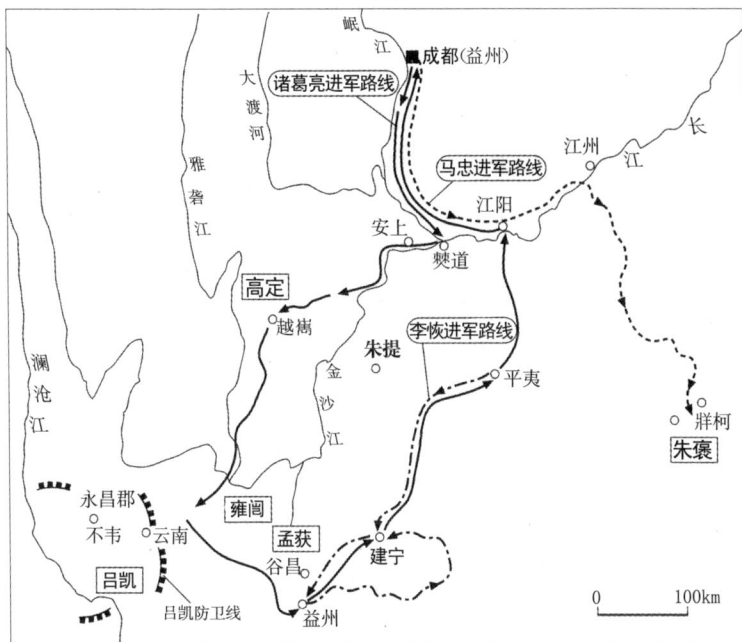

54 诸葛亮南征图

一族，把交趾郡置于直接统治之下。然后又要求南方的扶南、林邑、堂明的诸王向吴纳贡。扶南就是柬埔寨，林邑就是越南南部。堂明的位置不太明确，宋代《诸蕃志》是一本专门介绍东南亚各国地志的史籍，有人认为，这本书里所记载的单马令可能就是堂明。这么说堂明很可能就是指苏门答腊岛，或者马来西亚。吴的国家战略已经涉足如此遥远的东南亚一带。孙权向这些地区派遣使者，在扩大交流的同时，还对当地的风土、特产进行了考察。使者朱应的《扶南异物志》、康泰的《扶南土俗》、《吴时外国传》等为后世留下了珍贵的史料。

在这之后的黄龙二年（230），孙权又派部将卫温和诸葛直对夷洲和亶洲进行考察。夷洲估计可能是现在的台湾，亶洲可能是日本，也就是当时的倭国的某一地方。这次航海考察虽然没能成功，但显示了孙权对海上交通的巨大关注。孙权对海洋的关心表现在他不仅关注南部，而且还放眼北部。

黄龙元年五月，孙权刚即位不久，在蜀的使者陈震到来之前，孙权就派校尉张刚和管笃赴辽东。前面已经说过，当时，从辽东到朝鲜半岛北部一带一直是公孙氏统治下的独立王国，孙权企图用远交近攻的战略，拉拢当时的辽东太守公孙渊反曹。孙权的心里有一个宏伟的计划，那就是西边与蜀、北边与公孙氏同盟，然后从南、北、西三方对魏进行围攻。

与辽东、高句丽的关系　从吴到辽东需要经过由黄海北上这条海上航路。从前述的吴与蜀缔结的领土分割协定可以看到，划归于吴的幽州和青州陆路与吴的领土并不连通，因为中间的冀州被划分给了蜀。这说明从一开始孙权就把去辽东的路线设定在海上，在孙权的构想里，与蜀的同盟和与公孙氏的同盟是两个互不可分的组成部分。不过，当时公孙渊有恐于魏的压力，对与吴建立同盟还有很大顾虑，孙权这时派去的使者被拒之门外。可是孙权并没有就此罢休。

嘉禾元年（232），孙权又派将军周贺、校尉裴潜赴辽东再次求见公孙渊。这次周贺等受到公孙渊的接见。但在返回吴的途中，周贺等的船停靠在位于山东半岛尖端的港口成山，在那里遭遇魏将田豫的埋伏，周贺被杀。可见，当时对于吴与公孙渊的来往魏也是非常警惕的。

周贺虽然被杀，但此次辽东之行还是取得了一定成果，这一年的十月，公孙渊派使者拜见孙权，表示愿意归顺。孙权大喜，立即封公孙渊为燕王，并不顾群臣反对派太常张弥、执金吾许晏、将军贺达等率领多达四百人的大使节团和一万兵力赴辽东。可是由于魏扬言要讨伐辽东，公孙渊突然变心，为了讨好魏，他杀了张弥和许晏，并把首级送到魏。魏这时封公孙渊为乐浪公作为奖励。孙权知道后大怒，发誓要亲自讨伐公孙渊，在群臣的极力劝阻下才算息怒。可以看到，为了争取辽东，魏吴间的外交战也进行得相当激烈。

孙权的战略虽然又一次失败，但是给他带来了意外的收获。使节团的一部分逃到了高句丽，受到了高句丽王宫（东川王）的接见。高句丽不仅派人护送使节团回吴，还向吴表示归顺。孙权于是派出使节，授予高句丽王单于称号。但是，这次孙权又遭到魏的插足破坏，幽州刺史命令高句丽王杀掉吴的使者，使者与高句丽王之间产生误会只好回国，最后只带回一些马匹。

据史料记载，魏的青龙四年，也就是吴的嘉禾五年（236）七月，高句丽王杀吴使者胡卫，并将首级送到魏。有关这一事件，在吴国的史料里虽然没有留下记录，但基本上可以肯定，孙权后来又向高句丽派过一次使者。

孙权最后放弃辽东是在赤乌二年（239）三月。前一年因司马懿率领大军讨伐公孙渊，孙权派兵赴辽东救援。但为时已晚，公孙渊父子兵败被杀。吴军见大势已去，抓获了少量俘虏就草草收兵了。

正如孙权的大臣们所担心的那样，孙权的辽东战略最终以全面失败而告终。但是孙权推行的利用海上交通与远隔地进行交流的战略构想却是崭新和独特的。不仅在当时，就是在后世也没有哪一个皇帝像孙权这样显示出对海洋的关心。孙权的父亲孙坚年轻时以击退海贼而闻名，从这一点来看，孙权一族对于海洋可能有着与众不同的特殊感情。可惜的是，孙权的战略构想过于超前了。按照当时的航海技术，从吴到辽东，因为风向关系一年只能出航一次。如果孙权生在一个航海技术稍微发达的时代，那么他的战略是一定会取得成果的。

北伐开始　　诸葛亮在实现了与吴重修旧好和完成了南方平定之后，于建兴六年（228）正月，终于开始了他消灭曹魏恢复中原的北伐。对于以汉王朝正统继承者自居的蜀来说，国家的至高使命就是消灭篡权者魏，为达到这个目的，无论付出多大的牺牲也在所不辞。诸葛亮从前一年起就率军进驻汉中，开始进行周到细致的准备。想当年汉高祖刘邦也正是从汉中进军中原，消灭了项羽取得了天下。对继承了刘备遗志的诸葛亮来说，最大的心愿就是再现汉王朝的辉煌历史。在与吴的同盟关系上诸葛亮不惜做出让步，也正是为了北伐的成功。临行前诸葛亮给后主刘禅上疏的《出师表》里，明确记述了北伐的目的就是要"兴复汉室，迁于旧都"。

蜀的汉中和魏的关中（长安一带，现在的陕西中部）、陇右之间，呈东西走向横亘着海拔两千米以上的秦岭山脉。翻越秦岭山脉进出北方的路线有好几条，最东边的子午谷道虽然沿途地势险峻，但可以直接到达长安的南边。往西依次是骆谷道和褒斜道，分别通往渭水河畔的五丈原和长安西边的郿。再往西的散关至陈仓路线，自古就是联系蜀与关中的大道。最西线则可以到达陇西的祁山。不过，往长安去的话，经祁山就显得太绕道了。

此外，沿汉水东下虽然可以到达荆州，但是途中要经过上庸，驻守上庸的孟达已经投靠了魏。诸葛亮这时写信给孟达，劝说他再次归顺于蜀。曹丕死后，孟达对自己的前途感到不安，对诸葛亮的话很动心。可是，这些都被司马懿觉察到了，他派人杀了孟达，使诸葛亮的计划还没开始就受到了挫折。

对于上面的这五条路线，武将魏延建议从东线的子午谷道进军直接袭击长安，可是诸葛亮也许认为这有点儿太冒险，他选择了最西路线。诸葛亮故意声称要由褒斜道攻取郿，派赵云和邓芝驻屯褒斜道途中的箕谷，以牵制守备长安的曹真部队，然后自己亲自率领大军攻祁山。魏延对此非常不满，骂诸葛亮是胆小鬼。这时在魏国，曹丕死后魏明帝曹叡即位才两年，又加上多年与

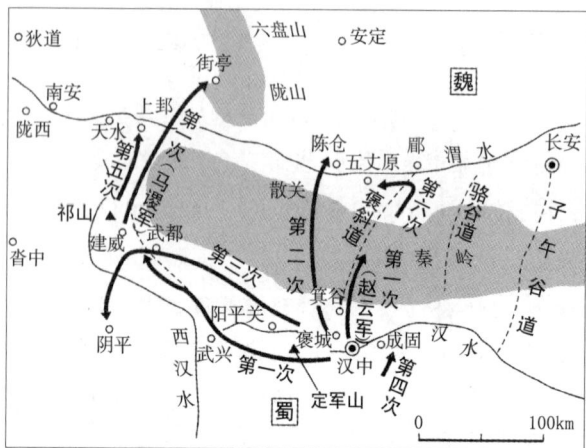

55 诸葛亮北伐路线图

蜀没有发生战争，人们对诸葛亮的突然北伐感到惊恐。祁山附近的天水、南安、安定三郡一齐响应蜀军，使关中为之震动。

诸葛亮挥泪斩马谡

不过，曹叡不愧是曹操的孙子，算得上是一个英明的君主。他一面吩咐大臣们保持冷静，一面派张郃率五万大军西进抵御蜀军，自己还亲自到长安坐镇指挥。诸葛亮出师以来一直处于优势，这时他派马谡率兵赴渭水北岸要塞街亭迎战张郃。马谡缺乏实战经验，又不听从诸葛亮的命令，把阵地设在山上，致使供水路被张郃切断，最后大败而逃。这时，东线赵云的部队也被曹真击败，诸葛亮只好退回汉中。

诸葛亮回到汉中后，为了严肃军纪挥泪斩马谡，已经是广为人知的故事了。不过，诸葛亮实际也是第一次指挥较有规模的战役，《三国志》的著者陈寿评价诸葛亮"治戎为长，奇谋为短，理民之干优于将略"。

这个评价看来是很公正的。归根结底，当初如果采纳了魏延的建议，由子午谷道奇袭长安的话，结果也不会是这样的了。当然，这次北伐也唤起了魏的警惕，使以后对魏的作战变得更加困难。值得一提的是，这次北伐中投降的魏将姜维，后来成为诸葛亮北伐事业的后继者。

第二次北伐是在同年十二月，诸葛亮引兵出散关围陈仓，遇魏守将郝昭坚守，攻城二十余日不克，蜀军因粮草用尽只好退兵。撤退中杀死前来追击的魏将王双，算是这次作战的唯一成果。这次北伐也可以说是吴蜀同盟的产物。因为这年八月，吴的大将陆逊在石亭大破曹军，造成魏军关中兵力空虚。于是诸葛亮匆忙决定于十二月出军攻魏。但是由于没有采取共同行动，结果还是不能取胜。

下一年的建兴七年（229）春，诸葛亮遣陈式攻武都、阴平。武都、阴平两郡虽属魏，却突出于蜀的领土之内。魏派雍州刺史郭淮前往救援，诸葛亮亲自率军迎击，最终取得两郡。在前后六次的北伐里，这也是唯一的一次像样的胜利。诸葛亮因此又恢复了前一年引咎辞去的丞相职位。

魏因为连年受到蜀的进攻，于次年，也就是太和四年（230）的正月，首先在合肥建筑新城以加强对吴的防御，然后于同年七月，大举伐蜀。蜀的汉中到魏的关中、陇右间的各条路线以汉中为中心呈放射线状穿过秦岭山脉，蜀如果伐魏，则各路大军被

56 蜀栈道 修建在峡谷断崖上的栈道，是北伐不可或缺的兵站之道。图为四川省广元市明月峡栈道

远隔分散，无法呼应，很容易被魏各个击破，而魏如果攻蜀，则各路大军会师汉中非常有利。魏军以曹真为主将兵分三路由子午谷道、褒斜道、祁山—武都一线向汉中进军。司马懿也率兵溯汉水而上准备由西城进攻汉中，企图对蜀进行全方位攻击，形势对蜀很不利。但这时却连降三十多天大雨，最后魏军只好撤兵。

次年，建兴九年（231）二月，诸葛亮率军再次进围祁山。这次司马懿接替曹真为魏军主将。诸葛亮与司马懿在上邽对峙，大破魏军，获首级三千。六月，诸葛亮粮尽退军，司马懿派张郃追击，张郃战死。张郃的死也算是替马谡报了仇。

另外，这次北伐前，诸葛亮还秘密派使者联络当时北方鲜卑族首领轲比能反魏。轲比能响应诸葛亮的建议，向长安北边的北地郡石城出兵，准备对魏军进行夹攻。但后来因蜀军撤退，夹攻战术没能实现。

巨星陨落五丈原：
诸葛亮之死

鉴于前面几次北伐都因粮草供给不足而失败，诸葛亮在此后的两年时间里，劝农讲武，积极备战。建兴十二年（234）二

月，诸葛亮调集十万大
军，由褒斜道再次北
伐。诸葛亮到达郿县
后，在渭水南岸的五丈
原设营。这次诸葛亮不
仅使用了木牛、流马运
送兵粮，还在五丈原一
带分兵屯田，作长久之计。

57 五丈原　传说诸葛亮死时，此地附近有流星陨落

　　诸葛亮还派使者到吴约孙权同时出兵伐魏。孙权响应，亲
自率领十万大军由巢湖进军合肥新城，又派陆逊、诸葛瑾攻襄阳，
孙韶、张承攻广陵、淮阴。为了保证这次伐魏的成功，实现对魏
领土的分割，蜀、吴双方都投入了最多的兵力。

　　魏明帝面临吴、蜀四路大军的进攻也决心作殊死抵抗。这
时，对吴作战的总指挥征东将军满宠建议放弃合肥新城，退至
寿春迎击吴军。魏明帝不许，一面亲自率军赴寿春督战，一面向
西线增派援军，命令负责对蜀作战的司马懿只许固守不许出击。
不久，孙权军中开始流行瘟疫，又见有魏明帝亲自坐镇，于是
撤兵。东西两线的吴军也随之撤退。诸葛亮与司马懿对峙，屡
次挑战，司马懿都不应。诸葛亮于是派人送妇人衣服去侮辱他，
司马懿被激怒，上表请战，魏明帝派辛毗赶去制止。

　　双方对峙百余日没有结果。到了八月，诸葛亮终因积劳成疾
病死于军中。终年五十四岁。听到诸葛亮已死，司马懿这才出兵

58 祁山 北伐时诸葛亮曾经安营扎寨的高约20米的小山包。有阵地遗迹和武侯祠

追击。途中，他看到蜀军结阵而退的样子，于是不再追赶。当时被百姓嘲笑为"死诸葛吓跑活仲达"。

吴、蜀联合发起的同时总攻，就这样草草收场了。诸葛亮终于没能实现他完成北伐的梦想。诸葛亮死后，孙权考虑到魏可能会乘衰伐蜀，立即着手在荆州巴丘加强军备。嘴上说的是为了救蜀，内心却想趁火打劫。蜀知道了，立即采取对抗措施，在白帝城增强兵力，以防发生不测。为此，孙权就对蜀派来的使者宗预大加指责，宗预回答说，彼此事出有因，不足以相问。使孙权不得不以惯用的大笑来掩盖自己的尴尬。吴、蜀双方在荆州之争以后彼此各存疑念，虽重修盟好，但缺乏信赖与合作，造成了这次共同伐魏的失败。不过，这时魏并没有趁机攻蜀。

从以上几次北伐的经过来看，蜀、吴即使共同伐魏，只要魏保持坚守，那么也就无法打败它。相反，哪怕是脆弱的同盟关系，只要蜀、吴同盟存在，那么魏也无法消灭其中的任何一方。这样，三国势力以吴蜀同盟对魏的形式彼此抗衡，逐渐形成一种胶着局面。此后，姜维又率蜀军主要对陇右方面进行了多次北伐，但均无大的战果。吴也在荆州与合肥两线多次对魏出兵，各有胜负。在这种胶着状态中，魏、吴、蜀三国随着各自内部矛盾的激化，开始逐渐走向衰退。三国中最弱小的蜀最先灭亡，接着魏也在权力斗争中被司马氏取代成晋，最后晋灭吴完成统一。不过，命运总是捉弄人，后来晋又被不断壮大的北方游牧民族赶到吴的境内，不得不偏安于过去的敌地。当曹操、刘备、诸葛亮这些同时代的英雄一个个相继离开历史舞台时，剩下的孙权也已经五十三岁。此后直到七十一岁去世的十八年间，他一直被国内问题所困扰，逐渐失去了往日的精神。

59 司马懿　迎击诸葛亮北伐的魏武将

"六出祁山"的真相

在诸葛亮与魏的六次战争中，从严格意义上说，称得上北伐的只有第一、第二、第五和第六这四次。其中出兵祁山的只有第一和第五这两次。可是，在《演义》里称诸葛亮北伐为"六出祁山"，描写诸葛亮六次北伐，每次都出兵祁山。前面已经说过，《演义》里的地理关系，特别是有关北方的地理关系与实际不符的地方很多。"六出祁山"这一段里错误尤其多。比如第一次北伐时，赵云等驻屯的箕谷实际上与祁山一东一西相距甚远，但在《演义》里，箕谷和祁山被写成是在同一方向。为什么会出现这样的问题呢？

宋代出版的《历代地理指掌图》，是现存最古的历史地图册。从这本地图册里的《三国鼎峙图》可以看到，祁山的位置比实际要靠东得多。而且旁注里有诸葛亮"由斜谷道取郿，遂据箕谷，攻祁山"的记述，如此看来，箕谷与祁山确实在同一方向。不过，

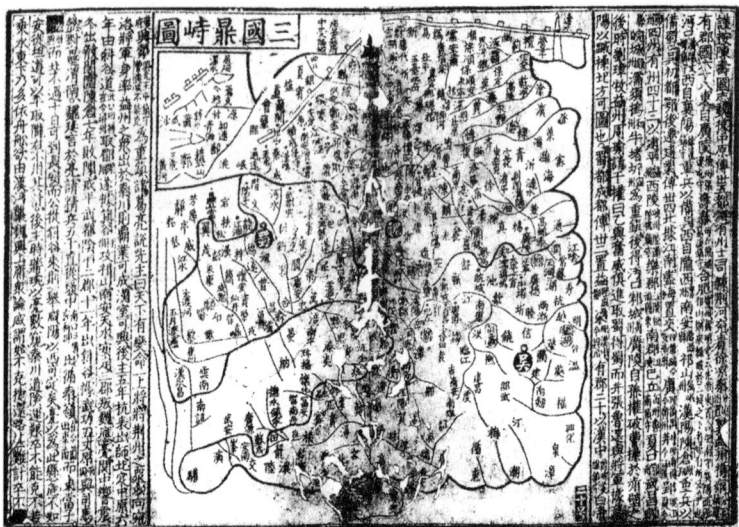

60《历代地理指掌图》中的《三国鼎峙图》（东京〔财团法人〕东洋文库藏）　宋代出版现存最早历史地图集。地理标示有误，《三国演义》也是基于此地理认识而撰写的

这句话是把《资治通鉴》里"由斜谷道取郿，使赵云、邓芝为疑军据箕谷，魏大将军曹真举众拒之。亮身率诸军攻祁山"这段记述进行大幅省略的结果。这种因省略而产生的错误在当时的地理书籍里随处可见，《演义》里出现的地理混乱很有可能就是因为参考了这些书籍。另外，在宋代当时，祁山一带作为宋与西夏、金朝抗争的军事地带，地理情报受到管制，这也是造成《演义》地理关系混乱的一个原因。

第五章

三国的外交与情报战略

外交交涉

三国的人口比较

综上所述，我们可以看到，在魏蜀吴三国的抗争中，外交战略发挥着超越实际战争的重要作用。三国外交战略的推移，大致可以分为以下几个阶段：一、赤壁之战时（208）的吴蜀同盟；二、关羽围攻樊城时的魏吴同盟；三、刘备死后的吴蜀二度同盟。只要三国间的混战状态存在，魏吴蜀三国中的一国能与另外两国的任何一方结成同盟谁就有利，这已经是不言自明的道理了。我们知道，魏、蜀都主张自己是汉王朝的正统继承人，两者互不妥协、不共戴天，这两国的同盟是绝对不可能的。这样，掌握外交主导权的就只有吴了。吴与魏联合还是与蜀联合将直接影响局势的变化。

但是，三国的国力并不是等同的，最强大的是魏，其次是吴，最弱小的是蜀。如果拿领土来比较的话，魏的领土包括幽州、冀州、青州、并州、徐州、兖州、豫州、司州（洛阳一带）、雍州（关中和陇右）、凉州以上十个州；吴的领土包括扬州、荆州和交州这三个州（其中扬州和荆州与魏分割所有）；蜀的领土只有益州这一个州。拿人口来比较的话，蜀灭亡时的人口有28万户、94万人（《蜀书·后主传》裴注引王隐《蜀记》）；吴灭亡时的人口有52.3万户、230万人（《吴书·三嗣主传》裴注引《晋阳秋》）；与蜀吴相比，魏的人口有66万户、443万人（此数字是从《后汉书·郡国志》注引《帝王世记》中记载的魏灭蜀时的总人口中减去前述蜀的人口得来的）。吴的人口是魏的一半，蜀更少，只有吴的一半。

值得一提的是，这里罗列的三国人口加起来总共是767万人，只不过是东汉末期人口5648万人（《晋书·地理志》）的七分之一。当然这里所说的仅为政府掌握的数字，必须考虑到，三国时代在政府管理之外还存在着大量的流民，实际人口应该多于此数字。即使这样，也还是不能否认战乱造成了人口大减的这个事实。因此，在这个时代人就显得尤其贵重。屯田制、住民的强制移居等政策都与人口大减这个事实有密切关系。另外，蜀的94万人口中，兵士占10.2万人、官吏占4万人；吴的230万人口中，兵士占23万人、官吏占3.2万人，兵士都占到了人口的大约10%。魏的兵士有多少具体数字不太清楚，如果也按人口的10%

来计算的话，至少也有40万以上，差不多是吴的两倍。吴和蜀就是联合起来也不是魏的对手。我们还可以看到，蜀的人口虽然还不到吴的一半，但官吏人数却多于吴，这说明蜀在内政上可能面临一定困难。

三国外交的基本构造　　鉴于以上三国的国力，最弱小的蜀要想战胜最强大的魏几乎是不可能的。为了达到目的，蜀必须与吴联盟。蜀只有联吴，从东西两面对魏进行夹攻，才勉强能够与魏抗衡。刘备最大的失败就是忽视了这条基本原则，与吴对立。对吴来说，虽然它掌握着外交的主动权，但是如果它联魏灭蜀的话，那么自己必然成为魏的下一个目标，因此吴蜀同盟对于吴也同样是最佳选择。可是，孙权和刘备一样，为了夺取荆州这块战略要地最终放弃了与蜀的同盟。虽然吴蜀后来又重修旧好，但新的同盟关系松散脆弱，结果导致了两国的灭亡。

最后我们来看一下魏的外交战略。对魏来说，可以有以下三个选择：要么单独对吴、蜀实行各个击破；要么姑且利用联吴先灭掉蜀；最后，魏还可以制造吴蜀互斗，自己坐享渔翁之利。从曹丕在夷陵之战时采取的旁观之举来看，他很有可能是想选择上面的第三条路线。不过，要想离间吴蜀关系，需要做出相当的外交努力，但只要蜀坚持以北伐为国策，想要挑起吴蜀相争就不那么容易。权衡以上利弊，对魏来说，联吴仍不失为一个明智的选择。可是当孙权表示归顺时，曹丕却没能珍惜这个难得的机会，在对待孙权时采取高压态度，把孙权重新推向与蜀建立同盟的路上。

当然，以上这些结论对于今天的我们来说，可以说是一目了然的了。但是对当事者来说，由于面对不断变化的形势，要做出正确的判断就不那么容易了。况且就是想得到，在当时错综复杂的情况下也有可能做不到。虽然我们可以认为，正因为魏吴同盟、吴蜀同盟都以失败而告终，所以三国时代才得以存在。但是，我们还是不能不佩服鲁肃在外交上的高瞻远瞩和顾全大局。为了维持吴蜀同盟，鲁肃不惜做出巨大让步，把荆州借给刘备，这样的见识在当时是何等可贵。

基于上述的外交基本面貌，下面，我们来看一看当时在三国间展开的各种外交活动。

频繁来往的使者　　承担外交任务的主要是各国的使者。魏与吴、吴与蜀之间都曾有过同盟关系，在同盟期间双方使者往来频繁，各显身手。魏蜀两国因为没有同盟关系所以互相没有使者往来。这些使者既代表着一国的名誉，又肩负着君主的使命，不仅要与对方国君主进行高难度的谈判，还要收集各种情报，必要时还必须从事贸易活动，任务十分艰巨。因此，只有那些具有出色交涉能力，特别是机智善辩能与对方国君主堂堂论战的人才有可能被选为使者。

比如，孙权归顺魏时派赵咨赴许都拜见曹丕，曹丕问赵咨："朕欲伐吴，可乎？"赵咨毅然回答说："大国有讨伐之兵，小国有御备之策。带甲百万，江汉为池，何畏之有？"他不卑不亢的态度连曹丕以及魏的大臣们都不得不表示赞赏。赵咨目睹了曹丕的高压态度，预感到与魏的关系不可能长久，一回到吴国，他就建议孙权走独立发展的道路。还有，夷陵之战以后，郑泉作为吴的使者被派到白帝城与刘备讲和，与刘备之间达成了和解，为后来吴蜀同盟奠定了基础。赵咨和郑泉的外交对吴做出了巨大贡献。

作为蜀的外交官，邓芝和陈震也是非常出色的人物。刘备死后，邓芝出使吴国，极力向孙权主张同盟的必要性，促成了蜀吴重新和好。孙权曾对邓芝说：等灭了魏，吴和蜀一起来瓜分天下吧。可是邓芝却毫不犹豫地回答说：天无二日，土无二王，消灭了魏以后，蜀和吴之间就只有战争了。他的直率反而赢得了孙权的信任。陈震也能够不辱使命，成功地与吴缔结了互不侵犯条约。

与此相比，魏的浩周则是一个不称职的外交官。因为浩周没能识破孙权表示归顺以及答应送儿子进京的假相，向曹丕提供了错误的情报，结果造成了曹丕在决策上失误。这些使者的命运有时也是非常残酷的，比如吴的冯熙，他是一个既出使蜀又出使魏的出色的外交官。因为他出身颍川，所以当他出使魏的时候，同为颍川出身的名士、魏的陈群就极力劝他弃吴投魏，还用重金收买他。冯熙虽然拒绝了陈群的劝诱，但始终苦于魏的强大压力，为了不辱君命冯熙最后选择了自杀这条路。

机智善辩 各显身手 等待使者们的不仅是艰巨的外交任务，还有对方国君主为他们准备的各种刁钻问题。根据不同的场面，使者们有时机智妙答，有时又报之以斩钉截铁的警句。比如说，曹丕一贯以博学自负，一次，在接见吴国使者赵咨时，曹丕为了贬低孙权故意问赵咨：吴王对学问有什么研究？赵咨当即回答说：吴王虽然政务繁忙，但只要一有空就博览书传，历观史籍，只是不效书生寻章摘句而已。借机对在中国文学史上留有盛名的文学家、大诗人曹丕进行了讽刺。

还有一次，蜀国使者伊籍拜见孙权时，伊籍行过拜礼刚要起身，孙权就发话了："你何必受这么大的罪去受命于一个无道之主呢？"孙权早就知道伊籍是一个善辩之士，想以此给他一个下马威。"无道之主"指的就是刘备。伊籍立即回应孙权说："您太客气了，一拜一起哪算得上是受罪呢？"一问一答之间，把"无道之主"之称顺水推舟地送给了孙权。据说孙权不仅没有生气，反而对伊籍的临机应变大加赏识。

宴会上的问答 君主在正式接见使者之后，一般都要设宴款待使者，这时大臣们也都列席参加，宾主畅饮。席间除了谈论外交话题，也谈天说地，互相展示自己的知识教养和机智善辩。宴会上的问答往往发展成关系到个人名誉和国家名誉的一场舌战。

比如说，吴蜀同盟成立后，吴派使者张温赴蜀。诸葛亮设宴款待，专门请学士秦宓出席作陪。张温听说此人为学士，就故意问：听说你名称学士，不知你是否搞过什么学问？秦宓正色说：在我们蜀国三尺小童都做学问，何况于我？于是两人之间展开了互不相让的激烈舌战。张温提出一串怪问想要难倒秦宓，他问：天有没有头？有没有耳朵？有没有腿？没想到秦宓引用诗经的诗句对答如流。张温不罢休，又问：天有没有姓？秦宓回答说：当然有！张温问：姓什么？秦宓说：姓刘。张温问：你怎么知道？秦宓说：因为天子姓刘，所以天当然姓刘。张温又没话找话地问：太阳是不是从东边升起的呢？秦宓回答说：太阳虽然从东边升起，可是却从西边落下。秦宓的话句句掷地有声，赢得满座惊讶。张温终于败下阵来。

这些乍看上去与政治毫无关系的对话，实际上反映了两国在实力上的优劣。不言而喻，对话里的东与西当然指的是吴与蜀。在这种场合里，再去诡辩"从西边落下去的太阳，不是又要从东边升起来吗？"已经没有意义，关键是能不能占领上风，大刀阔斧地挫败对方的势头。顺便提一下，圣德太子曾给隋炀帝写过一封非常有名的信。这封信之所以有名，是因为圣德太子在信中称"日出处天子致书日落处天子无恙"。如果圣德太子是参考了《三国志》的这段有名的问答之后写了这封信的话，那么历史的定说可能应该有新的解释。下面，我们再举两个例子看看。

蜀国的李密也是一个博学多才的人，一次他出使吴国，与孙权及大臣们就"做哥哥和做弟弟哪一方更好"展开了讨论。孙权认为做弟弟好，这可能是孙权的亲身感触，作为弟弟他继承了哥哥孙策留下的业绩，尝到了做弟弟的好处。对于孙权的观点，李密主张做哥哥好，理由是哥哥能更多地服侍父母。在当时，孝养父母就是最高的美德，孝成为人们的最高规范，因此，李密的回答博得了满座的赞赏。当时，这种围绕一个主题从正反两面展开论战的方式叫做论难，用现在的话来讲也就是辩论。论难在当时非常流行，设定了各种各样的主题，后面我们还要提到。

吴与蜀的国情对比　　还有一次，蜀国使者张奉出使吴国，孙权设宴招待他。张奉当着孙权的面，拿吴国大臣阚泽的名字作笑料。阚泽嘴笨一时语塞，大臣薛综见状出来为阚泽解围。他先向张奉进上一杯酒，然后说："你老兄的蜀又算什么呢？有犬则为独，无犬则为蜀，横目苟身，虫入腹。"这是玩的一种解字游戏，不仅要把蜀字解开，还要做到独、蜀、腹押韵。张奉反问：那么吴怎么个讲法？薛综说："无口为天，有口为吴，君临万邦，天子之都。"这里吴和都又正好押韵，薛综的妙答赢得满座赞叹。张奉既缺乏薛综那样出口成章的韵文功底，又没有摆弄文字游戏取笑对方的诙谐，只好认输。当时这种即兴诗的创作也很流行，前述的曹植作七步诗的故事，也反映了当时的这种社会风潮。另外，上述的这段问答，还有一说认为是发生在蜀的费祎和吴的诸葛恪之间。可见这类话题在当时很有市场。

据说孙权尤其喜欢饮酒作乐，常常在酒席上开玩笑或搞恶作剧捉弄人。而且大臣里也不乏诸葛恪、羊衜这样的搞笑名手。一次，孙权大会群臣，叫人牵来一头驴，在驴脸上题"诸葛子瑜"四个字。子瑜是诸葛瑾的字，诸葛瑾生来脸长，孙权以此嘲笑他脸长似驴。诸葛瑾的儿子诸葛恪立刻起身在"诸葛子瑜"后面续了"之驴"二字，举座欢笑，孙权于是把驴赐给了诸葛恪。

从孙权与大臣们无拘无束的谈笑之中，我们可以领略到吴国宫廷自由快活的空气。相比之下，蜀的大臣们则在诸葛亮的熏陶下，形成了一股严谨质朴的风气。比如经常出使吴国的费祎就是一个典型。费祎为人志虑忠纯，深受诸葛亮的器重，诸葛亮死后他被任命为尚书令（相当于宰相）。费祎作为使者经常出使吴国，孙权及大臣们常常开玩笑搞恶作剧，费祎从不应和，总是回答得一丝不苟，认认真真。一次，孙权和大臣们故意把费祎灌醉，然后向他打听蜀国内情，又七嘴八舌向他发起论难，想看他的笑话。费祎招架不住，干脆托词自己酒醉，答应回头书面回答。事后，费祎不仅真的做出了书面回答，而且还回答得有条有理，无一遗漏。从这一件事上我们也能看到两国在风格上的不同。

不过，孙权进入晚年以后，吴国宫廷的这种自由快活的空气逐渐消失。而蜀国严谨质朴的风气也慢慢流于惰性，开始走向衰退。两国间频繁的使者往来也随之减少，昔日欢聚一堂的酒宴，酒席上短兵相接的论战都成为往事。当年蜀国的伊籍、马良、邓芝、陈震、费祎等颇具实力的人物频繁出使吴国，与孙权建立了亲密的个人关系，为两国同盟关系的发展做出了很大的贡献。可是这样的走动后来也都中断了，吴蜀同盟成了一句空话。孙权之子孙休执政时，曾派吕珝（吕岱之子）赴蜀求马。吕珝回国后，向孙休报告了蜀国的混乱和衰退。后来蜀和魏相继灭亡，吴又开始向晋派遣使者。吴的张俨和晋的荀勖之间也以论难相对，但孙权时代的那种豪爽快活的论难已不复存在了。

《演义》里诸葛亮舌战群儒这一段，写赤壁之战前夜，诸葛亮为说服孙权共同抗曹，只身随鲁肃赴柴桑，在这里他与张昭、顾雍、阚泽等吴国群臣展开舌战，一一驳倒了主降派的主张，说服了孙权。但是，历史上并没有诸葛亮舌战群儒这回事，这是《演义》作者综合上述史实创作出来的一个场面。另外，本书开头提到的左思的《三都赋》里出现的那种自赞自夸实际上正反映了当时的这种外交合战。

三国间的政略联姻　　　　前面已经提到过，官渡之战以后，曹操为儿子曹整娶了袁绍长子袁谭之女，又嫁弟弟的女儿给孙策之弟孙匡，又给另一个儿子曹彰娶孙策从兄孙贲之女。前者是为了激化袁谭与其弟袁尚的矛盾，后者则是为了加强与孙策的关系，并借机在孙氏一族里安插亲曹势力，总之都是作为外交手段的一种政略联姻。除此之外，曹操还为儿子曹均娶南阳割据者张绣之女，为另一个儿子彭祖娶汉中张鲁之女，这两次联姻目的都是为了安抚归顺的降将。张绣曾让曹操吃过不少苦头，后来归顺曹操。和张鲁女儿结婚的彭祖，也就是后来的燕

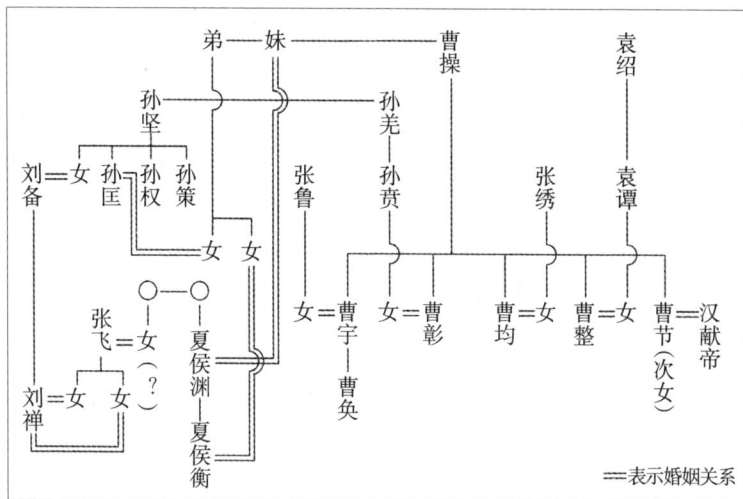

弟—妹　　曹操　　袁绍

孙坚　　孙羌　　　张绣　　袁谭

刘备=女　孙匡　孙权　孙策　　张鲁　孙贲

女　女

张飞=女(?)　夏侯渊—夏侯衡　女=曹宇—曹奂　女=曹彰　曹均=女　曹整=女　曹节(次女)=汉献帝

刘禅=女　女

==表示婚姻关系

61 三国时代政略联姻相关图

王曹宇，曹宇之子曹奂也就是魏的最后一代皇帝魏元帝。说不定曹奂还有可能是张鲁的外孙呢。

孙权搞的最重要的政治联姻，就是为了解决荆州问题，把自己的妹妹嫁给了刘备，后来为了同样目的他又想和关羽和亲，但是遭到关羽的拒绝。孙权臣顺曹丕以后，曹丕三番五次逼着他送太子孙登到魏做人质，孙权找出很多借口拖延不送，还提出要为孙登娶曹家之女或者与曹家有亲戚关系的夏侯家之女。曹操通过搞政治联姻，使孙权一族内部产生分裂，孙权肯定也想以其人之道，还治其人之身。魏和蜀之间按理说是不可能有政治联姻的，可是据说两国的皇室竟然有姻亲关系。前面已经提过，曹操本来出身夏侯家，与手下名将夏侯渊为同族兄弟。据说，夏侯渊的从妹夏侯氏一次进山拾柴，被张飞碰见，张飞见她是良家之女，就娶她为妻。张飞与夏侯氏所生之女后来成为刘禅的皇后。夏侯渊在刘备攻打汉中时，被蜀将黄忠斩杀。夏侯渊的儿子夏侯霸身为护军右将军，多次参加对蜀战争，后来司马懿政变，夏侯霸对前途感到不安，于是投奔了蜀国。刘禅接见夏侯霸时，向他解释说："你父亲是战死在乱军之中，不是我父亲亲手所杀。"还指着自己的儿子对他说："这都是你们夏侯家的外甥。"

以上的内容出自《魏志·夏侯渊传》裴注引《魏略》。夏侯渊之妻为曹操之内妹，夏侯渊的长子夏侯衡（夏侯霸之兄）则娶了曹操之弟海阳哀侯的女儿为妻。以上内容如属实，那么，魏的曹氏一族和蜀的刘氏一族还确实存在姻亲关系。不过，张飞与夏侯姑娘的奇缘，似乎过于离奇，让人难以相信，八成是刘禅为了怀柔夏侯霸即兴创作出来的。如果真是那样的话，张飞与夏侯姑娘的婚姻整个就是一个架空的为政略目的而编造出来的故事。总之，政治联姻是三国时代外交战略的一个重要手段。中国历史上，分裂的时代很多，但像三国时代这样频繁进行政治联姻的找不到第二个。

还值得一提的是，蜀和吴的皇后都出自宠臣之家，比如，刘禅的前后两个皇后都是张飞之女，孙权的步夫人出自宰相步骘家，可是在魏国就没有这种情况。另外，在蜀和吴君主与臣下通婚的现象很普遍，比如，诸葛亮之子诸葛瞻做了刘禅的女婿，周瑜之子周循做了孙权的女婿，周瑜之女做了太子妃等等。在魏国，除了曹操之女嫁给了荀彧之子以外，君臣间的联姻非常少见。这一方面说明魏对外戚的跋扈一直抱有戒心，另一方面也说明魏的皇室与臣下的关系比较疏远。

亡命、投降与情报干扰

降将

在三国抗争的时代，像夏侯霸这样逃亡到敌国投降的人或者被俘虏后投降的人很多。里面也不乏像孟达那样的反复无常的人，孟达先是由蜀叛逃到魏，后来又想反魏归蜀，结果失败被杀。这些降将往往被作为外交上的有利手段受到利用。这一方面做得最巧妙的是孙权。

关羽水攻樊城时，魏将于禁战败，投降了关羽。后来关羽被杀，于禁又投靠了吴。这时和于禁一起投降的还有做过徐州刺史的浩周。于禁、浩周虽为降将，但受到孙权的善待。后来，孙权向曹丕称臣时，把于禁、浩周遣返回魏国。浩周回到魏国，在曹丕面前极力主张孙权的臣顺是可以信赖的。曹丕轻信孙权和浩周有很大关系。后来因为孙权迟迟不送太子入朝，曹丕又派浩周赴吴做孙权的说服工作。浩周见到孙权对他说，自己用全家百口的性命做担保，希望孙权放心。孙权听了浩周的话感动得热泪盈眶，发誓一定尽快送儿子赴魏。

可是，浩周回来以后，孙权还是没有送儿子来。曹丕大怒，虽然没有处罚浩周，但从此不再用他。孙权提出要与曹氏、夏侯氏联姻，就是在这个时候。总之，孙权通过利用浩周成功地达到了自己的目的。只不过孙权的手腕过于巧妙，反而大大地激怒了曹丕。结果曹丕失去了冷静，对吴发动了两次无谋的进攻。如果这也在孙权的算计之中的话，那孙权真可以说是外交天才了。

当然这种做法并不是吴的独家专利，比如，咸熙元年（264），魏刚一灭蜀，就把以前俘虏的吴国南都督徐绍和孙权的同族孙彧连同家属送还吴国。目的是为了让他们回到吴国宣传魏的国威，说服人们早日投降。不过，产生多大的效果就不清楚了。另外，魏还任命吴的降将王稚为新府都督，并派他由海路攻入吴的句章（今宁波）。王稚掳掠官吏百姓二百人撤兵。

这些被国家利用、被命运捉弄的亡命者的下场往往是悲惨的。与浩周一起被送还魏国的于禁就是一个代表性的例子。曹操得知于禁投降关羽而庞德却不屈被杀时，叹息说，老将于禁竟然不如新来的庞德。曹丕对于禁更是毫不留情，他派人把于禁向关羽乞降的场面画在曹操陵墓的墙壁上，然后命于禁去祭拜。于禁看到自己屈辱的样子十分惭愧，也感到了曹丕对自己的冷酷，不久抑郁而死。

诈降

既然在外交上亡命者或投降的人都能用来为自己服务的话，那么用诈降的方法来迷惑敌人效果肯定会更好。频繁使用诈降手段的还是吴，最有名的例子是赤壁之战时的黄盖诈降。曹操因为没能识破黄盖的诈降，遭火攻大败而归。孙权可能是尝到了甜头，后来又常用这一手法来欺骗对手。而魏竟然不吸取教训，后来又多次上当受骗。

最大的一次诈降是在黄武七年（228），魏大举攻吴，当时吴的鄱阳太守周鲂向魏军总司令、大司马兼扬州牧曹休请降，他写信给曹休列举七条相约攻吴。为了打消曹休对周鲂的怀疑，孙权又故意派使者去质问周鲂，周鲂在使者面前割发谢罪，演了一出苦肉计。这件事立刻被魏的密探报告给了曹休。由于割发对当时的人来说是一件非常重大的事件，曹休因此不再怀疑周鲂。曹休的十万大军在石亭被早已等候的陆逊一举击溃，曹休虽然死里逃生，但不久羞愤而死。事后，孙权专门设宴，以表彰周鲂割发诱曹休中计的功绩。

在《演义》里，赤壁之战时黄盖上演了一场苦肉计，周鲂割发也许就是黄盖苦肉计的原型。另外，在《演义》里把周鲂割发安排在曹休的面前，这虽然避免了与黄盖苦肉计的重复，但可能远远不如史实来的神奇。

后来，孙权又在黄龙二年（230）和赤乌十年（247）分别对魏的王凌和诸葛诞策划了孙布和诸葛壹的诈降，但这时魏已经不再上当，这两次计谋都没有成功。

魏对吴也用了同样的把戏。太和四年（230），也就是吴的孙布想骗王凌的同一年，魏国青州人隐蕃投靠吴国，隐蕃在魏没有做官，而且人也很聪明善辩，孙权于是信任他甚至给他官职。可是后来隐蕃却暗中谋反，孙权只好杀了他。赤乌十三年（250），魏的文钦向吴的朱异提出愿意投降，但很快就被识破，没能成功。魏对蜀也用过这种伎俩，延熙十六年（253），由魏诈降到蜀的郭循，在宴会上刺杀了蜀的宰相费祎引起震惊。费祎的死无疑在一定程度上加速了蜀的灭亡。

从以上的这些事例可以看到，在利用诈降计谋上取得成果最大的是吴，但这也正说明从吴叛逃到魏的人，包括孙氏一族在内是相当多的。比如赤乌八年（245），吴就曾发生过将军马茂企图暗杀孙权投魏未遂的事件。也就是说因为有大量真正叛逃者的存在，诈降才很容易得逞。而大量叛逃者的产生，是因为魏一贯对吴采取拉拢腐蚀的外交政策。因此，对吴来说诈降实际上是一种将计就计的苦肉之计。这么看来，孙权对曹丕称臣纳贡这件事本身，就是一个骗局。

而从魏叛逃到吴的人则要少得多，曹氏一族更是没有出现一个叛魏投吴者。这也是魏之所以屡诈不成的一个原因。那么蜀对魏按理说应该和吴一样，积极采取诈降这种弱者的战术，但令人意外的是蜀从来没有搞过诈降。这大概是因为诸葛亮不喜欢也不擅长搞这种计谋。

作为外交手段的书信 周鲂假装投降的时候，专门给曹休写了非常详细的书信以打消曹休的怀疑。像这样，在当时书信也成为外交上的一个重要手段。比如，孙权在一次与曹操对战时，靠一封信就让曹操撤了兵；曹操也曾在给韩遂的信上做手脚，以此挑起马超对韩遂的怀疑，制造了马超与韩遂的不和，等等，都是书信在战略上发挥作用的例子。

曹操给韩遂写信，是因为曹操与韩遂的父亲在同一年被推荐为孝廉，与韩遂也早有交情的缘故。当时服务于三国的官僚们有不少都是像曹操与韩遂这样，要么是熟人朋友，要么是老乡，或者像诸葛亮与诸葛瑾、还有在魏为官的诸葛诞那样是兄弟或同族的也不少。他们虽然相距遥远，但彼此间都常有书信往来。

比如，在魏与蜀激烈对立的时期，魏的高官华歆、王朗、陈群都曾写信给蜀的太傅许靖，对其家人的平安与否表示关切。许靖是曾评曹操为"治世之能臣，乱世之奸雄"的许劭之从兄，他们两人都擅长人物评论，是有名的"汝南月旦评"的创始人。许靖与华歆、王朗以及陈群的父亲从年轻时起就是好朋友，为躲避战乱，他从扬州辗转会稽、交州，最后受刘璋的邀请来到了蜀。刘备入蜀后，他在刘备手下担任要职。可以说许靖替刘备做事完全出于身不由己。与许靖境遇差不多的还有刘巴。刘巴也是从荆州逃到交趾最后流落到蜀的名士，刘备登基时所有的文诰策命都出自刘巴之手。魏的陈群在给诸葛亮的信中专门问候刘巴，对刘巴非常敬重。吴国重臣、名士张昭也与当时魏的高官王朗、陈琳是同乡好友，他们都出身于后汉以来的名士阶层。

知识分子的关系网

连年的战乱造成了知识分子不断向各地分散，而且分散的区域非常广泛，在北起朝鲜半岛的带方郡，南至越南北部的交趾郡，西至敦煌的广大范围里形成了知识分子的人际网。这些知识分子虽然服务于不同的国家，在政治上互相对立，但是由于他们有着共通的文化素养，在采取行动时常常书信往来互通信息，有时也会做出违背君主意愿的行动。张昭就是一个典型，他几乎事事与孙权发生冲突，使孙权非常恼火。当时，在知识分子之间形成了一种全国范围的舆论（共识），这种舆论似乎与三国君主的战略保持一致，但实际上又有所偏离。三国最终走向统一在很大程度上有赖于知识分子的这种共通的舆论。

其中也有像诸葛氏那样的，一族分别在三国身居要职。最初，这种事态的产生就算是由战乱造成的偶然结果，但到后来，这里面就很难说不存在一种为延续家系而采取的家族战略了。就像日本战国时代的真田氏那样，脚踩两只船，不论谁胜谁败，自己的一族都能得到一条活路。当孙权命令诸葛瑾去说服其弟诸葛亮的时候，诸葛瑾婉言回绝说，正如自己不会背叛吴国一样，弟弟诸葛亮也不会背叛蜀国。诸葛瑾之所以不愿意去说服弟弟背叛蜀国，大概是考虑到要为诸葛家多留一条后路。当诸葛瑾的儿子诸葛恪被任命为吴国管理军粮的节度官时，诸葛亮特意写信给吴国宰相陆逊，说自己的侄子不胜任节度官之职。从这件事上我们也可以意外地发现，忠臣诸葛亮还有他十分牵挂家族命运

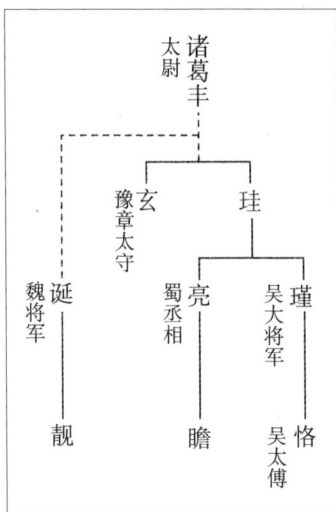

的一面。后来，诸葛亮的儿子诸葛瞻、魏的诸葛诞、吴的诸葛恪虽然都死于非命，但是到了晋他们的子孙仍然有人荣任高官，说明他们为延续家系而采取的战略是成功的。不仅仅诸葛氏如此，这个时代的很多氏族都同样经历了战乱和王朝的兴废，在接下来的南北朝以及隋唐时代仍然作为名门贵族继续繁荣，如果没有一定的战略是很难做到的。中国知识分子的这种把家族命运与国家

62 诸葛氏家系图　相传诸葛亮与诸葛诞同族，但亲属关系不明

命运分开来考虑的思考方法，一直贯穿到后世。现在，在海外华侨中，仍然有一部分人保留着把子弟分散到多个国家去居住的习惯。

　　前面已经提到过，这些分散在各地的知识分子之间常有书信往来。这些书信貌似私信，实际上差不多都是为了让对方公开而写的。当时的很多书信之所以后来被收入史书流传至今，就是一个很好的证明。这些以私信形式写成的书信当然是有它的战略用途的。比如，魏的王朗在写给蜀的许靖的信里，除了问候家族情况以外，还不露声色地宣讲魏的正统性，劝说许靖早日归顺。王朗的这封信显然有其战略目的。另外，华歆、王朗、陈群以及

与诸葛亮同族的诸葛璋在刘备死后，都分别给诸葛亮写信宣传天命在魏，说服诸葛亮投降。对此，诸葛亮没有直接回信，而是以一种叫做"正议"的公开信的方式反驳华歆等人的论调。这也是书信被运用于外交战略的一个例子。

檄文与"谩骂文学"

在《演义》里，每次战斗之前对战双方往往都要叫阵骂仗。而且通过故意谩骂羞辱对方来以激怒对方，诱发对方犯错，在当时也是一个战术上的惯用手段。这种叫阵骂仗是否真如《演义》描写的那样实际发生过，事实不太清楚。但从诸葛亮最后一次北伐时，为刺激司马懿出来迎战，专门送上妇人衣物去羞辱激怒司马懿的事情来看，骂仗的事很有可能是真的。但是现在流传下来的，只有檄文中谩骂敌人的一些文章。为了制造声势，这些文章在战斗前被作为传单广泛散发，成为当时情报战的一环。

三国时代首屈一指的檄文名手要数陈琳了。陈琳最初在袁绍手下服务，官渡之战前夜，为促使徐州的刘备参战，陈琳替袁绍写了一篇有名的檄文。他历数了曹操的罪状，极尽谩骂诋毁之能事，连曹操的宦官祖父曹腾、父亲曹嵩都不放过。不久，袁绍大败，陈琳成了曹操的阶下囚。曹操虽然对陈琳骂自己还要捎带上骂自己的父祖的做法非常不满，但因为爱惜他的文才最终还是饶恕了他。曹操有爱闹头疼的毛病，传说有一次躺着读陈琳的檄文，读着读着突然坐起来，说读了陈琳的文章，头一下子就爽快了。

后来，在曹操平定汉中、张鲁投降之后，陈琳又写檄文大骂孙权并恫吓吴国将兵。因为，在这之前孙权也有意进兵汉中，这篇檄文大概是为了牵制孙权而写的。不知孙权看了以后作何感想。这两篇檄文分别是《为袁绍檄豫州文》和《檄吴将校部曲文》，被收录在六朝时代梁昭明太子编纂的《文选》里，作为谩骂文学在这部诗文集里占据了独特的一席。读到这两篇时说不定还能捎带着治治头疼。其中《为袁绍檄豫州文》的"有非常之人，然后有非常之事；有非常之事，然后立非常之功"的开头部分，至今仍然是脍炙人口的名句。

伪造书信的横行

《演义》里表现曹操的老奸巨猾的故事很多，比如给人印象很深的有以下这一段：为了把荆州刘备手下的得力谋士徐庶挖到自己身边，曹操先把徐庶的母亲抓来，然后伪造家书诓骗徐庶，使徐庶不得不投靠自己。前面已经提到过，诈降在战略上是一个非常有效的手段。同样地，伪造的书信如果用得高明也能发挥较好的战略效果。曹操伪造徐母家书虽然是《演义》的创作，但类似的事例在三国时代是确有发生的。

比如，当吴国从魏的降人那里得知，曹丕的宠臣吴质早在曹丕、曹植争当后继者的时候起，就受到曹操的怀疑，于是马上命文臣胡综以吴质口吻伪造了一封降书，并派人散发到魏国领内。孙权不过是想借此搞倒吴质，在魏的内部煽风点火而已，可是为此下的工夫可真够大的。胡综这篇伪降书被全文收录在《吴书·胡综传》里。这篇由三条线构成的文章可谓是没有火也能生出烟来，从无中生有这一点上来说，是当之无愧的名文。不过，吴质不仅没倒反而升为侍中，吴的企图最终落空了。

还有，吴的陆逊苦于魏的江夏太守逯式屡次进犯边境，当他听说逯式与将军文聘之子文休不和时，就伪造了一封给逯式的回信，信中写道："听说你因与文休不和，愿意归顺于我，我将领兵前去迎接，请速作准备，通知我具体接应时间。"然后派人把信放在国境地带。魏的士兵果然拾到信，并把信交给逯式，逯式见信仓皇逃回洛阳。逯式因此失去信赖，后被罢免。这是一起利用假信的成功例子。

魏也有过用同样手段取得成功的事例。那是在诸葛亮与孙权建立同盟，商定要共同伐魏的时候，有一天，魏的侦察兵偶然在国境地带得到了一封孙权写给诸葛亮的亲笔信。秘书监刘放马上模仿孙权的笔迹对书信进行了篡改。孙权的信送到诸葛亮手里时，已经成了一封怎么看都是想要投降魏国的书信。诸葛亮见信大惊，把信转送给吴的大将步骘，步骘又转给孙权。孙权知道诸葛亮对自己产生了误会，不得不连忙向诸葛亮做解释。这件事是否对蜀吴同盟造成了不利影响，结果无从可知。但是，后来又有谣传，说蜀与魏结成了同盟，使吴大为震惊。可见，为了破坏蜀吴同盟，魏确实开展了一系列谍报工作。

后来，魏的诸葛诞在寿春组织叛乱，黄门侍郎钟会假冒吴国降将全辉、全仪写给二人的叔父、当时正在寿春接应诸葛诞的吴军将领全怿，成功地说服全怿叛吴归魏。不久，魏举兵伐蜀，钟会为魏军主将与钟艾分别统兵攻蜀，为了搞掉对手邓艾，钟会冒充邓艾给朝廷写报告，报告里措辞傲慢无理，使邓艾遭猜忌被囚禁，后被诛杀。钟会不愧是模仿他人笔迹的高手。《演义》里曹操命令手下模仿徐庶母亲笔迹写假信、骗徐庶归顺的故事，说不定就是从钟会这里得到启示的。

从以上的事例我们可以看到，伪造书信在这个时代不论对外还是对内，都已经成为一个非常惯用的谍报手法，甚至令现代的间谍们也会自叹不如。这说明三国时代已经进入了一个情报化的时代，这一点一直贯穿到今天。但是，可惜的是这些精彩的谍报战几乎没有被写进《演义》。这大概和《演义》的内容基本上以蜀为中心构成有一定的关系。蜀坚持以北伐为国策，对这种钩心斗角的间谍活动始终不感兴趣。

魏吴蜀的少数民族问题

魏的移民政策的功罪

如何解决好居住在境内境外的少数民族问题，不仅是三国内政、外交之外的又一个重要课题，同时，又与内政、外交、军事等各方面有着密不可分的关系。下面我们来简单地回顾一下三国时代的民族政策。

西汉以后，居住在中国北方的匈奴成为威胁中国的一大势力。但是，经过西汉东汉的不断征讨及怀柔，匈奴势力被大大削弱。进入东汉末期以后，西方的氐族、羌族等民族以及东北的乌丸、鲜卑等民族逐渐取代匈奴，开始强盛起来。特别是活动在凉州、陇右一带的氐族、羌族成为东汉王朝的大患。为平定氐族、羌族所耗费的巨大军事开支造成了沉重的财政负担，成为东汉灭亡的原因之一。董卓、马超、韩遂等从西部起家的军阀无一不是利用氐族、羌族势力企图在中原称霸。

曹操在对待这些少数民族时，继承了汉朝的做法，采取讨伐与怀柔的两手对策。不过，曹操在运作上要巧妙得多。曹操虽然也没少动用武力，比如，杀死匈奴单于於夫罗；出兵北征乌丸；派刺客企图刺杀鲜卑首领轲比能，等等。但是，曹操更多的还是注重以怀柔政策来安抚人心。曹操在统制少数民族时采取分而治之的政策，并积极推进少数民族向内地移住。移住内地的少数民族中有一部分被称作"义从"、"勇力"编入魏的军队，他们的上层部被施以汉化教育。少数民族移住内地以及同化政策的推进，不仅使边境地区得到安定发展，也改善了内地人口不足的问题，收到了一举两得的效果。由于曹操推行的这一套细致周全的少数民族政策，魏在一代统治之间，对北方民族的控制基本上很顺利，没有发生什么大的问题。

但是，曹操的政策也带来了一些意想不到的后果。随着少数民族不断向内地迁徙，内地少数民族在人口中所占的比例越来越大，在有些地方甚至超过了汉族的人数。这不能不是一个影响社会安定的重大问题。据晋代江统的说法，当时关中一百万人口中有将近一半都是少数民族。打个比方，在当代美国，黑人、拉丁裔、亚裔等新移民的人口已超过白人，从这一现象我们多少可以想象当时的社会状况。江统以及更早时的魏的邓艾都对这一现象发出警告，主张把少数民族重新逐出塞外。

但是，少数民族的内迁已成为一股不可阻挡的潮流，西晋最终因此灭亡，随后少数民族大举入侵并割据北方，出现了五胡十六国的动乱时代。不过，从大局来看，始于三国时代的民族大移动，虽然经历了南北朝的混乱期，但却为隋唐时代新文化的开花创造了契机。如果要评判其功过大小，应该说功还是要大于过的。后来，契丹、女真、蒙古族、满族等少数民族又继续入侵并定居中国北方，现代中国就是在这个过程中逐渐形成的。

值得一提的是，曹操对吴国境内的山越也积极推行怀柔政策，这对吴魏间的外交关系产生了很大影响。

从孟获看蜀的民族怀柔政策

前面我们已经提到过，诸葛亮南征并不是以军事征服与统治为目的，而仅仅是为了对南中地区少数民族实施怀柔安抚政策。而这一地区真正被同化并成为中国领土，则要到元明以后了。不过诸葛亮的南征并不仅仅只是去安抚一下就算了，诸葛亮和曹操一样也对这些少数民族实行了分割统治和移民政策。首先，

63 姜维

诸葛亮把南中原有的四个郡增至六个，实行分割统治，又从各族中挑选不下万名壮丁编入蜀军，号称"飞校"。对各族的豪帅授予蜀的官职加以笼络，比如以"七纵七擒"闻名的孟获后来又随诸葛亮参加了北伐，官至御史中丞。以上这些措施，也是为了能够缓和当时三国共同的人口不足问题，特别是蜀所面临的严重的兵力人才不足问题。

在北方，对居住在与魏接壤的国境地带的羌族，蜀也极力采取怀柔政策，因为羌族的向背直接影响着蜀对魏战争的结果。继承诸葛亮遗志继续北伐的姜维，在这一方面取得了一定的成果。因此甚至有说法认为姜维是羌族出身。刘备曾经答应孙权，占领凉州后就把荆州完璧归吴，可见他对羌族居住的凉州抱有野心。另外凉州往西，丝绸之路沿线的所谓西域诸国，大部分都向魏朝贡。但是诸葛亮以刘禅名义起草的诏书里，有西域的月氏和康居（今乌兹别克斯坦首都塔什干一带）派使者来访的记述。为了拉拢这些西域民族，蜀与魏之间也许有过不少纠葛。

与此相关的，前面我们已经提到过，诸葛亮在北伐时曾试图联合鲜卑族首领轲比能，对魏实行夹击，这个事实也值得我们注意。后世，人们把诸葛亮标榜成一个忠君爱国的典范，并用汉族的民族主义加以解释，以上这个被认为不够光彩的事实就几乎不再被提起。但这实际上与魏拉拢利用吴的山越，吴联合高句丽夹击魏等都是如出一辙的，说明这个时代的民族问题其实只不过是各国外交政策的一个环节。对于三国与朝鲜半岛和日本的关系，我们也有必要把它放到这种外交对策中来考虑。

吴对山越的讨伐　　三国中民族问题最为突出的是吴。吴领有的扬州、荆州、交州三州本来都是少数民族的居住地。其中荆州南部的五溪蛮、武陵蛮等民族，与蜀西南部的少数民族一样，直到后来也没有被汉化，但是这个时代他们与汉族之间还不存在什么大的冲突。而交州南部，也就是现在越南北部，基本上是越南人的居住地区，只有少数中国人占领了其中一些据点而已。最大的问题是居住在吴扬州山岳地带的山越。

据《晋书·地理志》记载，吴灭亡时扬州的人口约 31 万户，这里面估计有约半数是山越人。而且以前应该更多。也就是说这一地区本来就是山越居住的地方，汉族后来才从北方移住而来，这与本为汉族居住的北方少数民族不断移入正好是一种相反的状况。如果说后者的状况相当于现代美国白人与新移民发生人口逆转现象的话，那么前者就是白人与土著民族进行死斗的美国开拓时代。

这个时期汉族与山越矛盾激化有几个理由。一个是因为北方战乱，汉族移民大增，土地开发不断向山越居住的山岳地带侵蚀。山越本来在山地过着刀耕火种自给自足的农耕生活，他们一般以宗族为单位进行生产活动，因此又被称作宗民、宗部等。

但是在与平地汉民的接触过程中，山越自给自足的生活方式逐渐崩溃，与平地汉民的抗争也逐渐走向共生，乃至同化。这也是对立激化的一个原因。这种山越民与平地民从抗争走向共生最终达到同化的关系，在世界的其他地域也是屡见不鲜的。

为了遏制吴，魏多次对山越进行煽动离间，这也是矛盾激化的一个重要原因。比如，建安二年（197），曹操任命孙策为讨逆将军、并封他为吴侯，但同时又任命吴郡太守陈瑀为安东将军，秘密煽动山越袭击会稽。后来还授予丹杨郡山越首领费栈印绶，奖励其叛吴投魏等等，多次企图利用山越反吴。周鲂用诈降谲诱魏将曹休的计谋，就是想将计就计地利用与魏密通的山越人。

基于上述内政和对魏军事行动的理由，吴不得不全力以赴首先讨伐山越。吴的主要武将可说几乎都参加讨伐山越的作战。吴曾一度对魏表示臣服，以及后来与蜀的共同作战不能顺利进行，都是因为讨伐山越分散了人力物力的结果。孙权派往蜀的使者张温直率地对蜀说，等讨平了山越，即可专心对付魏。吴对山越的讨伐相当苛酷。首先对反抗不从的进行讨灭，其余的强制迁移往平地。年轻力壮者征做兵士，老弱者都补充为劳动力。把《吴志》记载的数字进行统计，可以看到编入吴军的山越士兵多达十五六万人。也就是说吴军的半数以上为山越士兵。对山越的长期讨伐，直到孙权称帝的时候才基本结束，汉族对江南的开发也大有进展。后汉时期扬州长江以南只有四个郡，而到了吴时则发展到十个，可见开发成果之大。汉族与山越的冲突以吴的时代为顶峰，后来就急速减少，到了唐代，山越与汉族基本完成了同化。众所周知，后来的江南发展成中国最大的粮仓地带和文化先进地区，直至今天。

山越虽然被汉族同化，但这并不意味山越文化就完全消失了，今天它的痕迹还随处可见。比如安徽和江苏南部、浙江、福建、广东这些过去山越居住的地域，现在还是保留着与其他地区截然不同的特殊方言，其中许多发音是用汉字无法标记的。这些词语大多是山越方言的遗留。

从山岳到海洋　　山越应该与越南等印度支那半岛一带的各民族同属一个系统。越南也就是"南方的越"之意。果真如此，那么居住在中国的越人就应该是"北方的越"了。因此越南这个名称的产生，实际上是基于中国的越人与这些南方越人为同一民族的意识之上。吴与越南以及东南亚地区诸国进行外交往来，也可以说是讨伐山越族的一个延伸。而从中国南部的广州等地前往东南亚，海路比陆路更具重要意义。

另外，春秋战国时代的吴越以及近年发现的新石器时代河姆渡文化的主体，估计应该是越人的祖先。河姆渡文化分布在浙江的沿海地区以及部分岛屿，与海洋有着密切的关系。山人与海人的关系出乎人们的意料，其实很近，这一点从日本古代的"山部"人与"海部"人的关系也可以看到。在以中国广东及越南为中心、北起长江流域、南至东南亚诸国的区域里，广泛出土一种青铜器时代的铜鼓，这种铜鼓上经常能够看到海船的图案，说明越人本来为海民。孙权热衷于建立海上交通，希望通过海路与台湾、东南亚、辽东半岛以及日本进行交流，虽然是出于政治外交上的打算，但不能排除其中也可能有越人文化的影响。这一点在考察魏与倭的关系时，也具有不可忽视的重要性。

武将与军队

部曲制与三国军队比较

毋庸赘言，三国对峙的主体是各国的军队。我们已经提到，各国军队中都有许多少数民族士兵。但是这个时代的军队与现代军队不一样，并不一定直属于国家或政府。后汉末期以后战乱不断，各地豪族为了自卫纷纷组织私家军，当时叫做部曲。部曲本来为军队的编制用语，在当时成为泛指军队的一个普通名词，特别是成为豪族私人武装的代称。

三国的形成正是从这种全国各地大小无数的豪族私人武装的割据状态开始的。这些大小私人武装在不断兼并的过程中，逐渐发展壮大为军阀势力，最终被魏蜀吴三国吸收统合，形成三国鼎立局面。所以说，三国的君主，其实就是最大的军阀，而君主属下的武将们也就相当于豪族私人武装的首领。《魏志·李

64 铜鼓上的船图　广西壮族自治区西村出土青铜器

典传》记载官渡之战时，魏将李典率领宗族和部曲参战，就是有关当时部曲情况的一个反映。深得曹操信任的魏将许褚，本来也是一个率领宗族数千户固守一处的豪族家兵首领。江南的豪族大姓，吴郡的顾、陆、朱、张四氏，也都一面服务于孙权，一面拥有大量的部曲。这些部曲平时从事农耕，战时随主人从军，是一种能耕能战的武装耕作者。

三国形成后，魏在中央集权的原则下，尽可能解散了这些武将麾下的私人武装，把他们整编到中央直属的军队，又通过推行军屯制度，积极组建隶属于国家的军队。与此相反，吴因为国内豪族势力比北方还要强大，而且又面临讨伐山越这样的难题，所以对属下武将们所率的部曲几乎原封不动地允许保留。因此，吴国军队带有很强的私人武装的特点，各武将所率的家兵也存在着子承父、弟承兄的世袭倾向。吴国政治体制表面上也是一种中央集权的官僚制度，但是实际上却近似于豪族的联合政权。

从这个意义上说，吴国君主的地位相当于日本战国时代的大名或欧洲中世的封建君主。而这种豪族联合政权的特征，被随后的六朝时代豪族统治所继承。

我们再来看一下蜀国的军队，因为刘备本人不仅不属于豪族出身，而且还流浪、转战各地，所以他手下的部队豪族部曲的特性较少，可以说是一个由流民聚合起来的武装集团。在蜀的当地人看来，这个军队基本上是一个外地人组成的部队。蜀国的军队，甚至蜀的政权，与魏、吴相比都显得很脆弱，这也是其中原因之一。

军队与商业

军队本身就是一个巨大的消费集团。每场战争都要消耗军粮和兵器等大量的物资。战争能够促进军需产业和商业的发展，这在任何一个时代都是不变的。况且在近代以前的时代，还不存在能够超过军队的大规模组织。军队在自己内部设置军需工厂，或者从事商业活动，也是毫不奇怪的。

魏国司马懿在伐蜀期间，曾在长安开设军市，也就是军队直营的市场，并设置军市侯职管理市场。吴国潘璋也曾利用停战期间开设军市。据说潘璋生活奢侈，为人不正，大概是在军市上肥了私囊的缘故。

吴永安二年（259），孙休曾下诏对州郡吏民和诸营兵士在停靠长江的船舶上进行商业活动发出警告。当时长江沿岸各地与更上游的蜀之间，物资交易异常活跃，其中像蜀马这样的军事物资也不少。所以军人从事商业活动也很正常。况且军队掌握着很多信息。比如，吴在长江沿岸设有狼烟台，从武昌到建业，一天之内信息就可以传到。这当然是为了军事目的而设置的，按理说是不应该被用于商业活动（日本江户时代，曾用狼烟台向各地传达大阪的大米行情）。但是不难想象，当时军队的确掌握了庞大的对商业活动有用的信息。吕蒙奇袭荆州关羽时，让船上的士兵都装扮成商人这件事，意外地向我们展现了当时军队与商业的关系。

"吴下阿蒙"：武将的学识

这个时代的武将大别有二，一种是像诸葛亮、周瑜那样的文人出身的武将，他们虽然指挥军队，但却不直接拿武器上战场；另一种则是像关羽、张飞那样的职业军人，在战场上冲锋陷阵的都是他们。

中国自古就是一个重文轻武的国家。这个时代也一样，职业军人的地位远不如文人官僚高。下面这个故事很能说明这一点。一天张飞拜访名士刘巴，可是刘巴一句话都不跟张飞说，张飞非常生气。诸葛亮听说了这件事就劝刘巴道：张飞虽是个武人，但很敬慕足下，你就屈就一下跟他说几句话能如何呢？可是刘巴却答道：我跟他一介武夫有什么好说的？坚决不愿意搭理张飞。这件事传到吴国，孙权说：名士都是有架子的，如果刘巴为了让刘备高兴就去跟张飞说话，那他就称不上是名士了。据说张飞是很尊敬知识分子的，但还是落得如此被人看不起。关羽之所以傲慢自大、目中无人，也许就是对文人瞧不起武人的一种反抗。

也许是因为这个原因，武将中发奋钻研学问的人并不少见，有的甚至在学问上超过文人。吴国名将吕蒙就是一个典型。吕蒙是一个从士兵起家的职业军人，在孙权的劝说下他发奋读书，进步很快。后来吕蒙成为荆州鲁肃部下。当鲁肃目睹吕蒙学问长进之大很吃惊，他拍着吕蒙的肩膀赞赏说："卿今者才略，非复吴下阿蒙！"吕蒙也不无骄傲地回答："士别三日，即更刮目相待。"

吕蒙读过的书有《孙子》、《六韬》等兵书，还有《春秋左氏传》、《国语》、《史记》、《汉书》等史书。特别是《春秋左氏传》，好像是当时武将们都喜爱的一本书，据说关羽竟能倒背如流。吕蒙发奋的一个理由就是想在学问上超过关羽。还有魏将李典、贾逵等也都是《春秋左氏传》的忠实读者。另外，蜀将王平是一个既不会写字、又大字认不了几个的文盲，于是他请人来给自己读《史记》、《汉书》，据说听得相当入迷。

武将们对史书的偏爱，一方面当然是为了提高修养，另一方面也是为了从史书里学到一些可用于实战的战略战术。后世《资治通鉴》等史书，特别是小说《三国演义》也常被作为战术教科书受到人们的青睐。据说毛泽东就常常把《三国演义》的知识作为战术运用到实战上。

从鼓吹曲看军队宣传战略 中国的军队为了鼓舞士气，也给士兵提供一定的娱乐，自古就有演唱军歌的习惯。军歌以大鼓和竹笛伴奏，所以也叫鼓吹曲。现存较古的有汉代的作品。三国时代各国也竞相创作鼓吹曲,但汉代的鼓吹曲每一首内容都不同,而三国时代的鼓吹曲却大多都是歌唱自国历史的组曲形式。这些鼓吹曲被收录在《宋书·乐志》里,我们今天还能看到。比如魏鼓吹曲十二首,就是一组将自汉末到魏建国之间的主要事件按时间顺序写成的组曲,每一首都由曲名、简单的说明以及歌词组成。下边我们来简单介绍一下。

第一首"《初之平》,言魏也",是全十二首的序曲。第二首"《战荥阳》,言曹公也",描写的是曹操与董卓的荥阳之战:

战荥阳,汴水陂。

戎士愤怒,贯甲驰。

阵未成,退徐荣。

二万骑,堑垒平。

戎马伤,六军惊。

势不集,众几倾。

白日没,时晦冥,

顾中牟,心屏营。

同盟疑,计无成。

赖我武皇,万国宁。

荥阳之战中曹操的部队大败,他本人也中流箭负伤,借了从弟曹洪的马才好不容易逃了一命。但是这首歌却把曹操写成一个打了胜仗的英雄，对他的功绩大加称赞，对于曹操的失败，只用很小的篇幅把曹军的损失一带而过，而且还要把责任推到同盟的诸侯身上。不能不说与事实相去甚远。

我们再来看一下第三首"《获吕布》，言曹公东围临淮，生擒吕布也"：

> 获吕布，戮陈宫。
> 芟夷鲸鲵，驱骋群雄。
> 囊括天下，运掌中。

这也是一首歌颂曹操的伟绩歌曲，语言简练生动很有威势。往下的各曲依次由官渡之战、征讨荆州、平定关中等等，一直写到文帝受禅即位，最后以歌颂文帝之后继明帝的功德而结束。这组鼓吹曲不是标榜本国光荣历史就是歌颂对敌作战的辉煌战果，像赤壁之战那样的失败，当然只字不提。

相反的，吴的鼓吹曲却对赤壁之战的胜利做了大肆的渲染。吴鼓吹曲第四首"《伐乌林》者，言魏武既破荆州，顺流东下，欲来争锋。大皇帝（孙权）命将周瑜逆击之于乌林而破走也"。歌曲是这样写的：

> 曹操北伐，拔柳城。
> 乘胜席卷，遂南征。

刘氏不睦，八郡震惊。

众既降，操屠荆。

舟车十万，扬风声。

议者狐疑，虑无成。

赖我大皇，发圣明。

虎臣雄烈，周与程。

破操乌林，显章功名。

总之，这些鼓吹曲都是以是否对自国有利为标准，对历史进行了取舍和加工。吴第七首"《关背德》者，言蜀将关羽背弃吴德，心怀不轨。孙权引师浮江而擒之也"把关羽写成一个叛徒。而晋鼓吹曲第二首"《宣受命》，言宣皇帝御诸葛亮，养威重，运神兵，亮震怖而死"则把诸葛亮的死说成是被司马懿运兵如神吓的了。

随军艺人

吴军在濡须口迎击魏军时，大将甘宁率精锐部队夜袭曹营，大胜而归。回到营地兵士们敲锣打鼓三呼万岁以表达喜悦之情。同为吴将的留赞，据说出阵前也常披头散发仰天长啸，与部下一起高唱军歌鼓舞士气。鼓吹曲就是在这样的场面为鼓舞士气而产生的。不仅如此，鼓吹曲还可以用来打击敌人的士气。它与檄文一样，常被用来作为对敌宣传的工具。这些鼓吹曲都是在各国皇帝的亲自过问下，由当时的一流文士写成的。魏的缪袭、吴的韦昭、晋的傅玄就是

65 乐舞俑（四川省博物馆藏）舞姿轻快优美的人物像。蜀时之作。重庆市忠县涂井5号崖墓出土

66 乐舞俑（四川省博物馆藏）似乎在吹箫的人物像。蜀时之作。重庆市忠县涂井5号崖墓出土

各国主要的作词者。从这一点也可以看到，各国对鼓吹曲的效果是多么重视。

这些鼓吹曲都采用了组曲的形式，并且附有一些简单的解说，由此可以想象，这些鼓吹曲很有可能还附有更详细的词文，能够通唱全篇。说不定还由专门的艺人进行说唱表演。中国军队中有随军艺人，这在后世的许多资料中都有记载。以敦煌发现的唐代变文为代表的后世说唱文学，都是通过说唱结合的形式来讲述一个故事。上述鼓吹曲多用七言句，这也与后世的说唱形式相同。而且后世的说唱文学，像唐代的变文那样，常常用于对变相图的解说。而曹丕也曾把樊城之战的场面画出来让当时做了俘虏的于禁去看，从这件事推测，这些鼓吹曲有可能已经开始具备对图画进行解说的功能。

《三国演义》等小说，实际上就是从说话文学发展而来的。在这里，有一点令人不可思议的是，魏、吴、晋的鼓吹曲基本上都流传下来，而蜀的却完全不存在。据说诸葛亮不太擅长谍报战，但是各国都对鼓吹曲如此下工夫，而蜀却一首不做，似乎不大可能。如果蜀也存在鼓吹曲的话，那么其内容肯定也是对蜀有利的，有可能就是以蜀为中心的《演义》的原型。

第六章

走向衰落的三帝国

蜀的衰亡与灭亡

群臣内讧　　　　诸葛亮死后，北伐也宣告失败，这之后的蜀国实际上没有什么值得特笔的大事。接替诸葛亮先后任尚书令、大将军负责执政的蒋琬、费祎、董允都是才能卓越的人物，这三人与诸葛亮在蜀国号为"四相"。但是好景不长，后来蒋琬因病不幸去世，费祎又被魏的刺客暗杀。此后诸葛亮建立的体制逐渐惰性化、空洞化，蜀国开始走向衰亡。

蜀国的群臣本来就是由一些不同来历的人组成的，比如简雍、麋竺、孙乾等是当初从北方跟随刘备来到蜀地的；诸葛亮、蒋琬、伊籍、马良等是从荆州加入刘备阵营的；费祎、董和及其子董允等是以前刘璋的部下，他们的内部关系则更加复杂，因此自然会产生一些不和。实际上，诸葛亮在五丈原刚死，军中就发生了魏延与杨仪的内讧。主张继续北伐的魏延与主张撤退的杨仪意见对立，杨仪派人杀了魏延，后来杨仪也失足而死。这两人本来就势同水火，事事对立，诸葛亮生前就很担心。魏延被杀后，首级被送到杨仪处，杨仪踩着魏延的首级骂道："庸奴! 复能作恶否?"不仅如此，他还把魏延一门夷灭三族。可见彼此仇恨之深。

蜀内部诸如此类的内讧和互相憎恶从来就没有中断过。刘备即位当初，为了完善各种制度而任命的学士许慈和胡潜关系也很坏，两人因为意见分歧，互相恶语相向，最后竟发展到持鞭威胁对方的地步。刘备实在看不过眼，就在宴会的席上安排俳优表演他们两人的闹剧，暗示他们和好。即使如此，刘备还是不得不用这两个人，说明蜀人才严重不足。

其他的，还有魏延与刘琰、杨仪与刘巴、诸葛亮与黄元、张裔与岑述、姜维与张翼、姜维与杨戏等，《蜀志》群臣传中，有关群臣不和的记载很多。魏、吴内部虽然也为争权夺利屡屡发生内讧内乱，但是蜀的这种对立，与其说是为了争权夺利，还不如说是个人之间的反目争吵。刘备和诸葛亮活着的时候，还能在一定程度上镇住局面，但是在失去这两个强有力的领袖之后，蜀被这些大臣内部的钩心斗角搞得什么事情都不能顺利进行了。

但是，皇帝刘禅既没有解决问题的能力，又缺乏面对问题的魄力。他虽然宠爱宦官黄皓，却没有像吴国最后一个君主孙皓那样变成一个暴君，这已经是很值得庆幸的了。不过，话说回来，也许刘禅连当暴君的气力都没有。所幸的是宦官黄皓也只不过是一个贪图私利的小人，对政治并没有什么野心。总之，蜀国君臣从上到下都失去了治理国家的进取之心，陷入了坐以待毙的状态。

群臣中唯一不甘寂寞的是继承诸葛亮遗志继续北伐的姜维。他前后多次进击陇右，争取到当地羌族的归顺，但是终究寡不敌众，而且因为他本来是魏的降将，所以在蜀内部颇受排挤，孤立无援，最后逐渐陷入困境。

名士舆论的压力　　我们在前边已经说过，刘备即位时，居群臣之首的是许靖和刘巴，他们均为当时的名士，与同为名士的魏的高官王朗、陈群等都有交往。这两个人都是为躲避战乱而从客居的交州辗转来到蜀地的，所以可说是别无选择才为刘备服务的。

特别是刘巴，以前刘备在荆州颇得众望时，虽然许多名士都争着投入刘备的麾下，但是只有刘巴一人不但不从，反而投奔了曹操。刘备当然对他怀恨在心。不久曹操命令攻打荆州南部，刘巴再次回到荆州。但是因为荆州被刘备占领，刘巴回不到北方去，只能逃往交趾。后来他为投靠刘璋来到了蜀，没想到刘备也进了蜀。一直躲着刘备的刘巴肯定觉得很尴尬。没有办法，他只好向刘备道歉，刘备也不记旧恨，重用了他。

这样做，都因为刘巴是当时的名士。这些名士的言行对当时全国范围的知识分子舆论影响很大。为了对抗集中了大量名士的魏，刘备不得不重用许靖、刘巴这样的名士。刘备任命许靖为最高级别官僚太傅，让刘巴起草即位的诰命，就是一个最好的证明。《演义》给读者的印象是凡事诸葛亮都排第一，但是其实作为名士，他的地位远不如刘巴和许靖。诸葛亮其实一直相当敬重这两个人。

但是对名士的这种客气却成为蜀的弱点。刘巴受到刘备的重用后，态度逐渐变得傲慢。他与张飞交恶，虽然诸葛亮从中苦心调解但他照样不理。刘备听说此事后心中不悦，责怪刘巴对自己的统一大业不尽心，一心只想回北方的魏，一面又说也只有自己才能用得了刘巴。从这件事可以看出刘备不得不重用名士的苦衷。蜀还有一个叫来敏的人物，他的父亲来艳曾做过汉朝司空，因此他本人也属于名士之流。来敏也是通过刘璋的关系当上官的。这个来敏除了徒有一个名士的空名外，没有任何本事，而且言行也有失常轨。但是就因为他是一个名士，竟一直官居高位。重视名士，成为自认汉王朝后继者的蜀的宿命。

这种重视名士的姿态，不可能不影响到蜀的其他官僚。对这些暂时寄身于蜀的北方名士的优待，严重打击了其他官僚们的进取心。而在名士的数量上，蜀无论如何也比不上魏。汉王朝的正统继承者还应该是魏而不该是蜀，这种悲观论逐渐弥漫朝野。魏的名士陈群、王朗屡次给许靖和诸葛亮写信劝降，就是瞄准这一点，其目的就要在舆论上对蜀施加压力。蜀投降魏时，魏大将邓艾在给蜀国臣僚的信中写道："自古圣帝，爰建汉、魏，受命而王者，莫不在乎中土。"强调正统皇帝只能是出自中国的北方。对于邓艾的这个主张，蜀国群臣大概内心都点头称是。蜀国在军事上失败以前，其实早已败给这种舆论了。

与蜀以及魏的重视名士的做法形成鲜明对照的，是吴的孙权。吴国名士的代表人物是张昭，但是孙权几乎从来没有听过张昭的意见，他甚至明言，赤壁之战时如果听了张昭的意见，自己早就变成叫花子了。孙权还说刘巴要是搭理张飞，那他就不是一个名士，这正是他对名士的一个讽刺。但就是这样一个孙权，也不能完全不把张昭的名士地位放在眼里。他虽然与张昭一直尖锐对立，但是对张昭却终生礼遇。从此也可以看出当时以名士为中心形成的全国规模的知识分子舆论的重要性。吴其实与蜀一样，最后也是败给了这种舆论。

冷淡的本地舆论　　对于蜀来说，更为不幸的是不仅来自北方的名士不尽力配合，就连蜀本地的知识分子也对蜀的前途持冷淡态度，甚至对魏更有好感。

蜀的学问中心在位于成都东北部的广汉郡。其特征是盛行谶纬，也就是预言之学。广汉是近年发现的一种独特的青铜器文化三星堆文化的所在地，可以想象，这种古代独特的文化在这一地区被中国化，儒教广泛普及之后仍然以不同的形式得到继承，形成了重视预言的风气。王莽篡夺前汉王朝时，对谶纬之说大加利用，当时广汉的谶纬学者哀章就捏造《金策书》预言王莽为真命天子。到了后汉时代，广汉的谶纬学者也一直层出不穷。对刘璋之父刘焉说蜀地有皇帝之气的，也是广汉学者董扶。

另外，名声稍次于董扶的还有周舒。周舒在解释"代汉者，当涂高也"这句《春秋纬》中的预言时说，"当涂高"就是指魏，他的话在乡党学者里引起反响。与董扶齐名的还有任安，任安的弟子杜琼也说："自汉已来，名官尽言曹（现在日语中还有"法曹"一词）。吏言属曹，卒言侍曹，此殆天意也。"他们不惜牵强附会，认为这都是曹氏要取代天下的预兆。

当时蜀国学问最高的大学者谯周就是杜琼的弟子。谯周效仿老师杜琼解释说："先主讳备，其训具也，后主讳禅，其训授也，如言刘已具矣，当授与人也。"意思就是说刘备和刘禅，从名字上就能看出，就是"准备禅让"，暗示蜀将被魏所取代。话说到这一步，与其说是预言，还不如说是对刘备、刘禅父子的调侃和讽刺，简直就是不怀好意。还有一个广汉出身的彭羕竟背地称刘备是"老革"（老朽或老兵之意），结果被刘备所杀。

谯周对北伐也持反对意见。他写过一篇富有寓意的文章《仇国论》，专对仇国之间的事情进行了议论。文章虚构了因余和肇建两个国家为例，因余意为因此剩下的小国，用来指蜀，肇建意为初建的大国，用来指魏。因余国的高贤卿与伏愚子互相问答。高贤卿认为就像以前弱小的汉高祖打败强大的项羽那样，因余国也能战胜肇建国。对此，伏愚子主张应该首先让人民休养生息。不用说，高贤卿暗指的是主张北伐的蜀国高官，伏愚子就是谯周自己。当时的蜀国因为连年北伐，国力疲弊，人民困苦。外来的一些人把北伐当做自己的奋斗目标，这是他们的自由，但是对本地人来说，被无端地卷进这种徒劳无益的战争却完全是飞来横祸。谯周的《仇国论》正是这种呼吁体恤人民疾苦的本地舆论的一个代表。可见，蜀国这个外来政权，已经失去了当地人民的支持。

魏军大举攻入蜀国兵临城下时，用名分和利害来劝说刘禅投降的就是这个谯周。在蜀国的群臣中，竟然没有一个人能反驳谯周的主降论。《三国志》作者陈寿就是这个谯周的弟子。看来他以魏为正统著《三国志》，并不完全是为了顾及继承了曹魏的晋朝的面子。

蜀的自取灭亡 景元三年（262），已经掌握魏国实权的司马昭（司马懿次子）终于决心攻打蜀国。

姜维得知这个消息后上表后主建议加强防备。但宦官黄皓只信巫鬼，故意把姜维的奏书按下不报，使蜀国上下竟然没有一个人知道魏国将要袭来的消息。翌年景元四年八月，魏大举伐蜀，三路大军从洛阳出发，征西将军邓艾率领三万精兵，绕道最西边的狄道直指姜维军驻屯地沓中；雍州刺史诸葛绪同样率三万精兵从祁山进入武都以断绝姜维退路；镇西将军钟会率领十万大军，分头从褒斜道、骆谷道、子午谷道挺进汉中。

魏军本来的计划是只要邓艾和诸葛绪把蜀军主力姜维军牵

67 剑阁　亦称剑门关。自汉中入蜀的天险要道，有栈道。在四川省剑阁县

制在西方，钟会率领的大部队就会顺利攻入成都。但是没想到姜维却巧妙绕到诸葛绪军后方使其退却，进而守住了自汉中入蜀的要塞剑阁（参见图36）。这使得钟会大军无法自汉中南下，魏军甚至产生撤兵的打算。但是邓艾却出乎蜀军的意料，从阴平翻山越岭，出现在剑阁与成都之间的江油。成都告急，刘禅急派诸葛亮之子诸葛瞻率军抵抗邓艾，但是诸葛瞻的部队到了江油附近的涪就不再前进。邓艾一举击败诸葛瞻的前锋，迫使诸葛瞻撤退到绵竹，诸葛瞻在绵竹战死。绵竹与成都近在咫尺，成都顿时大乱，刘禅招集群臣商议，有的主张逃往南方四郡，有的主张投吴。最后在谯周的说服下刘禅选择了投降。同时，刘禅还命令姜维等各地将士无条件投降。姜维回天无力只好命令兵士放下武器，蜀将士都愤恨交加，拔刀斫石。自魏军大举伐蜀起，仅仅两个月的时间里一切都结束了。

　　我们客观看一下当时的形势。首先成都当初驻有四万兵力，诸葛瞻到底带走了多少兵力虽然无从可查，就算带走一半，那么成都还至少有两万守军。而邓艾军翻山越岭，长途跋涉，肯定已经不是当初的三万兵力，而且军粮也不会剩下多少。而且当时吴接到蜀的增援请求后，已经派兵前往寿春。如果姜维在剑阁堵截住兵粮匮乏、有意撤退的钟会大军，成都守军能够死守不放的话，那么蜀还是完全有可能取胜的。但问题是蜀国君臣早已失去了抵抗的气力。诸葛瞻没有一鼓作气攻打翻山越岭而来疲弊不堪的邓艾军就是一个典型的例子。蜀不是败给了魏，而是自取灭亡。政权中唯一主张彻底抗战的北地王刘谌，直到最后也不愿投降，他在祖父刘备庙中先杀了妻子然后自刎而死。

68 姜维墓 位于剑门关附近。为纪念姜维在此地与钟会对战，后世修建

钟会谋反

邓艾没想到刘禅毫无战意，束手就擒，不费吹灰之力无血入城，顿时趾高气扬，向司马昭写信进言，主张趁灭蜀之时，一鼓作气收拾掉吴。但是被邓艾占了头功的钟会这时心里当然觉得不美。他篡改邓艾送往洛阳的书信，诬告邓艾谋反，使邓艾被关进囚车押送回朝。在此之前没有随邓艾一同进军而是选择了与钟会合流的诸葛绪也遭钟会诬陷，被剥夺兵权送回洛阳。这样一来，钟会就独揽了讨蜀大军的统率权。

钟会是魏太傅钟繇之子，其兄钟毓也是魏的高官。钟氏一族为颍川出身的名门豪族，在魏国的序列中地位在司马氏之上。当时魏国大权已经完全被司马氏掌握，司马篡权迫在眉睫。讨伐蜀国，其实也是为篡权做铺垫。钟会是一个自视很高的野心家，他在出兵伐蜀的当初，就可能已经有所算计了。但是司马昭更有心计，他早已看出钟会心有异志，但还是派他领兵伐蜀。

钟会排挤走邓艾进入成都以后，就与投降的姜维共谋，决定谋反。钟会的野心是，如果成功则能取得天下，即使失败，也能像刘备一样独霸一方。而姜维也企图利用钟会再兴蜀国，所以他暗中劝刘禅要耐心等待。但是司马昭得知钟会进入成都的消息后，立刻亲自坐镇长安，派贾充率兵入蜀。司马昭这一出人意料的行动，吓坏了钟会，他召集讨蜀将领将他们控制起来，姜维则建议格杀勿论，就在钟会犹豫不决的时候，消息泄露，魏将士激愤反叛，两人死于乱军之中，其阴谋也就此失败。钟会死后，卫瓘任监军，他在绵竹杀死被押送洛阳途中的邓艾。就这样，魏和蜀的主将邓艾、钟会、姜维三人在不足半年期间全部丧命。《演义》把这一切都归罪于姜维的阴谋，其实真正的黑幕是司马昭。

钟会的谋反使成都城内陷入混乱状态，蜀国太子刘璇被杀，与关羽有杀父之仇的庞会也趁乱杀了关羽一族。本来该杀的宦官黄皓，反倒靠贿赂逃了一命。

吴完全没有想到蜀国竟那么轻易地就投降了魏国，得知钟会被杀的消息后，立即发兵西进攻蜀，但是蜀巴东太守罗宪向魏军求援，阻止了吴军的进路。罗宪曾经出使吴，但这次他却没有选择与吴协力复兴蜀国的道路。从这件事也可以看到吴蜀同盟早已形同虚设，蜀的人心早已倒向了魏国。

乐不思蜀

蜀灭亡后，刘禅与家属一起被送往洛阳。跟随刘禅的只有郤正、张通等几个旧臣。司马昭对刘禅一族非常优遇，封刘禅为安乐县公，子孙五十多人均受封为诸侯。当然这些都是做给吴国孙氏看的，想用厚遇来收买吴国人心。有一天，司马昭宴请刘禅，席间演奏蜀乐，蜀人听了都心酸落泪，唯独刘禅照旧喜笑自若。司马昭看在眼里，不由地感叹："人之无情，乃可至于是乎！"还有一次，司马昭问刘禅想不想蜀，刘禅说："此间乐，不思蜀。"郤正听他这样回答，忍不住对刘禅说下次司马昭再问的时候，要痛哭流涕地回答："先父坟墓远在陇、蜀，乃心西悲，无日不思。"后日刘禅按郤正教的那样回答后，司马昭笑说，怎么跟郤正说的话一样？刘禅吃惊道：就是郤正教的啊！惹得举座哄笑。

这是一个用来说明刘禅愚暗的人人皆知的故事。但是果真如此吗？也许是因为刘禅被封为安乐县公才编造出来的故事也未可知。安乐县是今北京北边的一个地名，刘禅实际上从来没有去过该地。估计当时为了说明刘禅投降后生活安乐，故意选了这个地名。果真是这样的话，那么刘禅也就只能听从安排，做出乐不思蜀的样子来。刘禅完全犯不着把蜀挂在嘴上去招人怀疑。但对刘禅来说，因为从北伐的巨大压力下解放出来，也许是真心感到快乐。刘禅的内心世界，别人是无法知道的。

魏国内乱、司马篡权

明帝的苦恼与死去

魏明帝曹叡的生母甄氏本来是袁绍次子袁熙之妻，曹叡的父亲曹丕对甄氏一见钟情遂纳为妻。可是曹丕后来开始宠爱郭氏，争风吃醋的甄氏被赐死。曹丕即位后，皇后就是郭氏。母亲的死给曹叡幼小的心灵肯定留下了不小的创伤。有一天，曹叡和父亲曹丕一起狩猎，遇见一只母鹿带着小鹿。曹丕射杀了母鹿，又叫曹叡射小鹿。可是曹叡哭着说："陛下已经杀了母鹿，我怎么能忍心再杀小鹿呢？"可以想象，曹叡父子间因甄氏之死留下了相当的感情纠葛。曹丕直到临死才终于决定立曹叡为太子。

明帝曹叡二十四岁即位后，马上追谥生母甄氏为文昭皇后，又不断向已经成为皇太后的郭氏打听甄氏死时的情况。郭氏惶恐不安，不久郁闷而死，也有人说是被明帝所杀。明帝得知自己的母亲甄氏是被口填糟糠、发裹脸面埋葬的，遂用同样的方法埋葬了郭氏。但是不幸的是，明帝后来也因为宠爱后娶的郭皇后（与文帝的郭皇后无关），把元配的毛皇后杀了。他虽然憎恨父亲苛待母亲，结果却做出了与父亲同样可悲的事。曹氏父子都宠爱姓郭的皇后，大概也是命运的作弄吧。明帝人很聪明，而且沉着果断，一表人才，但因为口吃，所以总是沉默寡言，这大概和他幼时所受的心理创伤不无关系。

明帝的在位时间与诸葛亮的北伐基本处于同一时期。他冷静指挥以司马懿为首的将军们，冷静对应来自蜀和吴的攻击，没有给对方丝毫可乘之机。而且当年父亲的竞争对手叔父曹植还活着，诸葛亮第一次北伐时明帝亲自坐镇长安，就有谣传说明帝战死，曹植将继位。对这些来自内部的各种压力曹叡也都顶住了。

但是诸葛亮一死，蜀的北伐也随之偃旗息鼓，西方大患解除，明帝的心情一下子松懈下来，开始暴露出他刚愎自用的本性。首先他不顾长期战乱造成的国力衰竭和人民困穷，开始大规模营造洛阳宫殿御苑。群臣竭力反对，但是明帝不但不听，反而动员大臣们上御苑筑山工地搬土，这可以说是一个粗暴之举。

明帝还在景初元年（237）改历。按照当时儒家的观点，历有夏、殷、周三朝使用过的三种古历，夏历的正月是现在的阴历的一月，殷历的正月是阴历的十二月，周礼的正月是阴历的十一月。他们还对应天地人把这三种历进行区分，称夏历为人统，殷历为地统，周礼为天统，并称三统。他们主张历应该随王朝交替而改变。这是汉代学者董仲舒以来的儒家主张。因为汉朝用的是夏历人统，所以取代汉朝的魏就应该改用殷历地统，但是文帝时却没有实施，所以到了明帝在位期间才开始付诸实施。这个举措是采取了学者的意见，算不上是明帝的蛮行，但是以十二月为正月，毕竟给许多事情带来不便。像这样按三统改历的做法，这之前曾有王莽，这之后也只有武则天搞过。

明帝还耽于内宠，在后宫集中了大量宫女，过着奢侈荒淫的生活。对于军人的女儿，凡是嫁给官吏平民的都被强制拆散，重新配给军人，又从中挑选有姿色的都收入后宫，供自己享乐。他的这些强行政策引起了朝野的强烈不满。

不过，明帝还没有荒淫到不理政事。大概他也有心向内外显示一下自己做皇帝的威严，所以在景初元年（237）命令毌丘俭率兵讨伐自己一直耿耿于怀的辽东公孙渊。前面已经提到过，公孙渊与吴一直保持着联系。但是这次出兵因为大雨以失败而告终。但是当公孙渊自称燕王，露出独立苗头时，明帝马上于第二年派司马懿率兵扫讨，消灭了公孙渊。但是不幸的是翌年，即景初三年（239）正月一日，明帝突然死去，年仅三十五岁。明帝之死，标志着魏国实质上的灭亡。

曹爽与司马懿的权力之争 明帝死后，年仅八岁的太子曹芳即位。明帝的皇子皆早夭，曹芳不是明帝亲生，据说家系不明。这也一直是明帝的一块心病，他在病重时选了曹爽和司马懿来辅佐幼小的曹芳。曹爽是曹氏一族的实权派人物曹真（本姓秦，因与曹操关系好改姓曹）之子。明帝本来打算让曹操之子，与自己从小关系亲密的燕王曹宇当曹芳的监护人，但是近臣刘放等人以反对皇族参政为由，进谗言使明帝放弃了起用曹宇的念头，而是推荐曹爽当监护人，又把灭公孙渊后一直驻扎辽东的司马懿紧急召回。这就是以曹爽为中心的曹氏一族和以司马懿为中心的官僚势力争权夺利的开端。

这一年十二月，历又改回到原来的夏历。表面上的理由是说因为明帝元旦死去，为了回避元旦成为服丧日，所以改历。但是这只不过是一个借口，真正的目的其实是否定明帝的政治。

曹爽掌握实权后，一面重用自己的亲信何晏、丁谧、李胜等人，一面把年长的司马懿奉为太傅，使其远离政权，开始随心所欲地操纵政治。曹爽本为太子党公子哥，其亲信也多为一些自诩为名士的轻佻浅薄之士。其中何晏是后汉末期外戚何进的孙子，因其母后来成为曹操的侧室，所以从小在宫中与曹操之子一起长大。

三国皇帝的婚姻观　　明帝的近臣里还有一个与何晏境遇相似的人物，叫秦朗。秦朗的父亲是吕布的部下秦宜禄。曹操消灭吕布时，关羽三番五次向曹操提出想娶秦宜禄的妻子。说得多了，曹操由不得想看看这个秦宜禄的妻子到底有多么漂亮。结果这一看不要紧，曹操干脆把她收作自己的侧室。关羽嘴上不说心里肯定恨的是咬牙切齿。从这里我们能够看到《演义》中的那个英雄关羽的另一面。秦宜禄因为妻子被曹操霸占，不仅受到张飞的嘲笑，最后还死在张飞手下。秦朗与何晏一起在宫中长大，两人的生母，尹夫人和杜夫人分别又都为曹操生了孩子。

后世把这个秦宜禄的妻子误以为是吕布的妻子，又进而把她与貂蝉（虚构人物）混为一谈，结果就产生了关羽和貂蝉交好，或者关羽斩貂蝉等虚构的传说。这些传说虽然没有被《演义》所采用，但是元代以后，作为《关大王月下斩貂蝉》等戏剧题材，在民间广为流传。

霸占他人妻室纳为自己的侧室，这种行为虽被人诟病，但是目中无人的曹操对这些议论根本就不在乎，他对秦朗和何晏像对自己的孩子一样悉心养育。本来曹操的正室卞夫人就是娼家出身。当时名门望族结婚都很讲究门当户对，曹操的婚姻观似乎与那些豪族官僚有所不同。卞夫人在儿子曹丕即位后，被封为皇太后。而曹丕，也娶了袁熙之妻甄氏。但甄氏后来失宠，没能在有生之年当上皇后。

把曾经是别人妻子的女性捧上皇后地位的是刘备。刘备本来有甘夫人、糜夫人以及孙权妹孙夫人，但是刘备即位后却封吴氏为皇后。这个吴氏原来是刘璋之兄刘瑁的遗孀，后被刘备纳为妻。刘备选吴氏做皇后，一说是因为有巫师算出吴氏有贵人之相，也有说是刘备想借此笼络刘璋旧部。不过，刘备和刘瑁虽然是远缘亲戚，但却同为刘姓同属汉朝皇族。娶同族人的遗孀做妻子，这在儒教伦理上是说不过去的。所以有人怀疑刘备是否真的是汉朝皇族。另外刘禅的两个皇后又都是张飞的女儿，姐姐死后，妹妹又接着做皇后。这种姊妹先后嫁给同一男人的现象，在日本现在也还时有耳闻，可以说不是什么稀奇古怪的事情，但是按当时儒教的伦理，这也是犯禁的。蜀国皇帝的婚姻观由此可见一斑。

娶侄女为妻的孙权

我们再来看一下吴，吴又是如何呢？孙权有好几位夫人，其中徐夫人是孙权姑姑的孙女，也就是孙权的侄女。孙权的第六子孙休，在弟弟孙亮被废黜后，成为吴的第三代皇帝。孙休的皇后朱夫人是孙休姐姐的女儿，也就是孙休的侄女。中国异姓的表兄妹之间可以结婚，但叔叔侄女之间的通婚也太离谱，用儒教伦理来看这可算得上是禽兽之行被大加禁止的。吴国皇帝的婚姻观与蜀一样，也很不正常。

由此可见，在三国时代儒教伦理还没有像后世那样浸透到民间的角角落落，一般人的结婚还相当随便。三国皇帝的婚姻都与儒教伦理规范有所偏离，这也许只不过是随了民间的风俗习惯而已。但是他们的臣下中那些出身名士豪族阶层的人们，都已经成为热心的儒教伦理的信奉者，其中出现了不少为了不事二夫立志守寡的贞女。君主臣下间的这种伦理观的差异，给君臣关系带来很多不必要的龃龉，这也是三国均在短期间内灭亡的一个原因。这一点表现得最为鲜明的，就是魏。魏的大臣里汇聚了为数众多的豪族阶层，并且对儒教统治也极为标榜。曹氏一族与官僚之间的权力斗争，就是在这样一种伦理观互相背离的背景下展开的。

另外，何晏与曹操的女儿金乡公主结婚，可是金乡公主的生母不是别人，正是何晏自己的母亲尹夫人。就是说何晏与金乡公主是异父同母的兄妹。如果这是事实的话，那么真可谓是禽兽不如。对此，《三国志》注释者裴松之解释说，这是绝对不可能的，金乡公主的生母应该是秦朗生母杜夫人。但是不管怎么说，对以司马懿为首的当时大多数官僚来说，皇室的这些婚姻只能是一些令人难以启齿的丑闻。其实在儒教伦理传入以前，朝鲜半岛的王族和日本天皇家原则上都是近亲结婚。由此可见，如果我们揭开儒教这层面纱，中国实际上与朝鲜以及日本之间存在着许多共通之处。

司马懿的反击　　大将军曹爽及其党羽亲信，操纵着年幼的皇帝，屡改制度，并擅自伐蜀给魏带来巨大损失。这些虽然司马懿都看在眼里，但他却尽量回避与曹爽发生争执。司马懿诈称有病，不问政事，韬光养晦，等待时机。但是曹爽阵营并没有完全放松对司马懿的警惕。

曹爽亲信李胜赴任荆州刺史，临行他借机去向司马懿辞行，想刺探司马懿病情。只见司马懿由两个侍女搀扶着蹒跚而出，手哆哆嗦嗦地把侍女递上的衣服都掉在地上。司马懿又指着嘴说口干，侍女端粥给喂，司马懿却吃不到嘴里，把粥流了一脖子。李胜告诉司马懿他将赴任荆州，司马懿说：是吗，并州边远，好自为之。李胜说：不是并州，是荆州。司马懿还是说：是吗，是并州吗？李胜见状匆匆告辞。李胜回去报告曹爽说：司马懿已形同走肉，不足为虑。曹爽这才放下心来。司马懿的表演之逼真实在是让人不能不佩服。刘备和孙权也善于做戏，但都远不及司马懿来得高超。

曹芳即位十年后的正始十年（249，后改为嘉平元年），司马懿终于开始行动。这年正月，曹芳往高平陵祭拜明帝，曹爽等随行。司马懿趁机以皇后之命关闭城门，宣读历数曹爽罪状、要求即刻罢免其职的上奏文。曹爽在城外听到这个消息一时束手无策。亲信桓范劝曹爽带皇帝去许都，以天子之名召全国对抗司马懿，曹爽拿不定主意，最后决定放弃抵抗向司马懿投降。从小娇生惯养没吃过苦的曹爽，做梦也想不到自己会被砍头。司马懿先把他们一族锒铛关起来，不久就找借口将曹爽及党羽亲信夷灭三族。事后司马懿被任命为宰相，但他却固辞不就。但是毋庸赘言，司马懿此时已重归政界，掌握了魏国的军政大权。与曹爽关系亲密，也是曹爽姻亲的夏侯霸就是在这个时候亡命蜀国的。

皇帝亲自发动政变

嘉平三年（251）司马懿死后，其子司马师继承了权力。三年后的嘉平六年，司马师废少帝曹芳，把曹芳贬为齐王。对外的理由是说曹芳荒淫无度，但最主要的理由恐怕还是因为曹芳当时已经二十三岁，不像以前那么容易任人摆布了。而另一个理由是皇后的父亲张缉这时也暴露出反司马氏专权的苗头。

曹芳之后，高贵乡公曹髦被迎立为皇帝。曹髦是文帝曹丕的孙子，当时还只有十四岁。但是这个曹髦却与司马师的愿望相反，是曹氏一族出类拔萃、富有气概的一个人物。一次司马师私下问钟会现在的皇帝如何，钟会答道："才同陈思，武类太祖。"就是说文采与曹植相同，武勇堪比曹操。司马师回答说：若真如此，社稷之福也。不过，这恐怕不是他的真心了。

果然曹髦即位后对学问艺术非常感兴趣，经常聚集群臣一起作诗，或议论儒教经典。学者们经常被皇帝问得张口结舌。其间，正元二年（255）司马师死去，弟司马昭又继续独揽大权。曹髦对自己充当司马氏傀儡的现状早已不满，终于在甘露五年（260）五月，做出了一个前所未闻的决断：发动宫中政变，铲除司马势力。

曹髦首先秘密叫来亲信王沈和王经把自己的计划和盘托出，他说："司马昭之心，路人所知也。吾不能坐受废辱，今日当与卿等自出讨之。"王经等十分震惊，急忙劝阻。但是曹髦说："是可忍孰不可忍？"他掏出早已写好的诏书扔到地上说："行之决矣。正使死，何所惧？况不必死邪！"说毕带领宫中僮仆数百，鼓噪而出。

听到这个消息司马昭肯定也大吃一惊。他派手下贾充带兵进宫看个究竟。看到皇帝手持利剑怒目圆睁，兵士们都踌躇不前。贾充唆使部下成济道："畜养汝等，正谓今日。今日之事，无所问也。"成济于是上前一戈将皇帝刺死。曹髦此时年仅二十岁。作为皇帝，他死得可谓空前绝后的壮烈。被许诺"今日之事，无所问也"的成济，最后被司马昭以大逆不道之罪夷灭三族。

曹髦之后，燕王曹宇之子曹奂被迎为新帝。曹奂当时还只有十六岁，而且这个时候其父燕王还在世。年号被改为景元，司马昭任相国，晋封晋公。接下来就只有等待篡权的机会了。

反乱频起　　　　　从司马懿发动政变起，魏国内部就开始不断发生反乱。当然大部分不是对魏，而是对司马氏的。

最早的事件是嘉平三年（251），征吴前线最高司令官，官任司空的征东将军王凌欲拥立曹操小儿子楚王曹彪为帝。王凌的叔叔就是当年讨灭董卓的英雄王允。但是王凌的这个计划因为事前走漏风声而败露，王凌自杀，楚王也被赐死。

第二次是嘉平六年（254），中书令李丰与皇后父亲张缉共谋杀司马师，拥夏侯玄辅政，夏侯玄是曹爽的亲戚，曹爽生前两人交往甚密。但事情泄露，三人一起被杀。这是曹爽残党发动的一次政变。夏侯霸投奔蜀国时曾劝说夏侯玄一起亡命，但夏侯玄没听。不然也不会落到这个结果。上边我们已经述及，这个事件也是造成曹芳废位的一个原因。

第三次是翌年，正元二年（255），也是征吴前线最高司令官扬州刺史文钦与镇东将军毌丘俭因不满司马师的专横，在寿春发动叛乱。毌丘俭是魏国夙将，在讨伐高句丽中战功显赫。这两人与曹爽以及李丰、夏侯玄等都有亲密交往。这次司马师亲自带兵前往寿春镇压，毌丘俭兵败被杀。当时吴的宰相孙峻带兵往寿春增援，途中得到叛乱失败消息，只好撤兵而回。文钦及其子文

69 毌丘俭纪功刻石拓本　为纪念毌丘俭讨伐高丽，正始六年（245）前后建立的石碑。清末光绪三十二年（1906）发现于吉林省吉安市

鸯亡命吴国。文钦当年曾经对吴使过诈降之计，这次是真的投降了。司马师因这次讨伐叛逆辛劳过度，回朝后不久就病死了。

第四次是甘露二年（257），还是征吴前线最高司令官诸葛诞在寿春起兵造反。毌丘俭与文钦起兵时曾劝诸葛诞一起造反，诸葛诞不但一口回绝，还积极地帮着司马师进行镇压。可是诸葛诞同样与夏侯玄有密切交往，这使他感到不安。一次贾充从洛阳来寿春看他，告诉他洛阳城中诸臣都盼着司马氏禅代帝位，问他怎么想。诸葛诞听了大骂，把贾充赶了回去。不久司马昭下书召诸葛诞回朝，诸葛诞自知事情不妙，遂决意举兵。

诸葛诞这次吸取了毌丘俭和文钦失败的教训，他先与吴联系，把儿子诸葛靓送到吴，对吴表示臣服。吴马上派魏的降将文钦父子与将军全怿、全端率兵前往寿春救援。接着又派将军朱异、丁奉增援。还怕人数不够又派大将军孙綝率大军出征。司马昭也不甘示弱，他要求皇帝和皇太后亲赴前线坐镇，自己率二十六万大军出征寿春。这时，魏在关中的兵力被大量调往寿春，蜀将姜维趁机攻魏。魏蜀吴三国大决战迫在眉睫。

但是就在这时，吴荆州夏口守将孙壹和吴都建业的全怿的侄子全辉、全仪却相继降魏。这当然不是偶然,十有八九是魏策反的结果。我们前面已经提到过,钟会以全辉口吻做一家书,劝诱寿春城内的全怿等开城投降。而这时,诸葛诞与文钦发生内讧,文钦被杀,其子文鸯也投降于魏。结果,敌我之间、友军之间都打了起来,发展成一场大混战。最后诸葛诞战死,司马昭险胜。而对于蜀将姜维的进攻,守将邓艾等采取了以前司马懿对付诸葛亮的战术,坚守不出,顶住了姜维的进攻。这场由诸葛诞之乱开始的大战,是魏蜀吴三国最后一次决定命运的举国大战。

最后一次是景元五年(264,后改咸熙元年),钟会在灭蜀以后企图据蜀自立,但事败被杀。至此,司马氏的对抗势力被一扫而光。司马昭晋封晋王,下一步只等着伺机篡位了。

第二次禅让　可是第二年,也就是咸熙二年八月司马昭还没当上皇帝就死了。这年十二月,司马昭的长子司马炎接受魏帝的禅让,当上了皇帝。这就是晋武帝。魏建国四十五年后,又把四十五年前的那场蹩脚戏重新搬上舞台。但是魏文帝在父亲曹操死去十个月后才登基,可是晋武帝却在司马昭死后仅四个月便匆忙即位。如此性急是有他的理由的。

司马炎的弟弟司马攸,过继给伯父司马师为嗣。司马攸人望很高,也有才能,其声望不在其兄司马炎之下。其父司马昭也非常宠爱他,曾经想把他立为后继,只是考虑到长幼顺序才作罢。

70 晋武帝 司马懿之孙司马炎受魏禅让即位皇帝。选自《历代帝王图卷》（波士顿美术馆藏）

不过晋王之位本来就是司马昭之兄司马师的，而且司马昭曾保证自己死后将把晋王位还给司马师家。也就是说应该让司马攸继承。所以司马炎每日如坐针毡，与当年曹丕和曹植的情况非常相似。司马炎匆忙即位，大概与此有很大关系。司马攸后被封为齐王，但是因受哥哥武帝的怀疑，郁愤而死。

吴国内政与内讧

孙权晚年的郁闷

孙权最大的不幸就是活得太长了点儿。孙权的父亲孙坚三十七岁死去，长兄孙策二十六岁死去，唯独孙权很长寿。昔日曾经同甘共苦打天下的周瑜、鲁肃、吕蒙，包括对手曹操、刘备都相继辞世，甚至连曹丕、曹丕的儿子曹叡、诸葛亮也都死了，孙权还活着。孙权一直活到七十岁。孙权的晚年，应该是相当孤独和郁闷的。对孙权打击最大的是，在他六十岁那年太子孙登先他而去，年仅三十三岁。孙权当年找出种种借口拒绝把太子孙登送到魏国当人质，就是因为他偏爱孙登，把一切希望都寄托在孙登身上，孙登之死无疑使孙权陷入巨大的悲痛之中。从此，阔达宽厚的孙权，变成一个倔强顽固的老人。

71 孙权墓　位于南京市孝陵（明太祖朱元璋墓）参道旁

孙权宠爱的王夫人生有孙和、孙霸二子，令人费解的是，孙登死后，孙权一面立孙和为太子，一面又对鲁王孙霸格外疼爱，甚至待遇与太子没有两样。这导致家臣分裂成太子派和鲁王派，互相争权夺利，在此过程中有许多臣下无辜被杀，宰相陆逊也痛心而死。这个无谓的争端前后持续了九年，直到赤乌十三年（250），孙权终于决定废太子，赐鲁王死，立最小的儿子孙亮为太子，才算解决了这个问题。这之后又过了两年，孙权才终于死去。

长沙走马楼简牍

1996 年，湖南省长沙市中心五一广场附近的走马楼街日资百货大楼建筑工地，发现了多处历代古井。从其中一处三国古井中出土了不下十万片的大量简牍。简牍是纸张发明以前用于书写的木片和竹片，用绳子穿起来就成了书卷。"册"就是一个表现这种书卷的象形文字。虽然近年中国接连有这样的发现，但是如此大量的简牍出土，还是非常少见的。特别是作为三国时代的文物，这更是史无前例。

现在的长沙市自战国时代以来，其位置几乎未变。走马楼这个地名就来自明朝的王府，估计在三国时代，走马楼这个地方也应该同样是官厅的所在地。这批简牍里有的还能看到上面写着的年号，其中最早的是汉建安二年（220），最晚的是吴嘉禾六年（237）。由此可以推断，这些简牍应该是吴国地方政府的文书。

孙坚在黄巾之乱之后曾任长沙太守。但是这个地方正式成为吴的领土则要到建安二十年（215）吴和蜀第二次分割荆州以后了。简牍中能看到"步侯"、"吕侯"、"吕岱"等文字，这都是当时活跃在这一带的吴将步骘和吕岱。特别是步骘，被封为临湘侯，而其封地就是长沙。简牍有"临湘侯相靖"文字，是步骘部下的名字。另外我们前面已经提到过，简牍中找不到魏的年号黄初，全部用的是建安，这足以说明孙权对魏表示的归顺，不过是一个表面的假象。

吴的租税户籍文书　这批简牍的内容可以分为租税、户籍、给上级官厅写的报告、个人书信、名刺等多方面，其中最重要的是有关租税和户籍的简牍。佃田租税券书，写在一种叫做"吏民田家莂"的木简上，这种木简长约50厘米左右，比一般的木简要长，年代大部分为嘉禾四年到五年之间。"莂"是符契的意思，也就是把契约的内容在一个木简上左右各写一遍，然后从中间劈开，一半作为纳税证明交给纳税人，一半作为收据由官府保管。"吏民田家莂"木简有用凿子劈开的痕迹，而且上部都写有"同"字或者相当于"同"字的符号，说明这是官府保管的符契的一半。从木简所记录的内容，我们可以推断出当时纳税的方法大致如下。

首先把吏或民耕作的土地分为租借国家的二年"常限田"和自己开拓的"余力田"，再根据两种田是"旱田"（歉收）或"熟田"（丰收），决定应该缴纳的米、布、钱等税额。其中布和钱可以折算成米，歉收时税金免除。米上缴到仓吏，布和钱上缴到库吏，每次发行收据竹简，年终在此发行合计起来的木简。这个木简就是"吏民田家莂"。木简上记录有税额、纳税日期、纳税人、官府领收人名等。另外，余力田中有写作"余力火种田"的木简，说明这个地方当年的农业是刀耕火种。

其次是有关户籍的内容。这是地方官

72 户籍木简（长沙市文物考古研究所藏） 1996年长沙市走马楼街古井发现的大量吴户籍木简，是了解当时民众家庭构成、地方行政情况、户籍管理方法等的一级资料。左边的木简长约26.5厘米、厚约5毫米

吏向上级报告当地居民情况的文书档案，也是用符的形式。符的最后常写有"破莂保据"（劈下一半收据保存）文字，上面还写有如内容有误，愿受处罚等文字。户籍的记载当然包括姓名、年龄、吏·民·军等身份、家庭结构等内容，有意思的是还有"长五尺"、"长六尺"等有关身长，"盲两目"、"聋耳眇目"、"肿两

足"、"腹心病"等有关身体和健康状况。另外还有"刑右足"、"刑左手"等有关所受刑罚的记载。这些记载当然不是出自对百姓的关怀，而是用来作为征兵或征赋时的参考资料。年轻女性年龄下有的还写着"美"字，这可能是为了以后送往后宫所作的记号（但这也有可能是"算"字之误）。

这些官府公文，为何保管在古井中，众说纷纭。有人认为这是把不要的公文扔进古井销毁处分，有人认为时吴灭亡时为了保密故意埋在井里的。无论如何，迄今为止的三国时代研究基本上只能依赖于《三国志》等文献资料和少数碑文，详细的情况实际上很难知道。但是这个长沙走马楼简牍的发现，给了解吴国的实际统治情况提供了宝贵的实物资料。但是面对如此数量庞大的简牍，想要了解它的全部内容，还需进一步的研究解读。

诸葛恪的野心

孙权死后，年仅十岁的太子孙亮即位。诸葛恪辅政，掌握了吴国大权。诸葛恪是诸葛瑾之子，也就是诸葛亮的侄子。他大概很想与自己叔父一样，成为辅佐年幼皇帝的一代名相。本来孙亮字子明，也许是孙权为了沾一点儿诸葛亮的光，才特意给自己的孩子起了"亮"这个名字。辅佐一个与自己的叔父同名的皇帝，诸葛恪内心的成就感可想而知。

然而他虽然是一个稀世之才，但是行动却欠谨慎。当年诸葛亮就担心他这个性格，还专门给陆逊写信忠告过。作为出身名门世家的公子哥，诸葛恪难免不骄傲自大，目中无人，这一点与魏的曹爽极为相似。

他做的第一件事就是在巢湖东边魏领内的东兴筑城。魏当然不能承受这个挑衅，本来魏就认为孙权死去是攻吴的好机会，所以立即派诸葛诞率兵攻打东兴，又派王昶率兵攻荆州南部，派毌丘俭攻武昌，向吴发动大举进攻。诸葛诞与诸葛恪这两个同族宗亲，代表着魏和吴在东兴展开对决。因魏军戒备松懈，诸葛恪获得大胜，王昶和毌丘俭也因东兴兵败只好撤退。

诸葛恪胜利而归，开始产生轻敌思想，他认为天无二日，地无二王，为王者没有不想统一天下的。他还说自己最近重读了叔父（诸葛亮）的《出师表》，深受感动，流露出他对实现统一天下的雄心。诸葛恪内心很想效法其叔诸葛亮完成其未尽的统一大业。第二年，建兴二年（253）三月，诸葛恪征发二十万大军欲出兵攻打魏的合肥新城。诸臣都表示反对，一致劝阻，百姓也怨声载道，但他根本听不进去。

合肥旧城因为建在水边，容易被吴从船上攻击。所以太和六年（232），扬州都督满宠建议在旧城西北三十里处修建新城（参见图39）。这样吴军如果攻城，就必须离船上岸，以前孙权的两次进攻都遭到了失败。魏和吴的对战，在水边于吴有利，在陆地于魏有利，因此双方都没能取得决定性胜利。这次诸葛恪率领二十万大军虽然包围了新城，但是却攻而不下，军中疫病蔓延，死伤众多，到七月只好撤退。这次伐魏，不但不必要地消耗了国力，而且以失败而告终。这次，蜀将姜维也配合诸葛恪从狄道出兵攻魏，但中途粮饷耗尽只得撤兵。可见当时吴蜀即使联合起来，也已经敌不过魏国一国的实力了。诸葛恪败战而归，不久后在一次宴会上被皇族孙峻所杀。

孙峻杀了诸葛恪后开始独揽大权。孙峻是孙坚最小的弟弟孙静的曾孙。三年后孙峻死去，其从弟孙綝继承权力（参见图16）。孙峻、孙綝掌权的这个时期，正好是魏国毌丘俭、文钦以及诸葛诞叛乱的时期，特别是诸葛诞叛乱时，魏与吴之间展开了一场三国时期最后最大的决战。

魏国司马懿杀曹爽，从曹氏一族手中夺走大权，而蜀国从刘禅起刘氏一族就已经失去了所有实权。与魏蜀相比，吴国直到最后孙氏一族都掌握着国家大权。不过孙氏一族内部的权力斗争也趋于激化。孙亮长大后，对孙綝的专权越来越憎恶，他与近臣密谋准备除掉孙綝，但事情泄露，反被孙綝废黜了帝位。永安元年（258），孙綝立兄长孙权的第六子孙休继位。但是孙休即位后马上就下手杀了孙綝，两年后他又逼废帝孙亮自杀。

孙休在位期间，与魏基本上没有发生什么大的战争，是一段比较和平的时期。孙休志善好学，他建学校，置五经博士，重视官吏和军人子弟的教育。但是这只不过是暴风雨前那转瞬而逝的寂静。永安六年（263）蜀国灭亡，吴的救援也告失败，第二年孙休也因病死去，死后被追谥为景帝。

三国时代最大的暴君孙皓

吴的最后一个皇帝孙皓，其父是当年在与鲁王抗争中被废黜太子地位的孙和。景帝虽然有四个儿子，却推孙皓继位，是因为景帝的孩子都还年幼，当时蜀刚刚灭亡，吴国内局势动荡，而幼帝是不可能对付这种非常事态的。这也说明吴还没有一个在实力上能够与皇帝比肩的大臣。孙皓时年二十三岁，有才识且明断，又加之好学，因而被拥立继位。但是即位不久，孙皓骄淫暴虐的本性就暴露出来了。这可能与他的不幸的成长经历有关。其父孙和因为妃子是诸葛恪的侄女，诸葛恪被杀时受到牵连而丧命。

孙皓即位后，首先杀了曾经拥立过自己的景帝时的宰相濮阳兴和左将军张布，接着又杀了景帝的皇后朱氏和四个孩子中的两个大的。他的暴虐行为史不绝书。孙皓好酒色，每逢宴会群臣，都要逼臣下喝到烂醉，稍有不从，就会受到处罚。最后竟发展到剥脸皮、剜眼珠等。如此残暴的君主，在三国时代是空前绝后的。

不过孙皓虽是暴君，却不像刘禅那么愚暗。孙皓即位前蜀国刚灭，交趾又叛吴降魏，即位后他发兵夺回了交趾，也算是做了一点儿像样的事。但是，这时蜀已经灭亡，单靠吴国的国力与魏对抗已经是不可能的，这一点孙皓大概比谁都明白。蜀灭亡后，司马师派过去从吴投降而来的徐绍和孙彧去吴说服孙皓，他们对孙皓说："大必字小，小必事大"，暗示他应该识大局。孙皓当时没能义正词严地驳斥他们，说明他心理上已经屈服了。

而这一点，不仅他自己，连他的臣下们也都心知肚明。吴最

73 天发神谶碑拓本（奈良宁乐美术馆藏） 276 年吴国因瑞祥改元天玺。此为纪念该功德立的石碑。原石以不存，现仅存拓本

后的宰相张悌在吴灭亡时说："吴之将亡，贤愚所知，非今日也。"孙皓大概也看出自己的臣下其实与自己的心理状态一样。也许正是这种焦躁不安，才使他对臣下变得异常猜疑和暴虐。

孙皓知道自己在军事上已经不是晋朝对手，于是抓住了谶纬思想这根救命稻草。于是各地传出一些附会民间山石信仰的谣言，比如，有说吴郡临平湖挖出了一块刻有"皇帝"字样的石头，有说鄱阳历阳山发现了一块刻有喜庆文字的石头，又有说吴兴阳羡山石室出现了瑞祥之兆等，每当这种消息传来，孙皓都异常兴奋，逐次把年号改作天册、天玺、天纪，并立石碑，在阳羡山由臣下代理举行了本来应该是皇帝才能做的封禅仪式。当时立的"天发神谶碑"和"禅国山碑"，碑文独特，记载了大量谶文，而且书风非常奇异，可以说是孙皓异常心理的一种反映。

在这之前，谣传魏的寿春流行童谣"吴天子当上"，孙皓听了大喜，遂率领母亲妻妾以及后宫数千宫女出宫，声称要去洛阳，完全陷入了一种集团式歇斯底里的状态。可是当他宠爱的妃子死去的时候，孙皓又几个月闭门不出，大街小巷都传出孙皓死去的谣言。这又是一种忧郁症状态。终于，在吴国上下都失去自信坐而待毙的状态下，天纪三年（279）十一月，晋开始大举伐吴。

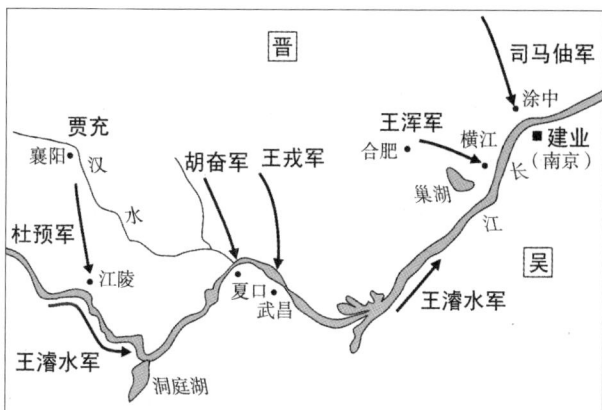

74 进军攻吴路线图

三国时代结束

对是否出兵伐吴，晋朝内部一直存在意见分歧。有人认为北方少数民族可能会乘机侵入，主张三思而行；有人认为应该趁吴国国势衰败一举灭吴。这时，晋武帝已即位十四年，国情也比较安定，于是决定采纳主战派主张。晋兵分数路，司马伷和王浑分头出兵建业对岸的涂中和横江、王戎出武昌、胡奋出夏口、杜预出江陵，王濬率领水军从蜀顺江而下，直指建业。以上各路共二十余万人，总司令为对攻吴持慎重意见的老臣贾充。这次总攻故意躲开了魏吴长年交战的合肥巢湖一线。最早到达建业的，是路途最远的王濬的水军。蜀灭亡后，晋在蜀建造大船，操练水军，晋的水军在实力上已经压倒了吴的水军。吴丞相张悌等率兵冲锋陷阵，誓死抵抗，但是大势已去，次年三月，孙皓终于向王濬投降。

从位于南京郊外的江苏江宁发现的三国时代的古坟里，出土了一种我们后面将要提到的吴国特有的神亭壶。该墓室的墓砖上刻有"太岁庚子，晋平吴，天下太平"的字样。庚子就是吴灭亡的公元 280 年。从"晋平吴，天下太平"这句话可以体会到吴国百姓终于从孙皓恐怖暴政中解放出来的那种由衷的喜悦。

投降时，孙皓写信给群臣，信中承认吴灭亡的责任全在自己身上，希望臣下不要有什么顾虑，最好能够继续仕晋，发挥自己的才智。此后，孙皓被押送到晋都洛阳，封为归命侯。晋武帝在宴会上对孙皓说："朕设此位待卿久矣。"孙皓回答说："臣在南方，亦设此位以待陛下。"坐在旁边的贾充忍不住痛斥孙皓的暴虐行径道："闻君在南方，每凿人眼目，剥人面皮，此何等刑也？"孙皓满不在乎地答道："大逆不道，妄图弑君者即施此刑。"贾充反被说得无言以对。因为贾充过去曾杀过魏高贵乡公，也算是一个犯上作乱的不忠之徒。孙皓的对答巧妙痛快，由此可见，他绝非平庸之辈。吴国的灭亡与晋朝统一天下，是一个不可逆转的时代潮流。孙皓也许在不同意义上与蜀的刘禅一样，也大松了一口气。

后来，虽然吴的大多数官僚都在晋朝做官，但是他们的内心还是相当怀念吴国。比如陆逊孙子陆机，仕晋后曾写了一篇《辩亡论》，分析吴国灭亡的原因。文中充满了对吴的哀惜和作为吴人的骄傲。而蜀灭亡后蜀的群臣都表现得非常冷淡，在这一点上吴与蜀形成了鲜明的对比。晋朝后来正如对伐吴持慎重态度的人们所担心的那样，被北方匈奴族消灭。逃到江南的晋皇族后裔在吴国故地重建东晋王朝。其后，整个南北朝时期，先后有宋、齐、梁、陈四个汉族王朝在此地建国。吴虽然灭亡，但是吴的遗产却得到继承。

在《演义》总的一百二十回中，第一百一十九回叙述蜀国灭亡以及司马受禅，最后的一百二十回就突然到了吴国灭亡。从黄巾之乱到吴国灭亡前后共九十六年，蜀灭亡后吴单独与魏晋对峙还长达十七年，差不多占了其中六分之一的年月，可是《演义》却仅用了一回的篇幅把这么长一段历史一语带过。由此可见《演义》对吴是多么地轻视。

图六　东汉击鼓说唱俑——高 55 厘米，1957 年四川省成都天回山出土。这件陶俑以灰陶作胎，手塑成型，左臂挟鼓，右手举槌作击鼓状，正忘情地进行说唱表演。陶俑富含浓郁的民间气息和地方风貌，反映了东汉时期高超的陶塑艺术水平。四川的东汉墓先后出土多件形象类似的击鼓说唱俑，这表明当时蜀地说唱表演颇为流行。

图七

图八

图九

图七　青瓷仓院——高 31.8 厘米，宽 57.5 厘米，深 71.8 厘米。湖北鄂州三国墓出土。（湖北鄂州博物馆藏）

图八　青瓷牛车——鄂州市滨湖东路司徒郭家细湾三国墓出土。牛长 23 厘米，宽 9.8 厘米，高 15.5 厘米；车厢长 17.5 厘米，宽 15.5 厘米，高 11.5 厘米。牛站立，昂首吐舌。车厢为长方形，圆弧形顶，顶前后饰有圆形涡纹组成的装饰带。器身施淡黄釉。（鄂州市博物馆藏）

图九　青瓷虎子（中国国家博物馆馆藏）

第七章

三教鼎立的时代

儒教的统一

新旧儒教的对立

　　提起中国的宗教，我们首先就会想到的是根据孔子思想发展而来的儒教；中国自己的民间宗教道教；还有从印度传来的佛教。这三大宗教同时亮相中国历史舞台，正是在三国时代。三国时代才是最早形成三教鼎立的时代。不过，虽然说是三教鼎立，但是和鼎立的魏蜀吴三国国力并非等同一样，三教之间的势力也有相当差距。道教是这个时代刚刚诞生的新生宗教，稍后它的势力才得到迅速扩大。后汉时期才传入中国的佛教，到了三国也终于开始扎下根来。三教中历史最长的，不用说当然是儒教。而儒教在三国时期也面临着巨大的转变。

　　儒教存在两个新旧的对立。一个是新注和古注的对立，另一个是今文与古文的对立。所谓新注指十三世纪朱熹一派的经典注释，以哲学、思辨的解释为特征，被称为理学。朱熹以前的注释则称为古注。古注是指那些紧扣经典文章的偏重具体的注释。而古注完成的时期，正好是后汉向三国过渡的这一时期。古注具体地说，郑玄注释的《毛诗》（诗经）《周礼》《仪礼》《礼记》、何休注释的《春秋公羊传》、赵崎注释的《孟子》等为后汉末期之作，王弼注释的《周易》（易经）、何晏注释的《论语》、杜预注释的《春秋左氏传》为三国魏晋时代的作品。另外，《尚书》（书经）被认为是前汉孔安国之注，但实际上应该是魏晋时期的伪作。古注里只有注释《春秋穀梁传》的范宁是东晋人。由此可见，在经典注释上，三国时代具有相当重要的意义。

今文与古文不涉及注释的问题，而是指经典文本的区别。一般认为这个区别是秦始皇焚书坑儒造成的。进入汉朝以后，朝廷重新开始恢复儒教，当时儒教经典已全部被秦始皇焚烧殆尽。所以只好招集国内儒者凭借记忆重新记录成书。这些经典文本用汉朝通用字体隶书写成，所以被称作"今文经书"。可是后来在孔子故居的夹墙里发现了秦以前的一些文本。估计是为躲避焚书之祸而藏在这里的。这些文本用秦以前的古字体籀文（大篆）写成，故称"古文经书"。今文与古文的区别不仅限于字体的不同，在内容上也各有异同，其中《周礼》和《春秋左氏传》只有古文文本。

不过上述内容在多大程度上属实，还有待进一步证实。特别是围绕古文的来历问题更是众说不一。这些况且不提，汉代的儒教经典存在着今文与古文的区别这一点却是事实。因为所用文本的不同又产生了今文学派和古文学派之间的学派对立。这两个学派最终握手言和实现统一，是在后汉末三国时代。

通儒郑玄的经典解释 汉武帝把儒教定为国教时，经典还都是今文文本。国都太学里的博士们也都是今文学者。今文学者重视家传和师承，对经典的研究也是各专一门。因为研究的对象是国教，所以其目的当然也就只能是为汉王朝服务。从这个意义上说儒教可说是一种御用学问。进入后汉以后，预言王朝前途的谶纬学非常盛行，儒教受它的影响，御用学问的倾向变得更加严重。

相对的，古文学派从一开始就受到曾帮助王莽篡权的刘向、刘歆父子的推崇，政治色彩也很强，到了后汉虽然也一度流行，但最终没有得到政府的公认。因此古文学只能是一种在野的学问。可是，后汉末期，正是从这个在野的古文学派中诞生了一个通晓各种经典的集大成的学者——郑玄。

当时的今文学者对经典的研究都是专修一门，而郑玄却研究今古，博览纬书，追求全面、系统地领会经典内容。他的具体做法是，为解释某一经典文言，引用其他相关经典的语句，也就是以经注经。除《春秋》《孟子》以外，郑玄用这个方法注释了其余的全部经典（《孟子》在当时还未被视为经典）。如果像郑玄这样融会贯通地解释各种经典，过去的那些家传和师承自然就会失去意义。郑玄的老师马融曾一语道破"学无常师"，郑玄才是一个真正做到了破除家传师承的束缚、通晓各门学说的通儒代表。而实际上，郑玄的学说确实在许多方面不同于马融。

郑玄以一个在野学者的身份走完了他的一生。这与他不为某种特定政治目的、不为王朝服务的客观的治学态度有着密不可分的关系。虽然他终身不仕，但何进、袁绍、孔融、陶谦等这些当时的当权者和名士都对他非常崇敬，曾多次请他出山。连蜀国的姜维都十分崇拜郑玄的学说，说明他对后人影响之大。

在《演义》里，刘备也曾师事郑玄，当刘备败给曹操，想要去投奔袁绍时，郑玄还专门给袁绍写了一封介绍信。但实际上刘备投奔袁绍，是因为他以前曾推荐袁绍之子袁谭当孝廉（按：应为"茂才"）。当然小说里让郑玄这样的大人物出面确实寓意深刻。《演义》还在这里不留痕迹地引出一段见于《世说新语》的小插曲，表现郑玄家中连侍女们都广知风雅，通晓《诗经》。《演义》很擅长运用这类小道具。

郑玄的学问融汇了今文、古文双方的学说，但其主体还是古文。因此后汉以来的今文、古文之争得以终结，古文学派占了优势。后汉末年的《熹平石经》是隶书体的今文文本，而建于魏正始年间的《正始石经》，则是用古文、篆书、隶书三种字体刻的古文文本。前面已经提到过，关羽、吕蒙等当时的武将都喜爱阅读《春秋左氏传》，《春秋左氏传》就是一本古文学派的代表文本。这些都和古文学派的优势地位有一定关系。

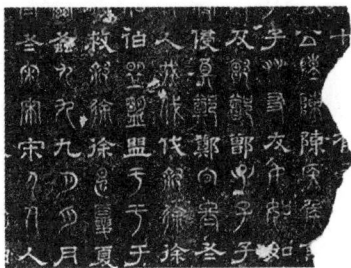

75 正始石经拓本（京都大学人文科学研究所藏） 古文、篆书、隶书三种
字体刻制的儒教经典石碑。左为局部放大图

当时，也有一些人反对郑玄的学说，魏的高官王朗之子王肃
就是其中一人。不过，王肃在解释经典时也是融汇了各经典的学
说，在这点上他与郑玄没有什么不同。这种融会贯通解释经典
的方法在当时已形成一股潮流。又因为王肃的女儿为司马昭之妻，
生下司马炎，也就是后来的晋武帝，所以晋朝基本上都采用王肃
的注释。郑玄之孙郑小同，虽然当上了高贵乡公的侍从，但还是
被司马昭所杀。这说不定还是王肃从中作祟的结果。还有人认为
王肃伪造了《古文尚书》的孔安国注等等，总之王肃这个人是一
个不怎么样的学者。

融合儒家与道家的"玄学" 郑玄打破了横在经典之间的障碍，他对今文古文的综合研究又进一步超越了儒教自身的范畴，为儒教与其他学派的交流开辟了途径。在儒教成为国教以前，儒教作为儒家只不过是诸子百家中的一家而已。后汉末年，连年的战乱使汉帝国的权威受到动摇，儒教的国教地位也受到冲击，人们的注意力又重新开始转向诸子百家的多种多样的世界。

其中以《老子》、《庄子》为代表的，对存在的根本意义进行哲学思索的道家思想，强烈吸引了那些对繁琐的儒家实践道德感到厌倦的人们。当时融合道家思想与儒家思想进行哲学思辨的学问被称作"玄学"。

玄学在魏晋时代十分盛行，以在正始年间掌握实权的曹爽一派为核心，代表人物有何晏和王弼等。何晏著《道德论》，主张儒道合同；王弼祖述《老子》、《周易》，其中《周易注》是援引道家思想来做注释的。《周易》在儒教经典中也是属于哲学色彩较强的一部经典，它与道家的《老子》、《庄子》并称"三玄"，三玄是当时经常讨论的主题。玄学派以道家的天地万物以无为本作为自己的理论根据。对此，裴頠著《崇有论》，主张儒家不同于道家，重新肯定儒教的作用。

曹爽一派中的何晏和夏侯玄还参考诸子百家中提倡法治的名家和法家思想，认为人的才能与德性无关。这种观点在一定程度上继承了曹操重才不重德的唯才是举的用人思想。与此相对，司马懿一派则主张人的才能与道德一致。当时评价一个人的道德品行，往往要看他的出身门第，所以这个主张最终归结于门阀、名门主义。这些看上去非常抽象的议论，与正始年间曹爽一派与司马懿一派的政治斗争有着密切的关系。

清谈流行　　　　随着玄学的流行，形成了一种如上述所说的就一些玄学问题进行哲学抽象的思辨、反复辩论的风气，当时称之为"清谈"。清谈是相对于俗世之谈而言的，是一些与现实无关的清高之谈。比如，玄学派代表人物何晏与王弼，就圣人喜怒哀乐感情的有无进行争论。何晏认为圣人无感情可言，而王弼则认为圣人也有感情，只不过需要更好地调节而已。真可以说是一个怎么说都无所谓的模棱两可的问题。当时人们对这种辩论非常热衷。

清谈的时候，主客双方常常手执拂尘边摇边谈，激动之时甚至手舞足蹈。对谈时不仅要求论点高明，还必须有高超的语言技巧，特别是那些能让对方理屈词穷的一发即中的反论。包括对谈时的音容举止都受到关注。据说何晏就从来手不离白粉，对自己的形象非常在意。

东晋的阮瞻一次拜见宰相王戎，被问及儒家与道家的异同，阮瞻当即答道："将无同（有何不同呢？）。"王戎对阮瞻的这个回答非常赏识，提拔阮瞻为官。这两人的对话虽然不是正式的清谈，但也在一定程度上很能传达清谈的气氛。因此，可以说清谈不仅是论点的驳难，也是一种语言的对决，或者说是包括音容举止在内的综合表达能力的一个对决。从这个意义上说，清谈与我们已经提到过的当时的外交舞台上的各种交锋非常相似。而且，与后汉以来名士间流行的人物品评也密切相关。人物品评需对人物的言行举止、外表容貌进行综合判断，当场组织成精练恰当的语言进行评论。从上述阮瞻的例子我们也能看出，看上去与俗事无关的清谈，实际上与当时的政治保持着一种微妙的关系。

清谈不仅在魏国盛行，在当时的名士中也蔚然成风，成为一种时尚。出仕蜀国的许靖等人也很热衷于清谈，但在不大重视名士的吴国却找不到流行的迹象。有关清谈和人物品评的一些遗闻轶事，被收录在后来南朝刘宋时代编写的《世说新语》里。此后，这种清谈的传统也随之从中国社会的舞台上消失。唯一流传至今的可能就算禅宗开展的禅问答了。同样，禅问答不仅重视驳难论理，同时也取决于双方能力的全面发挥，是一种瞬间决定胜负的对谈形式。

问答游戏 　　　　清谈针对圣人有无感情、儒家与道家的异同等彼此相反的命题进行质疑问难。这种质疑问难，在当时已形成一种风气，在清谈这种哲学辩论的场合以外也经常出现。比如在魏国，针对是否恢复以前被汉文帝废止的肉刑（斩足等刑罚），群臣之间展开了讨论。钟繇与陈群表示赞成，王朗表示反对。像这样的还属于一种与现实政治有关的实用性的讨论，更有一些既没有实用性、也没有哲学性的讨论。孙权与蜀国使者李密就兄弟的利弊进行辩论，就属于这一类情况。这种质疑问难，与其说是为了得出结论，还不如说是为了享受辩论的乐趣。

更有趣的是魏文帝宠臣吴质的例子。有一次重臣曹真和朱铄在宴会上同坐，吴质故意叫来俳优谈论"肥与瘦"的问题。因为曹真很胖而朱铄很瘦，吴质想借此给宴会助兴。俳优把胖子和瘦子的特征表现得滑稽可笑，又是品头论足，又是对比长短，没想到真的惹恼了曹真和朱铄，不但没给宴会助上兴，反而搞得大家不欢而散。由此可见，这种针对两个彼此相反的命题进行讨论的"问难"，在当时已经发展成一种文艺形式。作为它的背景，可以想象这种针对各种命题进行的问难非常盛行，已成为人们的一种消遣。清谈的流行在一定程度上也与这种风气有关。在这个时代的人物传记中经常能看到"机捷谈笑"、"滑稽"等表现，也反映了这种风潮。左思的《三都赋》里出现的三者对谈辩论事物优劣的形式汉代就有，应该也是二者问答的一种变形吧。

敦煌发现的唐代民间文学中有一篇《茶酒论》，非常有趣。它以拟人化的表现手法，让茶和酒你问我答，争论彼此的优劣，最后让水出来劝解，才算收场。这属于一种游戏文学。后来，到了明代末期，当时的文人邓志谟以"争奇"为题创作了许多同样形式的作品。比如《花鸟争奇》、《山水争奇》、《风月争奇》、《童婉争奇》（男色与女色）等。孙权对兄弟利弊的对谈、吴质请人搞的肥与瘦之争等，都应该算作这些后世游戏文学的出发点。这种游戏文学在室町时代末期可能由五山禅僧[1]带进日本，在日本也有人写了像《茶酒论》、《酒饼论》、《酒饭论》等同类作品。

忠孝之争

郑玄的同乡邴原，比郑玄稍小几岁，也是三国时代的一位著名学者。曹丕还是太子的时候，一次在宴会上给大家出了一个题：君主和父亲同患重病，而药只有一丸，只能救一个人，到底应该救君主，还是应该救父亲？一席人有说救父亲的，有说救君主的，众说不一。曹丕见邴原一言不发，就征求他的意见。邴原不慌不忙地说："救父亲！"争论就此结束。这虽然谈不上是什么机智应对，但从中可以看到，与对君主的忠义相比，当时的人们更重视对父母的孝行。孙权和李密谈论兄弟之利弊时，李密回答说"兄长能更多地孝顺父母，所以做兄长有利"，也反映了对孝行的重视。

忠与孝相比，一般认为忠具有公的性质，但恰恰相反，忠只不过是个人对君主效力而已，而孝才是一种通过实践实现宗族繁荣的手段。在这个动荡不安、王朝频繁交替的年代，如果一个一个要去尽忠的话，谁也受不了。相比之下宗族的安泰才是首要的，因此孝行也就变得非常重要。虽然认为三国时代儒教权威已经相当衰弱，但以孝为中心的儒教实践道德，反而更加普及。

在提倡孝行的儒教经典中有一部《孝经》。儒家经典中影响最大的就是《孝经》。它不仅被广泛阅读，其中的一些字句还被人们当作是可以避邪免灾的经一样念诵。黄巾之乱暴发时，就有一个叫向栩的官吏说：只要念诵《孝经》，贼人自会消灭。

后汉、三国时代的孝子贤孙们

不过要想普及孝的道德规范，只靠《孝经》那样一味说教孝行的重要性还很不够，还需要树立一些躬行孝道的榜样事迹才能使孝的内容通俗易懂，更有说服力。应运而生的就是《孝子传》。以孝子事迹为题材的《孝子传》，六朝以后衍生了大量的作品，其中最有代表性的是近世开始普及的《二十四孝》。被写入这些《孝子传》里的孝子，后汉三国时代的人物很多。其中三国时代的孝子多是一些大名鼎鼎的人物。

首先，我们来看孝子之一、魏晋之际曾当过太保的王祥。王祥小时虽然受继母虐待，但还是非常孝顺。在一个严寒的冬日，继母说想吃鲜鱼，王祥就来到河边脱光了衣服卧冰求鱼，这时冰突然裂开，从水中跳出两条鲤鱼来。后来继母又说想吃烤雀，房子里就飞进几十只麻雀来。这个故事想告诉人们王祥的孝心感动了上天这样一个结果，不过这只能说是一个童话故事。王祥的后代成为六朝的名门贵族琅琊王氏，王祥的故事也可说是一个家族的始祖神话，目的是为了昭示后人：因为有如此孝行的祖先，所以才有子孙后代的繁荣。

第二个孝子是在吴国末期当过司空的孟宗。孟宗的母亲在严冬季节想要吃竹笋，孟宗找不到竹笋，急得抱竹痛哭，不一会

76 "二十四孝图"中的王祥图　裸卧冰上，手抓鲤鱼。
选自江户时代《二十四孝稚讲释》

儿地上竟长出竹笋来。这个故事后来成为"孟宗竹"一词的出处。与王祥的故事异曲同工，这个故事当然也不是一个真事。在孙权还活着的时候，孟宗就因为没有遵守"禁止因服丧而休职"的法律，差点儿被判死刑，最后罪减一等才得以幸免。按照儒教的礼法父母亡故必须服丧三年，官吏也不例外。但是官吏休职三年，对公务的影响可想而知。虽然如此，在重视礼法的魏国服丧三年的规定还是被保留下来，而在吴国却用法律禁止了。将军胡综就对这个法令表示支持说，"为忠臣不得为孝子"。由此也可以看出，吴与魏有着不同的国家理念。

　　第三个孝子是陆逊的叔父，吴国名门陆氏一族的陆绩。陆绩六岁的时候，有一天去给袁术请安。袁术看到来了一个孩子，就拿出橘子给他吃。陆绩却悄悄拿了三个揣到自己的怀里。没想到告辞的时候一弯腰橘子掉了出来。袁术嗔怪道："陆家的小家伙到别人家来作客，怎么还偷橘子？"陆绩回答说："我是要拿回去给母亲大人吃的。"与前面两个孝子的故事相比，这个故事确实够现实的了，可是作为孝行也未免有点儿太平凡。这种区区小事似乎没有必要作为孝行来专门宣传。陆绩的父亲陆康与袁术关系不好，这可能本来是一个表现孩子早熟懂事的故事，后来被转用到孝行故事里。陆绩后来成为大学者，尤其精通天文学。

三国以前以孝子广为人知的除了舜、汉文帝等帝王和孔子的弟子曾子、闵损等人物以外，基本上没什么名人。而到了三国时代却出现了像王祥、孟宗这样的高官，还有陆绩这样的学者都被作为孝行人物传颂。说明孝的道德观念已相当普及，而且也因为人们已开始认识到孝行与自身的荣华和氏族的繁荣有着密不可分的关系。而王祥、孟宗这些荒诞故事产生的背景，可能与我们下面将提到的志怪小说的流行或者道教、佛教的影响有一定的关系。

《二十四孝》中的三国人物，此外还有学者王裒以及后来据说是变成了仙人的吴猛。吴猛为了不让蚊子叮咬父亲，故意不赶走叮在自己身上的蚊子。王裒痛心父亲的屈死，每天都到墓前拜跪，攀柏痛哭。像这样的孝行，差不多还是能做到的。

道教的诞生

从厚葬走向薄葬

如果去香港或台湾，现在还能在遍布城市各处的大红大绿的庙里看到香烟缭绕、人们虔诚祈祷的景象。形象地说，这就是道教。道教是一个祈求现世幸福、现实志向较强的中国独自的民间宗教。它起源于三国时代被奉为黄巾之乱理论根据的太平道，以及在汉中树立宗教独立王国的张鲁领导的五斗米道。

三国以前的中国古代信仰，主要特征是追求长生不老以及死后永生，传说住在西方圣山昆仑山上的西王母，东方海上仙山上生长的仙药，都成为人们向往的对象。为了能长生不老，死后永生，秦始皇、汉武帝都曾派使者到东方海上寻求仙药，也都为自己营造了规模宏大的陵墓。此外，从湖南长沙马王堆汉墓中出土的保存完好令人惊叹的软侯夫人尸体，墓中出土的帛画上描绘的昆仑山升仙图以及常见于汉代墓葬的西王母与东王公画像石等，都是追求长生不老的古代信仰的一个写照。

可是，人总有一死，人的尸体也不可能得到永久保存。何况所谓的仙药以及尸体保存技术，本来也只是少数王公贵族的一种特权，与一般民众没有什么关系。随着时代的变迁和民众的觉醒，那种追求物理上的永生的古代信仰就必然走向崩溃。汉代如马王堆汉墓显示的那样，盛行建筑豪华陵墓的厚葬之风。但是从后汉后期，在知识分子之间出现了着平服入殓的薄葬主张，可说是古代信仰衰败的一个表现。

另外，在三国时代，有不少墓是利用了上代坟墓中的画像石建造的，这些墓里有的甚至把西王母和东王公放成东西颠倒的。这也是古代信仰走向没落的一个表现。三国时代，因为连年战乱，常有掘坟挖墓，把墓中木石用于军事作战的情况发生。诸葛亮北伐时，死守陈仓坚决不降的魏将郝昭，后来在临死前对身边左右说，自己作为武将，掘了许多墓，取其中木材用于攻城，所以深知厚葬对于死者没有什么好处。曹操和曹丕都下令不要把自己的陵墓搞得太豪华。曹丕更是认为，自古以来没有不被人掘的坟。这也正是三国时代人们的一种真实感受，因此在当时薄葬令也时有发布。

在这样的风气之下，一种追求得到现世拯救的新宗教应运而生了。这就是太平道和五斗米道。

黄巾与太平道 黄巾之乱的首谋张角打着"苍天已死，黄天当立"的旗号，为推翻汉王朝发动了反乱。他把信徒组织成一种称为"方"的军事集团。不过他的主要活动内容是通过忏悔和利用咒符给人治病，张角三兄弟一开始都自称"大医"。

《演义》在孙策死的那一回里写了这样一段，一个叫于吉的道士使用妖术为人治病，孙策以蛊惑人心为由杀了于吉，后因受咒而死。而在《后汉书·襄楷传》里有这样的记载，说在于吉被杀的六十多年以前，也就是后汉的顺帝时代，一个叫宫崇的人把他的老师干吉得到的一套神书《太平清领书》献给朝廷，但因为内容庞杂而未被采用。可是后来到了桓帝的时候，这本书又被阴阳家襄楷重新推荐给皇帝。据说这个"干吉"就是孙策杀的那个"于吉"，这么说他在死于孙策之手时，至少已经有一百岁以上。所以这应该是一个传说中的人物。而这本《太平清领书》，后来被张角利用。张角创立的教被称作太平道，就是因此而来。

《太平清领书》现在以《太平经》一名只残存了其中的一部分。《太平经》主要以问答形式阐说了太平道的各种教义。其中有关忏悔及其效用，以及用咒符治病的方法等记载，在内容上与张角的主张基本一致。它主张以实现现世的太平理想之国、救济百姓为目的，对死后的世界丝毫没有涉及，这一点很有特征。

不过，在《太平经》里并没有出现为"苍天已死，黄天当立"所象征的那种推翻汉王朝的革命思想。因为《太平清领书》是一部阐述有关阴阳五行的道教经典，本来这种有关改朝换代之类的内容多少也是会有一些的，但是这部书既然要献给皇帝，当然不会写进什么革命思想了。所以"苍天已死，黄天当立"这个口号，应该是张角后来加上去的。这里的"黄天"，与魏禅让时的依据相同，都是根据五行思想认为汉朝是火德，下一个王朝就应该是土德，土的颜色是黄色，所以说成"黄天"。如果这样的话，汉朝则应该是"赤天"，说成"苍天"就有点儿不对劲儿了。关于这一点，有人认为苍天为赤天之误；有人认为苍天是一般名词代表着"天"，认为在当时人们的心目中汉王朝已经超越了五行思想成为上天本身；也有人认为这是因为用五行解释姓的发音的五音说造成的，答案无从而知。

不管怎么说，张角和他领导的黄巾集团，在这个革命思想的指导下发动了起义，遭到镇压，起义最后失败。此后，太平道的教团组织也就销声匿迹了，只是阐说其教义的《太平经》流传下来。

且说五斗米道，它始于张鲁的祖父张陵。

五斗米道与
《老子想尔注》

张陵或称张道陵，在顺帝在位期间，从故乡沛国来到了蜀的鹤鸣山（又称鹄鸣山）问道修行，著作道书，广泛传播道教信仰。张陵的教诲由儿子张脩（或称张衡）继承，又传给孙子张鲁。其修道之法是，设静室使病人在其中反省忏悔，给病人饮符水（施过咒术的水）治病，或者书写病人姓名和服罪之意，一式三份，一份放到山上献给上天，一份埋在地里，一份沉入水中（称作三官手书），以祈祷除魔去病。这与太平道的以思过忏悔饮符水治病的做法基本相同。因为每次治病只收病人五斗米，所以被称作五斗米道。

沛国是曹操的出生地，也是黄巾的势力范围。有迹象表明黄巾也曾进入过蜀，所以说太平道与五斗米道可能有一定的关系。双方的教祖都姓张，可能也绝非偶然。但是，五斗米道还是有一些不同于太平道的地方。

相对于太平道教团采取的军事编制，五斗米道的教团组织则更接近于一种行政编制组织。太平道建立的"方"，各方首领相当于将军，而五斗米道的祭酒一职则是相当于行政官的长吏一职。祭酒既是宗教指导者，同时又是行政官，负责管理信徒的户籍。也就是类似于江户时代的檀家组织那样的形式。另外，据记载五斗米道还为行旅之人设义舍提供免费住宿，还组织轻罪犯人劳动修路等。这种对行旅之人的关照和对整备交通设施的重视，都是为了吸引当时大量出现的流民入教。通过这种宗教与行政一体化的组织形式，张鲁的五斗米道把汉中地区统治了几乎整整二十年。

五斗米道和太平道的最大区别在于，五斗米道不存在企图推翻汉王朝的革命思想。一次民众从地里挖出玉印，要求张鲁即位汉宁王，张鲁并没答应。在曹操攻打汉中时，张鲁也几乎是不战而降。显然张鲁除了统治汉中以外并没有什么非分之想。张鲁投降后，曹操封张鲁一族为诸侯，为其子彭祖娶了张鲁之女，非常厚遇。因此五斗米道的教团组织，在张鲁投降后应该还继续存在，而且也确实没有遭到镇压的迹象。由此我们可以逆推，黄巾太平道之所以遭到镇压，完全归咎于它政治上的革命思想，而不是因为它的宗教教义。

提倡道徒学习《老子》，是五斗米道的又一个特色。太平道虽然也重视黄老（黄帝与老子）之道，但从其教义以及《太平经》里却找不到它与《老子》思想的直接关系。后汉的桓帝也多次祭祀老子，这说明随着古代信仰的崩溃，老子又重新成为人们的信仰对象。而这种情况下的老子，已经脱离了玄学派的那种哲学思辨的解释，演变成一个能够给人们带来现世利益的存在。五斗米道对《老子》的推崇，也反映了作为一种道教信仰对象的老子形象。

敦煌发现的《老子想尔注》，被认为是张鲁为教化道徒曾使用过的《老子》的注释书。这本《老子想尔注》的内容结合戒律，是一本非常实用的道教经典，与同时代玄学派代表人物王弼的哲学思辨的《老子》解释意趣迥然。五斗米道把知识分子尊崇的《老子》作为教化的手段，反映了它在体制上以及文化上与太平道有着不同的特质。

张天师与孔子后裔　张鲁的子孙后来徙居江西龙虎山（今江西省贵溪市），世代相传，子孙嗣教者均称张天师，受到历代王朝的尊崇。所创教团也被称作天师道或正一道，成为道教门派中势力最大的组织。有关张天师，小说《水浒传》的开头有这样一段故事：朝廷为了扑灭肆虐都城的瘟疫，派使者前往龙虎山向张天师求救，结果从那里放跑了一百零八个盗贼。这段故事可以说是家喻户晓。张天师后被张氏子孙代代继承，第六十三代张天师张恩溥（1904—1969）于1949年逃到台湾。死后，其侄子张源先（1930—2008）继任为第六十四代张天师。

顺便来看一下孔子的后裔，孔子后裔自汉代被封拜褒成侯以来，代代居住在故乡曲阜（在山东省），魏文帝时改封宗圣侯，后来封号屡次改变，到北宋时改封为衍圣公，这个称号被后代一直沿袭到清朝。

清朝被推翻后，中华民国继续尊崇儒教，孔子第七十七代孙孔德成（1918—2008）被任命为大成至圣先师奉祀官。孔德成在中华人民共和国成立后，与张天师一样移居到台湾，历任"总统府"资政、考试院院长等高职。作为著名的古典学

77 孔庙　在孔子故乡山东省曲阜市孔庙，现在还举行祭祀孔子的仪式

者，孔德成还长期执教于台湾大学。孔德成死后，其孙孔垂长（1975—　）继位。作为儒道两教开山鼻祖孔子和张天师的后裔，可以说是拥有了全球屈指可数的古老家系。在中国这样一个革命频仍的国家，王朝虽然不能永续，但是宗教领袖们却经历无数王朝的兴衰达到了万世一系。

《演义》里也出场的孔融，虽然不是直系，但也算是孔子的第二十代孙。孔融小时就很聪明，一次，他很想见一见当时的名士李膺，就去登门拜访。李膺不认识他，孔融就说，我和你可是有世交的。李膺搞不明白，问怎么回事，孔融回答说，我家祖先孔子和你家祖先老子（姓李）从前是有过师兄弟关系吧！李膺听后赞叹不已。有人听到这个故事就挤兑孔融说，小时太聪明的人，长大后差不多都变得平庸。孔融马上回他一句：可见你小时一定很聪明。总之孔融是这个时代具有一流智慧的人物。但是他恃才负气，经常与曹操作对，而且还常有过激言论，他甚至不顾自己作为孔子后代的立场，认为孩子是父母肉欲的产物，所以没有必要行孝。孔融最后还是被曹操给杀掉了。

关羽为什么变成了神

现在，在道教的众多神仙中，最受人们爱戴的莫过于关帝了。不仅中国国内，海外的华人街也几乎每处都有关帝庙。日本横滨和神户中华街里的关帝庙就很有名。关帝也就是关羽。可是关羽为什么被人们敬成了神呢？为什么不是刘备而是关羽呢？作为刘备的兄弟关羽却成了神，情理上是不是有点儿说不过去呢？关于这一点，有人认为这和日本的菅原道真[2]的情况相同，是出自于一种人们把不幸屈死的人作为冤魂祭祀的民间信仰。但是要说屈死，张飞、刘备甚至诸葛亮也都一样。虽然关羽被杀后，确实发生了吕蒙和曹操相继暴死的这种偶然事件，但是因此就把关羽作为冤魂祭祀似乎也说不过去。问题是，后世华侨所信仰的关帝实际上是一个商业神。

前面已经提到过，《演义》里有关关羽的描写，类似青龙刀、赤兔马这样的虚构成分很多。这些虚构成分大多是根据民间传说创作的。关羽在传说中经常和水发生关系。比如关羽因在故乡杀死恶霸官吏，被官府通缉，逃亡在外。一次遇到关卡不能通过，水中观音帮他把脸变得通红，才顺利过了关。当被问及姓名时，关羽随便说了个"关"，从此就姓了关，也就是说他本来并不姓关。还有一个传说流传很广，据说关羽的生日是五月十三日，每到这天都会下雨，这是因为关羽要借雨磨青龙刀，所以这时候的雨被叫做磨刀雨。

从《三国志》有关关羽的记述里，也可以看到不少与水有关的内容。比如，赤壁之战前夜，关羽就单独率领水军行动，没有

78 解州关帝庙 山西运城市解州镇常平村是关羽家乡，乡人依祖坟立庙，称"关王故里"

和刘备在一起。围樊城时关羽又水攻于禁，等等。另外，《三国志·甘宁传》里有这样的记载，吴国鲁肃在荆州益阳与关羽对峙，关羽率五千精兵在浅滩集结准备涉水渡河，却被甘宁的八百兵阻拦。这个浅滩后被人称作关羽濑。关羽濑这个地名，在陈寿写《三国志》以前，也就是关羽死后不久就已经出现了。关羽渡河失败，可浅滩名却用了他的名字，似乎不大合理，这大概是因为关羽与水的关系极深，在当时已经被当作水神崇拜的原因。另外，在四川一带，后来张飞也被作为水神祭祀。

山西商人与关羽

这样理解的另一个理由与关羽的出生地有关。关羽出生于今天的山西省运城市解州。解州有中国最大的盐湖解池，自古就以产盐而驰名，有关解池的水神信仰也很盛行。所以人们把解州出身的名人关羽与解池的水神联系到一起也是很自然的，这一点从流传至今的关羽击退解池妖怪蚩尤的传说和戏剧也可以看到。

解池盐自汉代以来就是政府的专卖商品或者统制商品。到了三国时代，解池附近安邑出身的卫觊也向曹操进言，主张实行食盐的统制专卖。这时的一些受政府委托从事盐业的山西商人，后世又把生意扩大到金融业，成为支配整个中国经济的力量。关帝信仰的普及，与山西商人这种全国范围的经商活动不是没有关系。比如，四川省的山城自贡市，有一座盐业历史博物馆，这个博物馆的前身本来就是一座关帝庙，也是当年的山西商人会馆。

总之，我们可以得出结论，关羽因为他的不幸屈死以及他与水的缘分，被人们赋予了水神的性质（在中国像屈原、伍子胥等屈死的英雄常被人们敬作水神），这点又恰巧与关羽故乡解池的水神信仰结合在一起，通过山西商人传遍全国，在这个过程中又逐渐具有商业神的性质。《演义》是一部以蜀为中心写的小说，具体到个人，在蜀的众多人物中，关羽又受到特殊的待遇。在《演义》的早期文本中，只有关羽的名字被写成关公或关某。在众多传说和创作的装点下，关羽被塑造成《演义》中最英雄的一个人物。从这个意义上说，《演义》也可以说是受到了关帝信仰的影响。

佛教的普及

佛教传来

关于印度佛教何时传入中国，有一些把传入时期设定较早的说法，比如认为是在周穆王时、孔子时、秦始皇时以及汉武帝时等等。但是这些说法，佐证资料越近里面所出现的年代反而越远，所以全都不可信。最有名的一个说法是这样的：后汉永平十年（67），汉明帝

79 白马寺　有佛教传来传说的著名古刹，位于河南洛阳城东

刘庄一天梦见西方金人，于是派使者往西域拜见，途中遇见两位僧人，牵着白马，马上驮满佛典。这两位僧人就是迦叶摩腾和竺法兰。使者把他们迎到洛阳，在洛阳郊外建立了白马寺以传播佛教。不过这个说法估计可能也是后世的一个传说。

值得信赖的史书记录有《三国志》裴注引用的《魏略·西戎传》里记载的前汉末的哀帝元寿元年（前2），博士弟子景卢受大月氏国（今阿富汗历史上的孔雀王朝）使者口传浮屠经；以及《后汉书》记载的汉明帝异母弟楚王刘英学过浮屠斋戒和祭祀法这两种说法。浮屠同佛陀，为梵语 Buddha 的音译。虽然明帝梦见西方圣人这一段应该是个传说，即便如此，我们也还是有理由认为，佛教在前汉末到后汉初这一时期已经以某种形势传入中国。不过，这时的佛教是从印度经由西域诸国才传到中国的，所以它已经不是印度原来的佛教，而是受到西域一定影响的佛教。

后汉末年桓帝、灵帝在位期间，安息国太子安世高、大月氏国高僧支娄迦谶等人又翻译了相当数量的佛教经典。安世高传来了小乘佛教的禅学，支娄迦谶传来了大乘佛教的般若学，但是，佛教的教义并没有因此得到广泛的理解。这个时期的佛教还需要借助当时民间流行的老子信仰，才能被人们在一定程度上接受。楚王刘英在修学佛教的同时，也很热心黄老之道；桓帝把浮屠与老子一同祭祀。他们供奉一个新奇的西方神仙，说白了只不过是为了从中得到一些现世的利益而已。

中国最早的佛陀像 位于江苏省北部沿海地区的连云港市，有一座孔望山。据说从前孔子在此瞭望东海，故名孔望山。从《论语》可以看到，孔子对于自己的政治理念不能在中国实现感到失望，曾想乘筏驶出东海。这件事可能就应该发生在孔望山这个地方，不过这些当然都是传说。很早以前人们就已经知道孔望山南侧岩壁上有许多人物浮雕像，直到1980年代的调查，才发现这些浮雕都是一些雕刻于后汉时代的道教、佛教人物。其中有估计可能是老子、黄帝的人物像，有佛像，还有佛陀涅槃图、舍身饲虎图等。这些浮雕是在现在所知的中国最古的道教、佛教人物画像。

连云港市一带在汉代属于徐州东海郡。为在海上仙山求得长生不老仙药，这里自古盛行方术。据说秦始皇曾巡行此地，立石碑，称秦东门。现在这块巨石还立在孔望山附近。而道教的发祥也与此地有密切的关系。据说干吉得《太平清领书》就是在东海郡的曲阳，这部书到后来成了太平道的圣经。既信黄老之术又倾心佛教的楚王刘英，其封地彭城就在连云港市的西边。另外，后汉时期这里还建有专门祭祀东海神的东海庙，熹平元年（172）

80 孔望山摩崖像中的佛涅槃图　江苏省连云港市，被看作中国最早的佛教人物雕像。右为左部照片的模写图。选自《汉代画像石综合研究》（文物出版社）

的"东海庙碑"被收录在专门辑录古碑文的《金石录》里。中国的学者信立祥认为孔望山正是东海庙的遗迹。东海之神东海君后来成为道教中的一个重要的神仙。

孔望山摩崖像反映了一个以古代神仙思想与后汉道教信仰为基础的刚刚开始被人接受的初期佛教的形象，也显示了这一地区曾是初期佛教的一个中心地区。后汉末期，徐州刺史陶谦手下有一个叫笮融的佛教徒。他深受陶谦信赖，被命负责彭城、广陵一带的物资运送。笮融在任期间，在当地建立了能收容三千人的大浮屠祠（寺院），在祠内供奉金铜佛像，进行读经、浴佛等，吸纳了大量信徒。笮融建浮屠祠是有关佛教寺院的最早记录。

曹操攻打徐州时，笮融带数万信徒逃往南方扬州豫章郡，在那里被杀。此后不久孙策就平定了江南。佛教就这样被这些避难的佛教徒传播到南方。据传笮融杀人不眨眼，常与信徒一起大吃大喝，看来他的佛教信仰，其实与桓帝等一样，也是一种用来追求现世利益的工具。另外，在连云港市附近，还流传着小说《西游记》中家喻户晓的孙悟空花果山水帘洞的传说。这么说来，孙悟空的如意棒，还是从东海龙王那儿要来的呢。

"佛陀即是老子"说　　如上所述，初期佛教通过与道教信仰相结合，才开始得到人们理解并逐渐被接受。鉴于初期佛教与道教的这种关系，又进一步产生了佛陀即为老子化身的说法。被认为是老子著作的《老子》，内容充满神秘思想，同样，老子其人也蒙着一层神秘的色彩。据司马迁《史记·老子传》记载，老子名李耳，楚国苦县人，在周做官，曾与孔子探讨交流过学问。后不堪周朝的衰败，遂出关（函谷关或大散关）西去，此后下落不明。老子在出关前，应关令尹喜之求，写下一书，这就是后世所说的《老子》。不过有关老子的记载，包括是否真有老子其人还有很多疑点。

疑点之一是老子出关后最后到底去了哪里？不过，正因为有这样的疑问，所以产生了这样一个不大现实的说法：老子后来到了西方的印度，在那里教化了胡人（外国人）。这就是所谓的"老子化胡说"。刚才引用过的《魏略·西戎传》里有"老子西出关，过西域，之天竺教胡"的记述；《后汉书·襄楷传》里有"老子入夷狄为浮屠"的记述。由此可见，这种说法在佛教刚刚传来的初期阶段就已经出现了。按"老子化胡"的说法，老子给印度人传去的就是佛教，因此佛陀也就是老子，说佛教传入中国毋宁说是佛教回归中国，也就是说道教与佛教实际同出一源。

此后的西晋时代，道士王符根据上面的这个说法，写了一部《老子化胡经》的道教经典。当时佛教已相当普及，开始形成强大的独立宗教组织。王符写书的目的就是为了强调道教的优越地位，借以对抗佛教。此后，"老子化胡"说一直是道佛两教之间争论的一个焦点。当然这个说法本来就毫无根据，在佛教的强烈抨击下，到了元代《老子化胡经》一书终于被列为禁书。

也就在同一时期，当时镰仓时代的神道也把佛和菩萨认为是日本神灵的化身，出现了所谓反本地垂迹说。这种反本地垂迹说，是为了对抗佛教主张的日本神灵为佛和菩萨的化身的本地垂迹说而产生的，其出发点与《老子化胡经》如出一辙。当时的日本人大概并不知道《老子化胡经》这本书，但是在固有宗教与外来宗教的对立和融合问题上，却不约而同地采取了同样的态度，确实令人深思。

中国最早佛教著作　　佛教在经由北方陆路传来的同时，还在相当早的时期，由南方海路传入中国。印度与越南、中国南部很久以前就建立了海上交通。汉桓帝延熹九年（166），大秦王安敦（古罗马皇帝马可·奥勒留·安东尼）的使者就从越南境内的日南郡向朝廷献来象牙等，这时的使者据说是一个印度商人。

自后汉末期以来，为了躲避战乱，大批知识分子自北方移居位于越南北部的交趾郡，在那里形成了一股避难地特有的文化气氛。这里成为印度佛教与中国儒教、道教交流融合的最佳场所。当时，一个在交趾郡避难的叫牟子的人，以问答方式写了一本叫《理惑论》的佛教概论。"理惑"就是梳理迷惑之意，著者牟子援引儒教和道教的观点，站在佛教的立场上，回答人们对佛教的种种疑问。比如，据传佛有三十二相，八十种好，有人提出那肯定是胡说的，牟子回答说孔子和老子不是也有与众不同的相貌吗？这还是一个相当单纯的例子，这本书里还有一些涉及教义的高深问答，由此可见作者牟子对于儒佛道这三教有相当的修养。

另外，这本书共分三十七条，大概这也是效仿了佛教的三十七道品以及《老子》三十七篇的结果，从这里也可以看到牟子想把老子与佛教联系到一起的意图。《理惑论》是一部中国人写的有关佛教的最早著作，但是因为作者牟子的经历无从可查，所以一直被人怀疑是后人的伪作。不过，现在一般认为至少其中的主要部分是写于后汉末期至三国之间。《理惑论》与《太平经》都是以问答形式写成，这与当时流行清谈的时代背景不无关系。

佛陀的所谓三十二相中，有一种正立手摩膝相，也就是说保持直立时双手能摸着膝盖。据《三国志》记载说，刘备也是垂手过膝。这么长的胳膊如果放到佛身上也就无所谓了，是人的话那不是成了长臂猿吗？这种描写显然也是受了佛教的影响。

孙权与佛僧

吴国北边的徐州、扬州，南边的交趾郡等都是佛教比较盛行的地区，所以吴国在三国中佛教最为发达。三国君主中与佛僧有来往的也只有孙权，这个时代的佛教寺院得到证实的也是在吴国。吴国国都建业当时活跃着许多佛教信徒和僧侣，其代表人物为支谦和康僧会。

支谦的祖父是大月氏国人，后汉灵帝时，他与数百国人一起移居中国，因此支谦出生在中国。支谦最初跟随之亮研究佛教，之亮是大月氏国僧侣支娄迦谶的中国弟子。献帝时，为躲避北方战乱，支谦移居到吴国。据说孙权因为赏识支谦的博识，任命他为博士。支谦精通胡汉双语，翻译了《维摩诘经》、《大明度无极经》、《瑞应本起经》、《法句经》等大量佛典，对后来的以老庄思想理解佛教影响很大。不过，支谦本人并不是僧侣，而是一个在家的信徒，也就是居士。

支谦来自北方，而康僧会则是来自南方。他的祖先是西域康居人，祖祖辈辈居住在印度。他的父亲因为从商，才移居交趾。康僧会是作为一个印度商人之子出生在交趾的。他师事当时避难交趾的南阳的韩林、颖川的皮业、会稽的陈慧等人，并于赤乌十年（247）到建业传教。孙权听了他的说法后非常感动，专门为他设立了寺院。因为是最初的寺院，故名建初寺，寺的所在地被称为佛陀里。康僧会在建初寺一边着手翻译《六度集经》等佛典，一边利用自己丰富的儒佛道教的知识对《安般守意经》、《法镜经》等加以注释。虽然这两部经的注释已经失传，但序文还保存了下来，从中可以看出，他的佛教特征来源于初期的禅学思想。康僧会死于280年，这一年恰好也是吴国灭亡之年。

支谦和康僧会布教活动，使佛教在吴国的君臣之间也得到相当的渗透。比如，著名天文学家阚泽（在《演义》里，赤壁之战时，正是阚泽给曹操送去黄盖诈降书。当然这个情节属于虚构）

81 康僧会弘教壁画

竟把自己的私宅改造成寺院，并以自己的字冠名为德润寺。孙权死后，据记载当时掌握实权的孙綝曾捣毁浮屠寺（寺院），杀害道人（僧侣），成为中国历史上最早的镇压佛教事件。也就是说，佛教在吴国的渗透已经到了受人仇视遭受镇压的程度。另外，吴国制作的神亭壶、铜镜上也都装饰有佛像图案。

魏、西晋的佛教

魏在佛典的翻译方面也毫不逊色于吴，当时也有许多译经者在魏从事译经活动。比如嘉平年间（249—254）来到洛阳的中印度僧侣昙柯迦罗翻译了《僧祇戒心》，第一次向中国介绍了佛教的戒律。在此之前，因为不懂得戒律，当时虽然也有人出家，但都不是正规的出家僧侣。昙柯迦罗传来的戒律，为僧侣的正规出家受戒打下了基础。进入西晋以后，代代祖居敦煌的大月氏国僧人竺法护翻译了《正法华经》，第一次向中国介绍了法华思想。竺法护的佛典翻译多达一百五十部以上，为后世的佛教发展做出了巨大贡献。

虽然玄学在魏非常流行，但是魏却没有像吴那样有过君主名士都接触佛教的记录。唯一例外是曹植，据说他在山东鱼山听到空中回荡的梵音（sa sk tam〔梵语〕音乐），第一次作了梵歌（佛教歌）。不过，估计这只不过是一个传说。因为中国名士阶层与僧侣交流，开始大量接受佛典影响，要到这之后的东晋时代了。当然，这可能与东晋迁都佛教盛行的吴地有一定关系。

不过，虽说如此，魏晋的宫廷以及士人也还是多少受到了一些佛教的影响。曹操的儿子曹冲（幼名仓舒）五六岁时，有一天孙权派人送来一头大象给曹操。曹操召集大臣问怎样才能知道大象的重量，大臣们面面相觑，没有一个人能回答。这时曹冲站出来说，先把大象牵上船，在船身下沉的地方做上记号，然后把象牵下来装上别的东西，等船身沉到刚才的记号处称一下这些东西的重量，就可以得出象的重量。在场的人都对曹冲的聪明赞不绝口。

这个故事见于《三国志·武文世王公传》，但它本来是《杂宝藏经》的《弃老国因缘》中的一个故事，当然不可能是一件真事。在当时流行的这种凤慧、神童故事里，有可能参考借鉴了一些佛典的内容。前面提到的刘备臂长过膝的例子，以及这个曹冲称象的故事，都不经意地、或者是无意地揉进了一些佛典里的故事，这足以说明当时佛教已经相当普及。

可惜的是，聪颖过人的曹冲年仅十三岁就夭折了。曹操的内心悲痛可想而知，

82 麻浩崖墓　位于凌云、乌龙两山之间的溢洪河道东岸，麻诺是地名，崖墓是古代凿山为墓的一种墓葬形式

他甚至不能控制自己的情绪，对在身边尽心安慰自己的长子曹丕不无挖苦地说，冲儿死了对我这个做父亲的来说是一个不幸，可是对于你们兄弟来说却是一个幸运。曹冲死后，学者邴原家也刚死了女儿，曹操提出想把两人合葬，可是被邴原以不合礼仪为由拒绝了。最后曹冲与曹丕夫人甄氏一族的一个死去的姑娘合葬。这种未婚男女死后合葬的习俗，意味着让两人到了阴间也能结婚，又称作冥婚，直到今天在中国也还能经常看到。但是这个习俗有悖于儒教礼法。

蜀国的佛教遗迹　　在蜀国没有像魏、吴那样的译经事业，也找不到与佛教有关的记载。不过，在同时代的魏、吴两国佛教已相当盛行，如果说蜀完全没有受到影响也是不可能的。文献记载虽然没有，与佛教有关的遗迹却存在着。

自汉代以来，蜀国所在的地区就有在山崖上凿洞为墓的独特风习，这些岩洞里常常雕刻各种画像作装饰。其中以位于今天四

川省乐山市的麻浩崖墓最为著称。麻浩崖墓里有一些据推定是属于蜀国时期的佛陀像和僧侣像。另外，彭山县崖墓，出土的陪葬品中有一种树叶呈铜钱状的摇钱树，在这个摇钱树的台座上也可见到佛像图案。这说明在蜀国，佛教也是被糅合到传统信仰里才得到民间的接受。不过，在统治阶层之间却完全找不到佛教传来的痕迹。

《维摩诘经》与居士佛教

以上我们看到，进入三国以后，对佛典的翻译非常盛行，在数量上甚至超过了后汉时代。但是令人意外的是，这些翻译过来的佛典流传至今的却很少。主要原因可能是因为后来出现了鸠摩罗什和玄奘等译经大家，初期这些不完整的翻译也就逐渐无人问津了。不过，其中也有一些为数不多的翻译佛典流传至今，而且还保持着相当大的影响力。支谦翻译的《维摩诘经》就是其中之一。《维摩诘经》还有鸠摩罗什译本和玄奘译本，但是现存最古的译本却出自支谦之手。

《维摩诘经》以文殊菩萨与大富豪维摩诘互相问答的形式写成。一次维摩诘生病卧床，智慧之神文殊菩萨受释迦之命与弟子们一起去探望，这时两人就各种各样的事物现象进行问答议论。其中最重要的观点是认为通过般若思想的空的概念能够进入不二法门。所谓"不二法门"，简单地说就是自他、生死等现实世界中的两个对立事像，从"空"的立场来看，其实都是不二同一的。不二法门是佛教认知世界的最高境界。

83 维摩立像　隋代壁画

前面已经说过，三国时代的中国上自清谈中的哲学谈议，下至宴会上的文艺表演，都非常流行这种以问答方式辩论两个对立事物之优劣的风气。这种看问题的方式，甚至可以说已经成为当时人们的基本思维方式。可是《维摩诘经》却主张对立事物的矛盾其实是同一的。

这对于当时的中国人来说确实是一种崭新的观点。不过，在中国实际上已经存在类似的看法。比如《庄子·齐物论》就是一个代表。《齐物论》里说，庄子有一天梦见自己变成了蝴蝶，醒来后他搞不清是自己在梦中变成了蝴蝶，还是蝴蝶在梦中变成了自己。庄子通过"庄周梦蝶"这个有名的比喻，提出了一个把对立事物的矛盾进行相对化从而达到两者统一的哲学问题。对此，《维摩诘经》则是利用"空"这个绝对概念，来扬弃矛盾。运用问答方式解说不二法门的《维摩诘经》，无疑是以一种为当时士人阶层所熟悉的形式与理论展开，向人们提示了一个陌生而新鲜的概念。

而且《维摩诘经》的主人公维摩诘自身是一个居士，这向人们昭示了不出家也照样能够达到大彻大悟的可能性。这个观点对于那些置身儒教伦理之中，却感到某种不足，希望从佛教中寻求某种更加根源性寄托的中国知识人来说也充满了魅力。

这样,《维摩诘经》又以它丰富的文学表现, 不但吸引了众多的佛教信徒, 还吸引了广大的士人阶层。唐代著名诗人王维就以摩诘为字, 也就是王维摩诘, 显然他是想把自己与维摩诘视为同一。

西行求法第一人

后汉以来的译经事业都是由来自印度以及西域的外国人及其子孙进行的。到了三国时代, 终于出现了去西域求法的僧人。这个人就是朱士行。

朱士行是后汉以来名士辈出的颍川出身。他在洛阳研究阐说般若思想的《道行般若经》, 深感译文的简略艰涩, 为了求得完整的经典, 他于魏甘露五年(260)出远行西域于阗(今新疆维吾尔自治区和田地区)求法。朱士行在于阗得到《放光般若经》原本, 西晋太康三年(282), 他派弟子弗如檀把经本送回洛阳。朱士行自己仍然留在于阗, 后来在那里去世。他派弟子带回的《放光般若经》后来由于阗沙门无罗叉和竺叔兰翻译成汉语。朱士行以后又有法显、玄奘等无数的僧侣西行求法, 朱士行是西行求法的第一人。据说朱士行还是中国第一个正式受戒的出家僧侣, 在他以前, 虽然也有出家的僧人, 但都是没有经过正式的受戒。

朱士行是猪八戒吗?

位于浙江省杭州市的西湖, 作为中国屈指的风景名胜广为人知。西湖湖畔有一座飞来峰, 相传这座山是从印度飞来的。飞来峰的岩壁上有三组据说是宋代制作的人物石雕像。其中一组是三藏法师玄奘与孙行

84 飞来峰造像人马像　雕刻的是最早的求法者朱士行。但是后来变成了朱八戒，也就是猪八戒。浙江省杭州市。著者摄

者的像，作为孙悟空出现的早期事例相当有名。另一组是提有"朱八戒"三字的人物及其从者；最后一组是传说中的最早给中国带来佛典的迦叶摩腾与竺法兰。这里的"朱八戒"的"八戒"二字，据说本来是"士行"二字，后来才被改成了"八戒"的。那么这组浮雕的人物应当是朱士行与从者。这样的话，这三组浮雕的人物构成成了最早的佛典传来者、最早的求法者和最有名的求法者。这样一来就容易理解得多，大概这才应该是本来的构成状态。

朱八戒也就是猪八戒，在《西游记》的早期资料里"猪八戒"都被写成"朱八戒"。后来因为在北方发音里，朱与猪同音，都念作"zhu"，所以"朱"被改成了"猪"，朱八戒也就成了猪八戒。猪在中国指的是家猪。也就是说，根据飞来峰的这些浮雕来看，猪八戒的原型竟然是朱士行。

佛教的孝子故事　　孝是儒教的一个重要德目，所以孝子故事中出现的孝子都应该是中国人，可是在"二十四孝"的故事中却有一个印度孝子。这个人就是睒子。据说睒子父母年老目盲，听说饮鹿乳能治眼疾，睒子就身披鹿皮进入深山，钻到鹿群里去取鹿乳，一次，他差点儿被猎人当作真鹿射中。睒子急忙现身道以实情，才躲过一难。

这个故事的题材来源于印度萨满（shaman 巫师。睒的古音为 siam）的故事，在印度古代叙事诗《罗摩衍那》及《释迦本生谭》（阇多伽）中都可以看到。这个故事在中国最早见于吴国康僧会翻译的《六度集经》。另外，在相传为曹植所作的梵歌中据说也有"睒颂"，可见在三国时代睒子的故事已经广为人知。后来又有《佛说睒子经》等被翻译过来，使睒子的故事变得更加有名。

随着这个故事的不断流传，睒子逐渐被人们与《春秋左氏传》中出现的山东一小国君主郯子混同，在"二十四孝"里已经不太被认为是一个印度人了。"二十四孝"中还有后来被奉为道教仙人的吴猛等人物出现。由此可见，被中国人视为首要道德观念的"孝"，也同样受到儒佛道三教的重视。

第八章

文学的自觉时代

诗与小说——个性的文学

诗本为歌

提起中国古典文学，大部分人首先就会联想到李白、杜甫的唐诗。以唐诗为代表的中国古典诗，在日本一般被称作汉诗，大部分都是五言诗或七言诗。不过中国古典诗并不是从一开始就是五言或七言形式。中国最古的诗集、先秦时代的《诗经》基本上以四言诗为主，《楚辞》则字数不定。五言诗、七言诗发展成为主流，则要到后汉末期至三国的这一段时期。在这个过程中曹操父子以及他们身边的一些诗人发挥了很大的作用。

中国的诗起源于民间歌谣，最初都是唱出来的。所以四言、五言、七言这些诗的体裁的不同，实际上是由诗的原有曲调的变化产生的。人常说歌随时变，因此随着音乐的兴衰，诗的体裁也发生了变化。汉朝为考察民情并为政治所用，专门设置了乐府，收集各地民谣，因此汉代民谣一般又被称作乐府，其形式主要为五言。相对的，七言诗则多用于铜镜的铭文，被认为是一种宗教性质的歌谣。道教经典《太平经》中就有七言诗出现。

后汉末期以后，模仿这种五言乐府诗的体裁，文人们创作了大量的作品。其中《古诗十九首》用简洁朴素的语言描写了人们的内心痛苦与觉醒。比如，"行行重行行，与君生别离。相去万余里，各在天一涯"（第一首）描写离别之情；"生年不满百，常怀千岁忧。昼短苦夜长，何不秉烛游！"（第十五首）则表现了对人生无常的感慨。特别是后者，流露出一种人生短暂，死后未知，活着就应该及时行乐的享乐主义思想，反映了人们相信永生的古代信仰的动摇与生死观的变化。《古诗十九首》作者不详，但是，在后汉末期的文人代表名士蔡邕和他的女儿蔡文姬的作品里也可以看到同样的倾向。

诗人曹操的作风 给五言乐府诗带来新风，为乐府诗在文学上的发展和完善创造了契机的，不管怎么说，还要归功于曹操。曹操作为一个政治家，不仅日理万机，而且在书法、音乐、围棋等方面也有深湛的修养，作为诗人他也是超一流的。曹操在音乐和歌谣上的才能与他的祖父、宦官曹腾曾任宫中音乐小黄门一职有一定的关系。

下边我们来介绍曹操的代表作《蒿里行》，它抒发了关东诸侯联合讨董失败后的心境：

> 关东有义士，兴兵讨群凶。
>
> 初期会盟津，乃心在咸阳。
>
> 军合力不齐，踌躇而雁行。
>
> 势利使人争，嗣还自相戕。
>
> 淮南弟称号，刻玺于北方。
>
> 铠甲生虮虱，万姓以死亡。
>
> 白骨露于野，千里无鸡鸣。
>
> 生民百遗一，念之断人肠。

第五行的"淮南弟"指自称皇帝的袁术，"刻玺"则指袁术之兄袁绍私刻玉玺觊觎帝位。这首诗用简练的语言概括了关东诸侯为讨伐董卓从联合走向内讧的历史。表达了曹操内心的无奈和他对民众饱受战乱之苦的同情。曹操的这首《蒿里行》，与歌唱同一题材的"鼓吹曲"可以说是大相径庭。

如上述所言，曹操在戎马倥偬的征战中，把自己的日常所感常常寄托在诗歌里。作者不详的《古诗十九首》仍然保留着浓厚的民谣特征，歌唱的题材也是一些万人共通的普遍问题。相比之下，曹操的诗则表现了具体情况下的曹操的个人感情。正是这样，一种可以称之为个人的文学、个性的文学的文学形式，中国历史上第一次在这个时代诞生了。

曹操这种对诗的爱好，也传给了儿子曹丕和曹植。特别是曹植，不仅是这个时代的，也是唐以前六朝时期的最重要的诗人之一。曹操父子的作品，有不少是在与幕僚、近臣的应酬以及宴会上作为即兴之作写成的。其中孔融、陈琳、王粲、徐幹、阮瑀、应场、刘桢等七人的作品也受到高度评价，曹丕在所著的《典论·论文》中称他为七子。后世以他们活跃期的年号称他们为"建安七子"。曹操父子与建安七子的文学，在当时那个时代特有的悲怆感和个性觉醒的影响下，形成了一种慷慨激昂的表现风格，被后世称作"建安风骨"，受到唐代李白、杜甫等人的称赞。

围绕"铜雀台赋"的矛盾 《演义》里引用了大量的诗歌，但大多是对书中人物或事件进行批评的后世之作，书中人物自己写的诗，大概只有赤壁之战前夜曹操的诗（参照112页）和实际是后人伪作的曹植的七步诗（参照126页）。另外，还有在刘备三顾茅庐的一回里，出现过诸葛亮岳父黄承彦吟唱诸葛亮《梁甫吟》的情节。根据《三国志》的记载诸葛亮曾作《梁甫吟》，而且这首被认为是诸葛亮所作的诗（实为后世伪作）也见于书中。不过它描写的是春秋时代的贤者晏子设计用两个桃杀三勇士的故事。《演义》作者大概觉得这个内容与三顾茅庐时诸葛亮身上那种逍遥的隐士风格不符，所以把原来的《梁甫吟》改成了一篇毫无关系的咏梅诗。

85 铜雀台旧址　曹操在邺城西北角与金虎台、冰井台同时兴建。上有楼阁，屋顶装饰有巨大铜雀。河北省临漳县

　　《演义》里还有一个场面是，赤壁之战前，诸葛亮为了激将周瑜，故意说曹操南征不是为了别的，就是因为听说孙策、周瑜夫人大乔、小乔姊妹漂亮美丽，所以想把姊妹俩抢占到手，带回邺都铜雀台，供晚年享乐。诸葛亮还当场背诵曹植的《铜雀台赋》。其中有"揽二乔兮东南，乐朝夕兮与共"两句，周瑜听了果然大怒，遂决心联蜀抗曹，《演义》的情节如此。

　　这里的《铜雀台赋》，正确的名称应该叫《登台赋》，的确是曹植为铜雀台写的一篇作品。只不过上述的两句在曹植的原作里并不存在。《演义》作者是从唐代杜牧《赤壁》诗中"东风不与周郎便，铜雀春深锁二乔"受到了启发，才杜撰出原文里不存在的那两句来。又让诸葛亮背诵它们去激怒周瑜，安排得确实很巧妙。而且在《演义》的早期文本中，这两句为"挟二桥于东南兮，若长空之蝃蛛"，表面上说的是"桥"，实际上是暗喻"二乔"，在后来的修订版里，毛宗岗为了简单易懂把"二桥"干脆改成了"二乔"。《演义》的作者和修订者在表现技巧上都很下工夫。

　　不过，这里出现了一个矛盾。曹操筑铜雀台是在赤壁之战两年后的建安十五年（210）。《演义》也在赤壁之战后的第五十六回里写"曹操大宴铜雀台"，这时建安七子之一的陈琳、王粲还到场作了诗（诗没有被引用）。所以说，赤壁之战以前不可能有曹植的《铜雀台赋》。如果《演义》从开头到结尾都是由一个作者构思的话，这样的矛盾也就不可能出现。诸葛亮背诵《铜雀台赋》的情节，很有可能是后来加上去的。

这些且不多说，在《演义》引用的诗赋中，真正属于故事人物所作的作品只有曹操的诗和曹植的赋。诸葛亮的《出师表》当然是被选用了，据说为他所作的《梁甫吟》却只用了题目，诗的内容是莫名顶替的。像这样，在提及三国时代的文学作品时，存在着只列举魏国文人作品的倾向，只不过是因为新的文学运动发生在以曹操为中心的魏，而在吴、蜀几乎没有可称之为文学作品的东西。如果把新文学作为开拓新时代的一个象征性现象的话，这个现象只有在魏才能看到。

竹林七贤

以阮籍、嵇康、山涛、王戎、向秀、刘伶、阮咸这七人为成员的"竹林七贤"，活动在魏正始年间以后，也就是司马氏篡权剧愈演愈烈的时期。阮籍是建安七子之一阮瑀之子，从这一点来说，竹林七贤基本上可看作是建安七子的后辈。说起"竹林七贤"，给人的印象是一些终日聚在竹林中饮酒清谈的隐者或超凡脱俗的奇人。但这都是后世的想象。他们实际生存的那个时代，是司马氏和反司马氏两派展开残酷政治斗争的黑暗时代，是稍不留心就会招致杀身之祸

86 竹林七贤与荣启期（拓本，南京博物院藏） 南京市近郊西善桥宫山墓出土。绘有竹林七贤加上春秋时代的荣启期等八人的墓砖。为最早竹林七贤绘图

的恐怖时代。而且竹林七贤的代表人物阮籍、嵇康本来就与曹家关系紧密。他们的豪饮放纵，其实可以看作是为了在黑暗恐怖时代求生存的一个隐身自晦的手段。下面就是一个很有名的逸话，司马昭想给儿子司马炎娶阮籍之女，阮籍为了躲避，每次见面都喝得醉醺醺的，使司马昭找不到机会提这门亲事。嵇康则是遭司马氏近臣钟会的陷害而被杀。

　　相对于建安文学的悲凉之中渗透着慷慨激昂的风格即所谓的"建安风骨"而言，七贤的文学则散发着一种更加深刻的悲哀和沉痛的孤独感，与当时的时代面貌有很大的关系。但是也正因此，他们的作品才放射出更加强烈的个性光芒。其代表作品为

阮籍的《咏怀诗》八十二首。下边我们来看一下其中的一首：

> 独坐空堂上，谁可与欢者？
> 出门临永路，不见行车马。
> 登高望九州，悠悠分旷野。
> 孤鸟西北飞，离兽东南下。
> 日暮思亲友，晤言用自写。

　　这里没有曹操诗中描写的那种白骨遍野的战争惨相，取而代之的是孤鸟离兽的无人旷野。这里所描写的与其说是实际的景色，还不如说是作者孤独的内心世界。没有能够交心的知己，只能通过自言自语来消除内心的郁闷。

　　与直截了当痛斥讨董同盟背叛瓦解的曹操相比，阮籍的身上则充满了更加沉闷、更加扭曲的情绪。这种近乎绝望的孤独贯穿《咏怀诗》的全篇，读者能从中体会到作者忍受孤独的顽强意志。正因为如此，《咏怀诗》被视为中国诗中格调最高的个性诗作之一。至此，五言诗开始逐渐从自己所起源的民谣风格的乐府诗中分流出来，形成了一股独立的表现个人内心世界的文学潮流。

文豪鲁迅的评价　　曹丕在他的《典论·论文》一文中有一个著名的论断："盖文章，经国之大业，不朽之盛事。"这里所说的文章不仅是一个文学的概念，还是一个包括历史、哲学在内的更广义的概念。他还在文中写道："文以气为主，气之清浊有体，不可力强而致。"用以强调文学中的个人之气，也就是个性的重要性。近代文豪鲁迅在杂文《魏晋风度及文章与药及酒之关系》中称这个时代为"文学的自觉时代"。

有关阮籍的不拘礼法，传说很多，比如他对自己喜欢的人用正眼看，对自己讨厌的人就翻白眼看，在母亲的葬仪上他竟喝酒吃肉等。阮籍的这些行为，是对儒教礼节假面下统治者疯狂争夺权力的那个虚伪时代的一个讽刺，是忠实于内心真实感情的一种思想表白，同时也是在乱世隐身求生的一种智慧。这种在不稳的时局中产生的紧张感使他的孤独感变得更加深刻敏锐，从而创作出众多的优秀作品。这点与嵇康、刘伶非常相似。比如嵇康，山涛推荐他做官，他不但以自己性情懒惰不宜做官为由固辞，还写信给山涛提出绝交。写有《酒德颂》的刘伶更是整天喝得醉醺醺的，他给家仆嘱咐哪天如果自己醉死在哪儿就埋在哪儿。他们的这些肆意放达的言行，被收录在后人编写的人物言谈轶事集《世说新语》里。

竹林七贤之称，是进入东晋时代以后才出现的，当时七贤像常常被人们作为绘画的题材，超凡脱俗的隐者形象也逐渐形成。南京发掘的六朝陵墓的画像砖上，就有竹林七贤以及春秋时代的隐者荣启期这八个人的画像，可以从这里看到当时人们对七贤的认识。

卖鬼的故事

曹操非常多才，他的儿子曹植则更是青出于蓝胜于蓝，比他的父亲更加多才多艺。有这样一个故事：一天，一个叫邯郸淳的文士前来拜访曹植，曹植非常高兴，他先是脱光了膀子跳起西域舞蹈，又是表演杂耍舞剑，然后还朗诵俳优"小说"数千言，最后他更衣整容，与邯郸淳从开天辟地以来的历史说到人物优劣，又评说古今文章、时政的是非，最后甚至大讲兵法，使邯郸淳佩服得五体投地。

这里所说的小说，与现在的小说不同，基本上不涉及政治、哲学等严肃话题，只不过是一些轻松有趣的小故事而已。这些小说自战国时代以来就已经出现，到了这个时代因为社会及价值观的多样化，生死观的变化，道教、佛教的影响等，有关鬼怪以及阴间的怪谈非常流行。曹植给邯郸淳朗读的小说，可能属于这类故事吧。

我们所知道的最早收集怪谈的作品里有一本曹丕的《列异传》。这本书并不是曹丕的个人著作，估计是把当时在他的沙龙里说的故事编辑而成的。这本书虽然已经散失，但是其中的几篇被引用在后世的书籍里。其中宋定伯卖鬼的故事广为人知。

一天，宋定伯独自夜行遇到了鬼，就说自己也是鬼，与鬼同行。半路上他们决定轮流背对方赶路，鬼没有重量，而宋定伯却很重，过河时鬼没有一点儿声响，而宋定伯却搅得水声很大。鬼觉得奇怪，就问怎么回事儿，宋定伯就推说自己是新鬼，还不习惯。最后宋定伯问鬼最怕什么，鬼回答说最怕人的唾沫。

宋定伯就向鬼吐唾沫，鬼于是变成了羊。宋定伯把羊拉到市场上卖了，小赚了一把。这简直就是一个捉弄人的，不对，应该是捉弄鬼的故事。这种把鬼说得低人一等的写法，代表了当时由生死观变化带来的以人为中心、以现世为中心的思考方式。不过，给人留下深刻印象的还是卖鬼这种新奇的构思和那种傻乎乎的憨厚幽默。

再来看一个拿仙人取笑的故事。有一天，仙女麻姑下凡蔡经家。麻姑指甲很长，蔡经看了不由地说，这么长的指甲给我挠挠脊背肯定很舒服。麻姑听了火冒三丈，一怒之下杀了蔡经。挠脊背用的小竹耙子在日本叫"孙子手"，实际上就是从"麻姑手[3]"的发音转变来的。这个故事虽然给人们讲了一个因冒渎神仙而受罚的可怕故事，但是更有意思的是让神仙给自己挠背这种想法的奇拔和幽默。在这点上与上述宋定伯的故事是共通的。

笑话与怪谈

前面我们已经提到过，这个时代的人们非常重视会话的机智。孙权爱开玩笑是很出名的，刘备也有用俏皮话逗人的记载。幽默是一种笼罩于当时整个时代的社会风气。在这种风气的影响下，专门供人逗笑取乐的笑话也就自然而然地产生了。也许越是战乱的岁月，人们也越是追求以一笑来发散内心的痛苦。前面我们提到的邯郸淳，据说为他所编的《笑林》，是中国最早的笑话集。下边我们来介绍几篇。

有一个北方人来到南方的吴国，吴人做竹笋招待他。没吃过竹笋的北方人问这是什么，吴人回答说是竹子。北方人回去后，马上把家里的竹席放到锅里去煮，可是怎么也煮不成竹笋那么软。北方人很生气，骂道："吴人太狡猾，竟然骗我。"下一个故事是吴人到北方的事，北方人拿出酸奶招待吴人，吴人不知酸奶为何物，硬着头皮都吃了。回到旅馆恶心得全吐了。吴人怀疑被人下了毒，便嘱咐儿子说："那个难吃的东西是被下了毒，不过北方人也跟我一起吃了，我死他也得死。你可得小心，千万别上当。"这些以南北饮食文化以及对抗意识为笑料编出来的笑话，给来往于魏吴之间的使者们肯定带来不少宴会上的快乐。

三国时代盛行的怪谈，后被称为志怪小说，《世说新语》中的那些人物逸话被称作志人小说。志怪小说和志人小说，在没有明确的创作概念这一点上与后世小说不同。可是《三国演义》、《水浒传》、《西游记》这些近世小说，却是把志怪小说和志人小说作为它的一个源流发展起来的。

另外，这个时期的一些文学性很强的书信，像曹丕写给吴质的书信以及陆机、陆云兄弟之间的往复书简等，也作为散文文学出现。这与当时书信的广泛普及有关。

科学与医学

三国时代是魏、蜀、吴三国鼎立的时代，这已无需赘言。而皇帝的工作中，最重要的一个内容就是管理历书。中国的皇帝作为天子，也就是上天之子，以上天的意志统治人民，所以皇帝有责任向人民保证上天的正常运行。因此历代王朝原则上都制作新历，以证明自己是上天的代表。因此，所谓服从某个王朝，实际上也就意味着使用这个王朝的历法而已，所谓"奉正朔"就是这个意思。三国时代有三个王朝，也就有三种历法。刘备死后，雍闿在蜀国南方发动反乱，蜀将李严写信质问，雍闿回答说：天无二日，地无二王，可是现在却有三种正朔，叫我们这些偏远地区的人无所适从。

当时三国的历法，蜀国使用的是后汉以来的四分历。四分历的一年为三百六十五天又四分之一天，是一个很粗略的算法。这种四分历在蜀建国以前已经使用了上百年，误差已经变得相当大了。但是以汉王朝正统后继者自居的蜀国也只好继续使用这个四分历。相对于蜀，吴国孙权在建元黄武的那一年（222），马上就采用了后汉末期刘洪考案制作的当时最先进的乾象历。这是因为当时吴国的学者阚泽从刘洪那里学到了这个历法。乾象历一年为三百六十五天又五百八十九分之一百四十五天，相对于四分历，不但准确而且还可以计算月亮运行的快慢，是中国天文史上一部划时代的历法。我们已经提到过，魏国在明帝景初元年（237）曾改订历法，采用了杨伟改进的乾象历。定一年为三百六十五又一千八百四十三分之四百五十五天，比乾象历更加精密。而且景初历对日食计算也越来越细致周密，直到刘宋元嘉二十二年（445）元嘉历公布为止，南北朝历代王朝均使用景初历。

通过上述历法的使用情况我们可以看到，原封不动使用老皇历的蜀国的保守性，当机立断采用新历的吴国的先见性，和能够制作最精密历法的魏国的先进性。特别值得一提的是吴国的天文学研究很盛行，比如，阚泽写了乾象历的注，陆绩绘有浑天图，王蕃根据乾象历制作了仪象等。浑天图和仪象代表了当时最新天文知识的天体图，对后世产生了很大的影响。

天文学的发达与数学的进步有着密不可分的关系。被认为是完成于后汉初期的《九章算术》，可以说代表了中国古代数学的发展水平。这本《九章算术》里已经出现了连立方程式的解法和负数、分数的概念。这与古代印度和希腊数学相比，也是很先进的。《九章算术》后来能够流传后世，是因为当时有刘徽写了一本《九章算术》注。刘徽的注完成于景元四年（263），他把圆分成一百九十二边形，计算出圆周率为3.1416。这种把圆分割成多边形，通过计算多边形来推算圆周率近似值的方法，与古希腊阿基米德的计算方法相同。除此之外，刘徽还有一本《海岛算经》，介绍的是测量方法。

名医华佗狱死

三国时期人口的减少非常严重，这固然是起因于连年的战乱，另外疫病的流行也是造成人口减少的一个主要原因。因此，黄巾军的太平道，张鲁的五斗米道，都是以替人治病作为布教的第一手段。太平道和五斗米道治病主要用的是咒术，但其中肯定也包含了一些医学的治疗手法。战乱和疫病使人们不断面临死亡的这个时代，也是一个医学进步的时代。

提起三国时代的名医，毫无疑问当首推华佗。在《演义》里华佗出现三次，第一次是投药为重伤的吴国将军周泰治疗创伤（第十五回），第二次是关羽的胳膊中了毒箭，华佗为他做刮骨治疗（第七十五回），最后一次是为了给曹操治头疼，华佗建议使用一种叫麻肺汤的麻醉药，实行开颅手术，不想却被曹操怀疑是要害死自己，遂被关入牢狱，死在牢中。不久曹操也死了（第七十八回）。其中治疗周泰和关羽是《演义》的虚构，不是事实，这里只不过是让名医华佗在周泰身负重伤和关羽中毒箭的史实里露了一下面而已。不过，华佗最后被曹操投狱并死在狱中却是事实。但原因是华佗谎称妻子生病跑回家乡的事被人发现。曹操头疼的老毛病久治不愈，就怀疑华佗是故意不好好治。可是后来自己宠爱的儿子仓舒（曹冲，参照268页）快死时，据说曹操很后悔杀了华佗。曹冲病死于建安十三年（208），华佗的狱死应该在这之前，为关羽治疗腕伤完全是不可能的。

华佗的业绩里，非常有名的是用麻沸散（《演义》误作麻肺

87 华佗为关羽刮骨疗伤（歌川国芳绘）

汤）实施了麻醉手术，还有模仿虎、鹿、熊、猴、禽的动作发明的一种叫"五禽戏"的体操。但五禽戏的具体内容，因为据说华佗被投入狱后，把自己的著作全部烧掉，所以我们今天不得而知。华佗与曹操是同乡，好像从很早开始就给曹操治病。但是华佗对于自己不被当作士人、只被当作医生的境遇愤愤不平。这造成了他与曹操之间的矛盾，最终成为他被投狱致死的一个间接原因。华佗最后将自己的著作付之一炬，也是这种不得志的心理状态导致的结果。直至现在中国医生的社会地位与日本相比还低得惊人。在包括医学在内的科学技术的各个领域里，中国自古就领先于世界的先进水平，可是到了近代中国在各个方面都被欧洲赶超，其原因之一就是因为从事科学技术的人的社会地位，远远低于具有儒家知识教养的士人阶级。

因为失去著作华佗几乎已成为一个传说中的人物。相比之下，这个时代最为有名的医学著作当数小华佗几岁的张仲景所著的《伤寒杂病论》。伤寒即传染性热病，《伤寒杂病论》针对当时使人们备受其苦的疫病以及其他各种疾病，记录了详细的经过临床实践的治疗方法。还有魏太医令王叔和的《脉经》、西晋皇甫谧的《黄帝三部针灸甲乙经》，分别是最早系统介绍诊脉和针灸的书籍，它们与《伤寒杂病论》一起，被认为是后来中国医学的最基本经典。

炼丹术与药物学

以玄学和清谈著名的魏的何晏，还因为嗜好服用一种叫作五石散的用五种矿物调和的幻觉剂而出名。这种五石散后来在魏晋南北朝时代广为流行，成为考察当时社会风气的一个不可忽视的要素。鲁迅在杂文《魏晋风度及文章与药及酒之关系》中，与酒并列提到的药，就是这个五石散。这种服用矿石药物的习惯，与南北朝时期流行的炼丹术也有密切关系。炼丹术主要是把丹砂（硫化汞）和铅放在炉中加热炼成"金"，这种"金"被作为长生不老的灵丹妙药服用。其方法见于后汉魏伯阳的《周易参同契》和东晋葛洪的《抱朴子》。汉代以前人们是到遥远的有仙人居住的东海仙岛去求仙药，而到了这个时代，人们已经开始用自己的双手来做仙药了。不过，金当然是不可能炼出什么来的，而且水银是一种有毒物质，用得多了自然会中毒死亡。

炼丹术与西洋的炼金术一样，虽然在炼制灵丹妙药上没能成功，但却促进了化学和药学的发展。中国的药学长期以来一直以《神农本草经》作为基础经典。虽说是本草，但它阐述了植物以及动物、矿物等凡是可以入药的各种物质的功效。这本书据称是上古传说中的帝王神农氏之作，但是实际完成的时间估计应该是在后汉，《伤寒杂病论》作者张仲景等有可能参与写作。《演义》里出现的用妖术嘲弄曹操的仙人左慈（第六十八回），就是后来被视为炼丹术鼻祖的人物。另外，在魏下赐给倭国女王卑弥呼所派使者的礼品中也包含有铅丹五十斤。

三国时代的都城

邺都与洛阳：
中国都城的样板

左思的《三都赋》描写了蜀国的成都、吴国的建业、魏国的邺都这三个城市。其中邺都是曹操在消灭袁绍一族的建安九年（204）建设的，到黄初元年（220）曹丕登基即位迁都洛阳为止，一直是曹操一族作为魏公、魏王时的都城。所以在严格意义上说，邺都不是魏的都城，而是其发祥之地。

邺都遗址在今河北省最南端的临漳县。根据发掘调查，它是一个东西约三公里、南北约二公里的长方形城郭都市。东西各有一门，南有三门，北有二门，共七个城门。比较有特点的地方是，这之前的秦汉时代的都城宫殿都分散于城内各处，而邺都却把宫殿集中在城的北部，并且整个邺都城由东西和南北的中轴线区分，北部是宫殿以及戚里（外戚居住区），南部是官厅以及一般百姓居住区。这种都市规划后来在魏的洛阳，以及隋唐时的

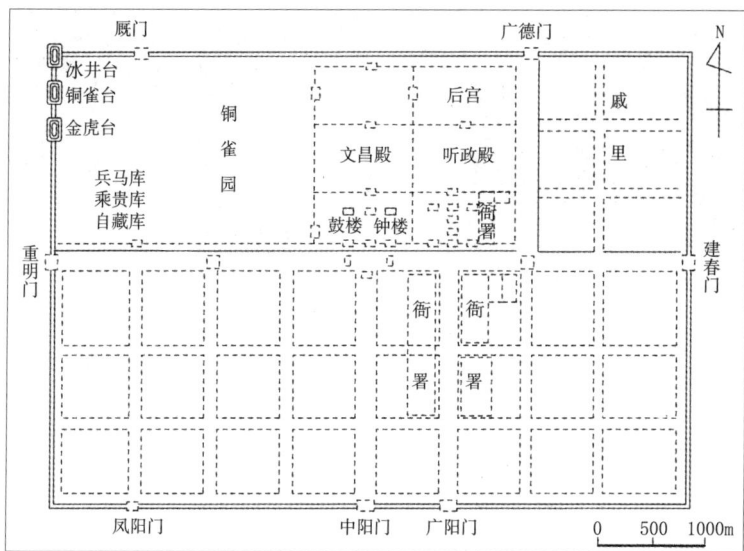

88 魏邺都　邺都在魏以后还为后赵等国都，东魏、北齐时曾向南扩张

洛阳、长安得到了继承和发展，也成为日本平城京、平安京的样板。也就是说魏的邺都，是包括今天的北京在内的中国历代首都的城市规划的原点。另外，在邺都的西北部还筑有冰井台、铜雀台、金虎台等三座楼台。在这些楼台上经常举办宴会，我们已经在有关铜雀台的部分提到过，但它们的真正用途却是军事作用，在洛阳也修建与此类似的楼台。邺都后来又被后赵、冉魏、前燕以及东魏、北齐设为都城，城郭的规模得到扩大。

　　魏都洛阳，位于今天的洛阳市东约十五公里处，它继承了周汉以来的洛阳城（后汉称雒阳）。洛阳在后汉末期的战乱中，特别是董卓迁都长安之际遭受了严重的破坏，魏取代汉朝后，魏文

89 成都武侯祠　祭祀诸葛亮的武侯祠（左）现在是成都市内最有名观光圣地。祠中祭祀有诸葛亮（右）、刘备（中）像。与刘备墓惠陵相邻

帝以及魏明帝都对洛阳进行了修复。魏明帝还仿照邺都的三台，在洛阳城西北建筑了三座小城，称作金墉城，以此作为防卫的一环。但是，由于魏明帝为修复洛阳、建设宫殿大兴土木，给魏国带来了沉重负担，从而加速了魏的灭亡。但是洛阳后来又经过西晋以及随后的北魏时代（494—534年定都洛阳）的建设整备，成为隋唐洛阳（魏洛阳城西约七公里处）及长安的直接样板。

吴国建业与蜀国成都　吴国都城建业位于今南京市，是长江南岸的军事要冲。建安十七年（212）孙权在此修筑石头城，命名建业，作为水军要塞。到黄龙元年（229）孙权即位后，才把都城从长江中流的武昌迁到建业，并在石头城东边建设了新城。其位置大致在今南京的中心部。317年迫于游牧民族的大举南下，晋朝逃往南方成为东晋，东晋以建业为都，改称建康。以后宋、齐、梁、陈各朝，前后三百六十年，都把这里作为都城。从吴到陈，以建业为都的六个王朝，被称作六朝。

六朝时代绽放了王朝文化的绚丽之花，建康也作为六朝古都，成为李白等唐代诸多诗人的憧憬之地，被载入诗篇。在唐朝灭亡后的五代时期，又有南唐、明朝初期以及中华民国在此设都。在明朝宫城遗址、紫金山南的梅花山上，至今还有孙权墓存在。

蜀国成都也就是今天四川省成都市。蜀的时候分为西侧小城和东侧大城，小城为宫殿官厅地区，大城为居住区。章武元年（221）刘备举行即位仪式的武担山就在小城西北，武担山的南边就是宫殿区。这里至今还保存着刘备墓惠陵，以及西晋末年曾在这里建立"成"国的李雄创建的祭祀刘备的昭烈庙，在成都的城外还有诸葛亮送费祎使吴时说过"万里之行，始于此桥"的万里桥遗迹。当然现存的房屋和桥的部分都为后世所修。

美术与工艺

三国时代的画家们

于禁在樊城投降关羽，后来又被吴送回魏国，曹丕把于禁在樊城投降的场面画在曹操陵墓的壁画上，于禁看了以后羞愤而死，这一段故事我们前面已经说过（参照 176 页）。从这个事实可以看出，当时已经出现了以人物或者某种特定情景为素材的绘画作品。遗憾的是，当时的绘画作品的实物，除了近年考古发现的一些壁画等以外，完全没有保存下来。出土品中，比如曹操一族的陵墓中发现的奔

90 **奔马图** 出土于安徽省亳县曹氏墓的砖画。能看出当时的绘画技巧

马图、敦煌佛爷庙湾的西晋画像砖等，都向我们展示了这个时代高超绘画技术的一部分。

唐代张彦远的《历代名画记》，记录了这个时代绘画的大致倾向和主要画家。这本书认为作为中国绘画主流的山水画的诞生正是在魏晋时代。这与当时的诗歌多以山水为题材有着一定的关系。另外，这本书里提到的画家有魏国的高贵乡公曹髦、杨修、桓范、徐邈四人；吴国的曹不兴、吴王的赵夫人以及蜀国的诸葛亮、诸葛瞻父子等。其中张彦远评价最高的是吴国的曹不兴。书中介绍了这样一段轶事：一次，曹不兴为孙权画屏风，不小心把一滴墨洒到了画面上，曹不兴于是干脆把墨滴改画成一只苍蝇，孙权看画时以为真有一只苍蝇就挥手去赶。不过这样的逸闻杨修也有，大概和雪舟画鼠一样只不过是一种传说而已。曹不兴被列为吴国八绝之一。所谓"八绝"就是善看相的郑妪、善占星的刘惇、善占风的吴范、善算术的赵达、善弈的严武、善占梦的宋寿、善书的皇象以及善画的曹不兴。由此可见吴国有技能才艺的人才非常兴盛。

诸葛亮被列入画家之列，是因为他在南征时，画"夷图"用以教化当地人民。不过这大概只不过是一个传说。其他的还有赵夫人，她为孙权画了魏和蜀的地形图，还做成刺绣。这是一个显示孙权怀有称霸天下野心的逸闻。顺便提一下，西晋裴秀所作《禹贡地域图》被认为是中国第一部使用缩尺描绘的比较科学的地图，这里面利用了不少当时的数学知识。

朱然墓中的绘画

1984 年在长江沿岸的安徽省马鞍山市发现了一座三国时代的吴国古墓。墓中出土

91 季札挂剑图漆绘盘（安徽省文物考古研究所藏） 安徽省马鞍山市朱然墓出土。口径 24.8 厘米

木刺上书有"故鄣 朱然再拜问起居 字义封"的文字，由此断定这座墓为擒杀关羽的吴国名将朱然的陵墓。从墓中还出土了漆器、陶器、铜镜、铜钱等大量陪葬品。其中特别是漆器上大量的彩绘图引人注目，有画着在皇后与长沙侯等出席的宫中宴会上表演鼓吹（乐队）、舞剑、弄丸等曲艺的场面；有画着春秋时代吴的贤人季札把自己的剑挂到友人墓前这一场面的"季札挂剑图"；还有画有两个小孩儿手持棍棒打斗的"童子对棍图"；以及画有后来被收进"二十四孝"的孝子伯俞与其母亲像的，这些漆画以生动的笔触对人物进行细致的描绘，充分表现了这个时代绘画水平之高。

更令人感兴趣的是在"季札挂剑图"和"童子对棍图"背面，分别有"蜀郡造作牢"和"蜀郡作牢"铭文。说明这些漆器至少

有一部分是在蜀国制作的。蜀从汉代以来就是漆器制作比较发达的地区，这些漆器有可能是通过长江水路交易，从蜀传到吴的。朱然墓还出土有"大泉（钱）当千"、"大泉（钱）五百"等相当于当时通行的五铢钱一千枚、五百枚价值的高额货币，这是吴为了方便交易而铸造的。朱然墓的陪葬品，不但显示了三国时代工艺、美术水平之高，也是证明吴蜀交易频繁的贵重资料。

神亭壶之谜

漆器属于高级用品，这个时代比较普及的则是陶器。北方因为战乱的影响，仍然以汉代以来的灰陶生产为主，而在吴地却实现了飞跃性的发展。现在的浙江省一带属于古代越国地区，也是后来被称为越窑的青瓷生产的中心。从浙江省为中心的长江南部的后汉末期、吴、西晋的古墓中出土了许多形状奇特的陶瓷壶，这些陶瓷壶后来被命名为神亭壶或魂瓶。

后汉时代的这一地区的古墓中出土一种五联罐，而神亭壶被认为是在五联罐的上部附加四个小壶变化而来的。神亭壶基本保持五联罐的原型，又在壶肩部分堆塑了一些人物和小动物的装饰，上部大多作成楼阁状。令人注目的是，后期的神亭壶，人物装饰部分还常常出现佛像。因此楼阁部分也有可能是参考佛塔做成的。神亭壶的用途目前还不清楚，据推测它可能与礼葬有关，是被作为寄托死者灵魂的冥器。

神亭壶只在吴国的扬州地区有出土，而同为吴国领内，在西

部的荆州和南部的交州都没有
出土。东晋以后，神亭壶突然销
声匿迹，从这一点来说，神亭
壶是吴、西晋时代这一地区一种
独特文化的反映。在出土神亭壶
的古墓中，也有根据同时出土的
文字资料判明墓主的，其中从江
苏省宜兴的周墓墩一号墓出土
的墓砖上发现了"元康七年九月
廿日、陽羨所作周前将军砖"的
文字。这位周前将军被认为是
周鲂之子周处。周处在吴灭亡

92 青瓷神亭壶（南京市博物馆藏） 吴地特有的青瓷器"神亭壶"。高 34.3 厘米

后仕晋，于元康七年（297）死去，被追谥为平西将军。周氏一
族为吴郡阳羨（宜兴）的豪族，可见神亭壶所反映的礼葬文化是
以吴郡为中心的江南豪族的风习。另外，从这座墓葬中还出土了
大量青瓷器。

神兽镜与水神信仰　　　神亭壶的堆塑里出现佛像，说明了原有
的信仰已经开始受到佛教的影响。这一
点，从吴国制作的神兽镜上绘有佛像图案的事例上也能得到证
明。神兽镜是镜的背面施以浮雕风格的龙虎灵兽和东王公、西
王母等神仙像的铜镜，另外，背面为车马、舞人等类似汉代古

93 吴王伍子胥画像镜拓本 绘有伍子胥（下部）在"吴王"面前自杀场面。此镜为浙江省绍兴出土，上海博物馆藏

墓画像砖图案的铜镜又叫画像镜。神兽镜于后汉中期在四川开始制作，但是后汉末期以后多数是在吴制作的。

后汉末期以后，吴国制作的神兽镜、画像镜中，特别是浙江省绍兴附近出土的神兽镜，背面的神仙像里不但有初期的东王公、西王母，还出现了王乔、赤松子、伍子胥等多彩的人物形象。伍子胥是春秋时代吴国的英雄，死后他的尸体被扔进河里，所以被后人奉为水神。前面我们已经提到过，吴国孙綝曾经破坏建康的佛寺，其实同时他还放火烧了伍子胥的庙。这座伍子胥庙应该就是一座水神庙。王乔、赤松子都是有名的仙人，在吴也被奉为水神。从前述的关羽和甘宁被水神化的事例也可以看到，水神信仰不仅分布极广，特别是在吴国领内更加盛行。神亭壶堆塑的装饰里出现不少蛇、青蛙等水生动物，另外与神亭壶同一时期时发现的买地券（为死者购买阴间土地的文书）上也有关于河伯和鱼的记述，因此可以推断神亭壶有可能也是这一地区的水神信仰的一个象征。而且这种水神信仰大概起源于这里的原有居民越人的文化。这样，一种以极具地方性的文化为背景的本地信仰与佛教这个外来宗教结合到了一起，这一点很值得注意。

武器开发竞争

在三国这个战乱频仍的时代，武器的发达进步是不难想象的。其中诸葛亮就有许多与武器有关的逸闻。比如他请刀匠蒲元制作神刀三千把，这些神刀刚韧无比，竟能斩钉截铁。传说他还发明了坚牢的五折刚铠和一次能连发十支八寸长铁箭的连弩。连弩用机械方式能把箭射到很远的地方，成为这个时代最有威力的武器。据说魏国匠人马钧看到诸葛亮的连弩很不服气，夸口说自己能做出比这个厉害五倍的连弩。可见当时各国之间武器开发的竞争异常激烈。

94 弩 汉中附近出土三国时代的铜制弩零件

弩的实物在魏、蜀、吴三国都有发现，其中以蜀弩最多。成都附近的郫县出土有景耀四年（261）制作的铜制弩机，弩机上铸有"十石机"铭文，据考其弓的张力可达近二百六十公斤。诸葛亮因为发明了上述这些武器，还发明了木牛流马等，被后世描写成一个未卜先知的神人，甚至能够呼风唤雨。这些都被作为素材写进了《演义》。

比较三国文化，在文学以及哲学领域有所创新的是魏国，而在美术、工艺、民间宗教等众多领域遍地开花的却是吴。后世这一地域成为中国文化的中心，其基础可说就是在这个时期打下的。与此相比，蜀国虽然具有自己独自的地方文化，漆器和铜镜的制作技术也很发达，但是作为一个外来政权，刘备和诸葛亮政府也因为采用了军备优先的政策，所以没能有效地发扬这些地方特色，以至于在文化领域既没有创新又缺乏多样性。

纸与信息的作用

字体革命与书道诞生　　汉字有篆书、隶书、行书、草书、楷书等多种字体。战国时代以前使用的是篆书，汉代的通用字体为隶书。后汉末期的《熹平石经》就是用隶书中的八分书写就的。但是到了后汉末期，从隶书衍生出了行书，并从行书发展产生了楷书。众所周知，楷书就是今天我们一般使用的正字体。曹丕即位时的《受禅碑》、《上尊号碑》等虽然都是用八分书书写的，但是已经开始出现几分楷书的影子，而朱然墓出土的木刺，则已经是用稍微留有隶书味的楷书写的了。亳县曹操一族坟墓出土的墓砖上的字体，显示着初期行书的风格，由此可见，三国时代汉字字体从隶书过渡到行书，又从行书逐渐过渡到了楷书。

用我们现在一般的感觉来看，楷书是最端正的字体，楷书写草一些就是行书，行书再写草一些就是草书。其实不然，事实上完全相反。草书的诞生比行书还早，是从初期的隶书产生的，在前汉时期就已经存在。不过汉代的草书叫章草，与现在的草书

95 《墓田丙舍帖》拓本 为书法名家钟繇所书。显示了从行书到楷书的发展阶段

96 宣示表拓本（奈良 宁乐美术馆藏） 钟繇代表作。黄初二年（221），劝进魏帝接受孙权表示臣服的提议

稍有不同。相对于章草，现在的草书被称为今草，今草是受行书和楷书的影响，从章草变化而来的，其诞生，也是在后汉至三国的这一时期。

这个时期最有名的书法家是魏人钟繇，《受禅碑》、《上尊号碑》也被认为是出自钟繇之手。他的真迹只流传下来后世的摹本，其中《墓田丙舍帖》显示了从行书到楷书的过渡，"宣示表"则被认为是最早的楷书作品。

此外，作为吴国"八绝"之一皇象的作品，虽然仅存摹本，也有一篇章草书写的《急就篇》流传下来。著名的《平复帖》被认为是吴国陆逊之孙——在晋做官的著名诗人陆机的真迹，从这篇作品中可以看到章草向今草过渡期的书体。

后汉末期到三国的这一段时期里，像这样不仅产生了行书、楷书、今草等新字体，而且以这个时代为分界，以前使用的篆书

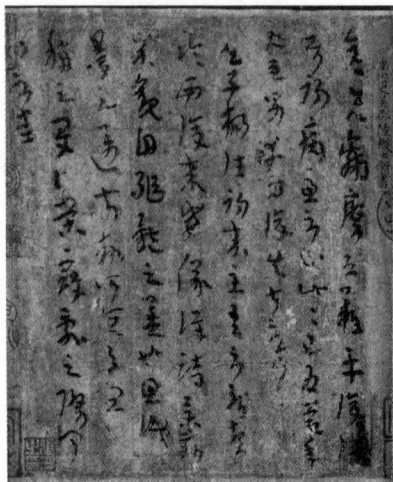

97 平复帖（故宫博物院藏） 无署名，传为晋陆机书。因第一行有"平复"二字，故名"平复帖"

和隶书开始只限于印章或石碑、建筑匾额等特殊用途，逐渐被淘汰出日常实用字体。也就是说，这个时代产生了一个可称之为字体革命的现象。在这之前虽然也有像秦始皇宰相李斯那样以擅长书法而留名的，但是今天我们所说的那种作为艺术的书法或书法家，却是在这个时代诞生的。除了钟繇、皇象以外，还有被认为是分别发明了行书、楷书的刘德升、王次仲、被称作草圣的张芝，此外还有邯郸淳、蔡邕、梁鹄、胡昭等，以书法成名的人物在这个时代大量涌现。相传曹操也擅长草书。从汉字字体的变迁或书法史上来说，三国时代也是一个划时代的时期。产生于这个时代的书法，在随后的东晋时代，因书圣王羲之的出现在艺术上更趋成熟。

从包装纸到书写纸

这个时代出现字体革命，诞生书法艺术，绝不是一个偶然。这都是因为书写材料的进步而带来的结果。我们知道，真正可以用来书写的纸是在后汉和帝元兴元年（105），由宦官蔡伦发明的。但是可以想象，这样一个发明仅靠一个人力量是很难做到的，而事实上也确实发现了蔡伦以前的纸。不过，富谷至氏认为，初期的纸目的不是用于书写，而主要用于物品的包装。这大概是因为初期的纸表面不够光滑不适合书写的缘故。蔡伦就是对此进行了改良，才制作出适合书写的光滑的纸来。后汉末期学者刘熙所著《释名》一书里有："纸，砥也。"把纸的特征描写成像砥石那样表面光滑。这样，纸开始取代昂贵的帛（白绢）以及笨重的竹简、木简，作为一种轻便廉价的书写材料登场并不断得到普及。

纸作为书写材料得到改良并普及，与行书、楷书的诞生几乎是在同一时期，可以认为两者之间是有一定关系的。行书、楷书与隶书相比，其特点是笔画优美，线条轻快。而笔画的优美轻快则需要在细腻光滑的纸上快速运笔才能够产生。

最能强调笔致的轻快优美的，当然是草书。但是汉代的章草往往只被当作隶书的辅助来用，极少有用章草单独写成的作品。而与今草相比，草书最重要的连笔写法在章草中也很少见，特别是字与字连绵在章草里更是找不到。章草的章是端正之意，也就是说正因为这种草书没有今草那样"草"，所以才被命名为章草。今草的这种多用连笔、全篇以草书书写的写法，也还是因为用了纸才有可能产生的。如果比较武断地下一个结论，是否可以这样说，篆书、隶书是一种竹简、木简、帛书文字，而行书、楷书、今草则为纸张文字。

三国、晋代的用于书写的纸张，其实物断片在丝绸之路的楼兰遗址等处都有出土。相对于汉代的纸张，这些纸又进一步得到了改良，变得更薄，表面用糯糊和矿物质施以上光加工，能有效防止墨汁的渗透，便于提高书写速度和增进笔画线条流畅美观。据传草圣张芝都把家里衣服绸子都拿来写字，却不愿意把字写在纸上。因此他的作品流传下来的很少，非常珍贵。他的草书，估计应该是写在纸上的。

赏玩书信和笔迹

一般认为纸完全取代竹简、木简和帛要到五世纪的东晋以后了。从吴走马楼简牍也可看出，三国时期竹简、木简还很普遍。不过纸当然也已经相当普及，特别是在书信上纸用得很多。这当然是因为纸比竹简、木简等邮送起来要方便得多。据《三国志》记载，孙权给曹操的信，吴周鲂写给魏曹休的诈降书，蜀李严写给雍闿的书信等，都是写在纸上的。这个时期，大量运用书信进行情报战，与纸的普及不无关系。而行书、草书则主要是个人写信时使用的字体。钟繇《墓田丙舍帖》、陆机《平复帖》等其实都是书信。这个时代的书信，不但其内容被当作文学作品鉴赏，其笔迹也被作为艺术品玩赏。

钟繇的儿子钟会受父亲的影响，也是一个擅长书法的人，不仅如此，他还很会模仿别人的笔迹，所以他曾两次伪造他人书信。另外我们前面也提到过，刘放也曾伪造过孙权的书信（参见

184页）。这种模仿他人笔迹伪造书信的行为，换个角度看，说明当时人们已经开始认识一些个人特有的笔迹了。汉代的隶书虽然也有写得好写得差之分，但看不出对个人笔迹有什么较强的认识。个人笔迹开始被人们认识，也是在行书、楷书、今草出现的这个时代。毋庸赘言，这正是书法艺术诞生的前提。这以后，人们开始通过临摹自己喜爱的书法家的墨迹鉴赏、学习书法。也正因此，钟繇的个人私信《墓田丙舍帖》等才能通过摹本流传到今天。擅长书法的钟会长于模仿他人笔迹也就毫不奇怪了。

洛阳纸贵

纸的使用对于书籍的影响远远超过对于书信的影响。纸对于书籍的广泛流通起到了决定性作用，这已是不言而喻的了。后汉的吴恢在出任交州南海太守时，曾想带经书去任地，但因为装了两车多，最后只好作罢。这是发生在蔡伦献纸十年后的事情。会稽有一个比蔡伦稍早一些的学者叫王充（27—？），他以自己独自的"合理主义"思想著有《论衡》一书，当然是写在竹简或木简上的。王充把简牍放在家门和柱子旁边，一有灵感就记下来。《论衡》长期以来不被北方人所知。后汉末期蔡邕避难会稽时看到此书，非常感动，才传到了北方。蔡邕带回北方的《论衡》大概应该是写在纸上的。曹丕常把自己的著作《典论》和诗文到处送人，送给孙权的是写在素（白绢）上的，送给吴国重臣张昭的是写在纸上的。还有吴人阚泽在年轻时因家境贫寒，帮人笔耕，抄写书籍，抄完后往往能把书的内容全部记住。通过《后汉书》以及《三国志》的这些记载，可以看到从后汉后期到三国这一时期，在纸上写书已经得到迅速的普及。

一般认为三国时代因为战乱书籍多被烧失。其代表性事件就是董卓从洛阳迁往长安时，大量书籍在混乱中散失。但这些差不多都是宫中收藏的帛书。战乱的确给书籍造成了很大的损失，但是从上述有关纸的普及的内容来看，写在纸上并大量普及的书籍应该远远超过散失的数量。帛书书籍的消失，与印刷术的发明使手抄本失去价值，电脑的普及使稿纸变得多余一样，是一个与传统书写方式的诀别。郑玄对儒学的集大成，佛教的迅速传播，都可以说是纸的发明和使用带来读书革命的产物。

曹丕还把各种书籍按内容分类，组织编纂了相当于百科全书的《皇览》。中国称这类百科全书性的书籍为类书，而《皇览》堪称中国史上第一本类书。这种百科全书的出现，说明当时已存在大量的多种多样的书籍，而且还必须便于查阅。这当然也是因为有纸的普及才变为可能。

后汉初期的王充在家中到处放着简牍而写成《论衡》一书，而本书开头提到的晋左思则是在家中到处放着纸，最后写成了《三都赋》。这篇《三都赋》发表后，据说因为人们争相传抄，洛阳城中的纸都卖贵了。这就是我们今天还用来形容畅销书的"洛阳纸贵"一词的由来。左思的《三都赋》写成十几年后，陈寿开始写《三国志》。现在我们能看到的《三国志》最早写本是在丝绸之路的鄯善发现的四世纪前后的残纸，陈寿也许一开始就把他的著作写在纸上。如果这个假说成立，那么《三国志》就是中国历史上第一波直接写在纸上的著作。

信息革命与政治革命　　以上我们阐述了纸的使用带来了书籍以及书信的普及，用一句话来概括的话，也就是说在这个时代爆发了一场信息革命。这个时代的人们相对于从前，已经能够很容易地得到大量的信息了。不难想象，这个变化促进了知识的普及和对新知识的探求，带来了整个社会的结构改革。延续了四百年的大汉帝国崩溃后，经过三国各自的发展，一个新的统一帝国又即将重新诞生，这个历史发展的原动力，就是信息革命。可以说信息革命带来了政治革命。

　　这个时代之后中国历史上的又一大变革期是在唐宋交替之际，这次也与起因于唐末印刷术发明的信息革命不无关系。再进一步说，最后的王朝清朝走向灭亡，中华民国随之诞生，也是因为清末引进了西洋印刷术，使最新知识以空前的速度和规模在全国得到了普及的缘故。三国时代是中国历史上第一个信息革命带来政治革命的时代，或者至少是第一个我们能够确定这一事实的时代。因此，对这个时代的历史和文化的考察，也就非常具有现实意义。

第九章

邪马台国及其周围的国际关系

朝贡与中国皇帝的正统性

越南与朝鲜　三国时代的政治形势不仅在很大程度上受魏、蜀、吴三国关系的影响，也被三国周围的各民族、国家的动向所左右。同时，三国之间的抗争，实际上也给周边各民族带来了很大的影响。也就是说以三国为中心的东亚地区整体的复杂的相互关系，决定着这个时代的变化。卑弥呼所统治的邪马台国当然也是其中的一员。

从中国地图我们可以看到，中国的东、南面临大海，而西、北则怀抱沙漠和高山与外部世界隔绝。中国自古以来延绵不断地保持着自己独自的文化，进而形成了一种视自身为世界中心的中华思想，与这种特殊的地理环境不无关系。在这种闭塞的环境中，比较容易联系的外部世界是位于东北和西南的朝鲜和越南。这两个地区从陆路或海路都能很容易地到达。从山东半岛北部出发，经由散在于渤海的庙岛群岛北上，能够到达辽东半岛最前端的旅顺（今大连市），从旅顺再沿海岸东进就到朝鲜半岛的平壤了。南边，从广东沿海南下，就能到越南首都河内的外港海防港。自古以来这两个地区就与中国有着密切关系，现在越南和朝鲜半岛对中国来说还是最亲密的，因为亲密所以也是关系特殊的外国。

公元前110年，汉武帝消灭了势力范围在今广东到越南北部一带的地方政权南越，在今越南北部地区设置交趾、九真、日南三个郡。接着，又在公元前108年，消灭了朝鲜半岛北部的地方政权卫氏朝鲜，在此地设置乐浪、临屯、真番、玄菟四郡。不久废临屯和真番两郡，玄菟郡亦撤回北方，朝鲜半岛仅剩乐浪郡。总之，整个汉代，朝鲜半岛北部和越南北部这两个地区基本上都在中国的支配下。

**中国的混乱与
独立政权诞生**

但是到了后汉末期，中国本土开始混乱，这两个地区重又建立了独立政权。一个是势力范围以辽东半岛为中心，涵盖包括朝鲜半岛北部和山东半岛北端环渤海地区的公孙氏政权，另一个是越南北部的士燮政权。公孙氏和士燮在表面上分别服从于魏和吴，但两个政权却对各自的地域保持着实质上的支配，对三国时期的政治状况也产生了一定的影响。我们前面已经说过，公孙氏曾与吴有过接触（参见153页），士燮也不是等闲之辈，当雍闿在蜀国南部叛乱企图勾结吴国时，士燮曾从中牵线。汉朝初期以来，这两个地区的历史展开可以说非常相似，但也还是有不同的地方。

位于越南南部的林邑、扶南等国以及其西部东南亚一带，在中国文化传入以前已经受到西方印度文化的强烈影响。因此中国文化的南下到越南北部就止步了，反倒是佛教等印度文化从这里又传向中国。相比之下，朝鲜半岛以东不存在能够与印度匹敌的文明国，所以在中国看来这里还属于野蛮的不开化地区。孔子曾说如果自己的理想在中国不能实现，就要乘筏东渡。结果正如他所说，这个地区一经传入中国文化，就像海绵吸水一样，在很短的时间里就渗透朝鲜半岛和日本列岛。这种文化渗透使这一地区很早就出现了一些模仿中国国家体制的类似于小中国的国家。相反的越南脱离中国支配，形成独立国家，要到更晚的十世纪了。

而且从后汉末期到三国时期，为了躲避本土的战乱，大量流民移住到这两个地区。当时越南北部客居了大批文化人，产生了牟子《理惑论》这样的阐述中国文化与印度文化交流的著作，而在北方，虽然也有邴原、管宁等少数学者避难辽东，但是更往东的乐浪就完全找不到文化人的行迹。对当时的人们来说，朝鲜半岛是一个只有官吏、军人、商人以及流放者才去的未开化地区。而更远的日本，完全还是一个未知之地。

此外，中国西北部，也就是西域的沙漠地带有许多绿洲都市国家，这些国家自古就以丝绸之路而闻名，汉武帝时张骞开辟了交通通道，后汉初期又经班超的努力，汉朝的势力范围逐渐扩大到这一地区，可以说自古以来就一直与中国内地保持着良好的关系。这种关系到三国时代也基本上没有变化。佛教最早也是通过这条途径传进中国的。与匈奴、乌丸、鲜卑这些给中国带来无限烦恼的北方游牧民族的侵略和反乱相比，上述三个地区，在相当长的一个时期内一直是中国和平外交的对象。

三国的朝贡比赛

　　所谓和平外交关系，对于汉代以后的中国来说，不外乎册封朝贡关系。因为中国皇帝是这个世界上独一无二的统治者，所以不可能和外国君主平起平坐。对于鞭长莫及的那些地域，只要其君主承认中国皇帝的正统性，表示服从，并朝拜纳贡，中国皇帝就承认他对这一地域的统治权（册封）。这样，平和的外交关系才能够实现。

　　所以对于中国皇帝来说，只要有外国朝贡，就能证明自己是正统的皇帝。如果对方主动来朝贡那自然是求之不得的，如果不来，则不惜向对方去要求。而对朝贡一方来说，朝贡所带来的朝贡贸易对朝贡国极为有利，而且又可以借助中国的权威来吓唬自己的国民或者周边地区，所以一般都愿意积极地朝贡。不管怎么说，皇帝每一次都要向前来朝贡的各国使节表示盛大欢迎，并向臣下和国民显耀。直至今天，我们看中国的电视新闻，只要有外国元首访问，头条报道大多是中国国家领导人会见外国元首的场面。虽然现在已经和朝贡没关系了，但是从有必要大力向国民宣传很多外国都跟中国保持良好外交关系这一点上，古今几乎没有什么变化。这也许是不得不统治一个领土广大的多民族国家的中国政治的宿命。

让别国朝贡对于任何统一王朝来说都是很重要的，更不用说同时有三个皇帝存在的时代了。尽

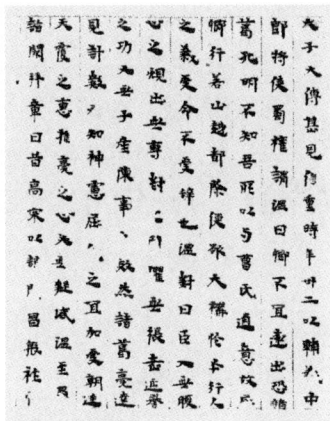

98 三国志写本残卷（东京书道博物馆藏）
1924 年新疆鄯善县出土"吴书"的局部，为现存《三国志》最早的写本。1965 年在吐鲁番市发现基本上同时期的写本

可能多地招到朝贡国，不但能向国内还能向敌国显示自己的优越地位，有时还能带来军事或外交上的直接利益。辽东公孙氏前来朝贡，孙权欣喜若狂，就是这个道理。下边就从这个视点来看一下上述三个地区的情况。

首先西域可说是魏的势力范围。文帝黄初三年（222），鄯善（后为楼兰）、于阗（和田）、龟兹（库车）等各国朝贡，随后太和三年（229）大月氏国王波调派使者来朝，魏封波调为亲魏大月氏王。景初三年西域诸国献上火浣布。但是如果诸葛亮文集中记载的建兴五年（227）"凉州诸国王各遣月支、康居胡侯支富、康植等二十余人诣受节度"可信的话，那么就说明蜀国在此地也

有某种权益。刘备曾对孙权许愿说，如果夺取了凉州，就把荆州还给吴。这说明刘备一直有这个野心。虽然没有可证实的资料，但是种种迹象表明，蜀应该向西域做了不少工作。如果真是这样，那么魏也肯定不会坐视无睹。

正统性与外交战　　相对而言，南方的越南北部因为地理关系，只能是吴的独家买卖。我们在前面已经提到过，黄武五年（226）士燮死去，吴将吕岱乘机消灭了士氏政权，当时吕岱就要求扶南、林邑、明堂各国向吴进贡（参见151页）；赤乌六年（243），扶南王范旃派使者献上戏乐人（曲艺和乐师）及方物（地方土特产）。《三国志》的记载虽然只有这一件事，但是恐怕朝贡不止这一次。而且吴国的这个独家买卖也并不是就没有受到魏和晋的骚扰。蜀灭亡后（264 年），交趾的吴将吕兴反乱，魏授予都督交州诸军事称号，重派交趾太守前去镇压，但是却以失败告终。四年后的泰始四年（268），晋终于成功占领这一地区，于是向吴朝贡的林邑和扶南就又转向向晋朝贡。但是后来经过激战，吴国又夺还了这一地区。

最激烈的争斗当然要数魏吴之间围绕辽东和高句丽的争夺战。对于魏来说，这一地区就像是头顶上的屋檐，其重要性远远超出远离自己的西域诸国。当这两者在孙权的外交攻势下倒向吴国时，虽然只是一时的，但对魏的刺激却很大。不难想象，魏肯定是使出了浑身解数策动两者回心转意，结果是两者都向魏献上了吴国使者的首级。即使这样魏还是不放心，刚一腾出手来，司马懿就在景初二年（238）灭了公孙氏，接着将军毌丘俭又把高句丽痛击得体无完肤。

总之，围绕三国周边诸国以及诸地区的外交战，也是三国之间外交战的重要一环。

这里的问题是，比辽东半岛和高句丽更远的朝鲜半岛，特别是南部的三韩诸国，还有隔海相望的倭国，这些地区是否真的就像《三国志》所记载的那样，只有魏在这里搞独家外交？还是说吴也有所参与？或者像吴插手辽东和高句丽时那样，魏对吴插手这一地区的可能性是否有深刻的认识？这些问题对于我们理解邪马台国以及三国时代的政治形势，都具有重要的意义。

倭使来访

朝鲜半岛形势　前汉的武帝以来，朝鲜半岛北部是乐浪郡的统治地区。乐浪郡的郡治朝鲜县在今平壤南部的大同江南岸。乐浪郡东有沃沮、濊貊等民族，北有高句丽。高句丽是从中国东北北部的通古斯族系的夫馀族分离出来的一个部族国家，汉朝的四个郡中的玄菟郡位置就在这个地方。相传此地于公元前37年建国。曾经因为高句丽拒不臣服，王莽大怒，改高句丽为下句丽，可见当时高句丽已经成长为一股不可忽视的势力。其后高句丽虽在名义上表示臣服后汉，但是却一直窥伺着辽东。公孙氏政权成立后，高句丽败给公孙氏，只好南下，移至中朝国境鸭绿江中流北岸的丸都（今辽宁省集安市）。那段短暂的对吴朝贡，就是在这个时期。

高句丽在魏灭公孙氏时曾充当帮手。但是以后却照旧屡屡侵犯魏边境地区，魏遂派将军毋丘俭率兵讨伐，攻占丸都城。毋丘俭又派部下王颀追讨南逃的高句丽国王宫（东川王），从沃沮一直追到肃慎的南界，也就是现在的朝鲜东北部到沿海州一带，结果还是没能抓住。高句丽就这样躲过了两次危机，顽强生存下来。顺便一提的是，《三国志·魏志·东夷传》中的记述，大部分都是基于毋丘俭的这次远征见闻。

另外，朝鲜半岛南部，也就是现在的韩国部分，自西向东有马韩、弁韩、辰韩三韩，这三韩里边还分成许多部族小国，都在乐浪郡的统制下。马韩就是后来的百济，弁韩即伽耶诸国，辰韩即新罗。后汉后期乐浪郡统制力低下后，三韩诸国趁机扩大势力。但是公孙氏政权的公孙康于 210 年前后在乐浪郡南部新设带方郡，加强了统治，三韩遂臣服公孙氏。有人认为带方郡即现在的汉城，但是实际上郡治可能在平壤南六十公里处的黄海道凤山郡一带。那里出土了土城遗迹和刻有"带方太守张抚夷塼"铭文的墓砖等。

再往后，公元 313 年，高句丽趁中国本土混乱之机，终于消灭了乐浪郡，几乎同时带方郡也被韩消灭，百济与新罗国家成立。后六世纪伽耶诸国被新罗合并，朝鲜半岛也出现了三国鼎立的局面。如今的朝鲜半岛不但南北分裂，据传南部的韩国也存在西部全罗道（原百济）与东部庆尚道（原新罗）地区之间的对立，其原型似可追溯到这个三国时代。

汉朝与倭人的交往　　　"乐浪海中有倭人，分为百余国，以岁时来献见云。"中国史书第一次出现"倭"名的，就是这个《汉书·地理志》的著名记录。这条记录在《地理志》的"燕"条。乐浪郡属于燕（今北京一带）的领域，所以顺便提了一下处于乐浪海中的"倭"。因此，"以岁时来献见云"，来献的对象是乐浪郡。也就是说公元前一世纪之时，可能北九州一带的倭国使节几乎每年都朝贡乐浪郡。后来倭的使节直接前往汉都朝贡。关于直接向汉朝廷朝贡的记载，有如下三条：

①前汉末期的元始五年（59）王莽的上奏文中有"东夷王度大海奉国珍"（《汉书·王莽志》）一文。这个东夷王到底是谁虽然不明，但是从"渡大海"一语不难想象，这指的可能就是倭王。但是倭王自己亲自朝贡是不可能的，而且这份奏书是王莽当上安汉公后企图篡权，要强调四方外夷纷纷臣服的事实，肯定多少有些夸张。所以可能不是事实。王莽这一文，雄辩地说明朝贡是通过中国国内政治的状况演出而来的。

②第二条，是后汉光武帝中元二年（57）正月，有"倭奴国奉贡朝贺"（《后汉书·东夷传》）的记录。奴国是位于福冈平原

99 汉委奴国王印（福冈市博物馆藏） 福冈市志贺岛发现的金印，为后汉光武帝下赐给奴国王之印。下为印文

中部春日市一带的一个国家。志贺岛发现的著名的"汉委奴国王"金印就是这个时期光武帝赐予的。奴国在这个时期朝贡，与当时汉王朝再兴，乐浪的反乱被镇压，三韩诸国重又臣服乐浪，高句丽、夫馀、乌丸、鲜卑也都开始朝贡等一连的动向是有关系的。

③最后，安帝永初元年（107）十月有"倭国王帅升等献生口百六十人，愿请见。"（《后汉书·东夷传》）的记录。关于这个记录中的倭王名应该是"帅升"还是"帅升等"，存在意见分歧。对于倭王为什么要在这个时期朝贡，也有不同的见解。有认为当时倭国内部已形成统一的部族国家，因此是自发前往朝贡的，即倭国国内要因说（大庭脩）；又有认为这是后汉政府为摆脱内政危机的局面，故意演出的，也就是所谓的汉朝国内要因说（冈田英弘）。

及至二世纪后半期，汉朝国内战乱频仍，乐浪郡的统治也逐渐衰退，倭国这时也陷入大乱，朝贡也就此中断。后来倭国内乱平息，女王卑弥呼受到拥立，在朝鲜半岛，公孙氏新设的带方郡也由魏接替。这样，卑弥呼的使节经带方郡前往魏的路途环境也就形成了。

100 职贡图卷局部（中国国家博物馆藏） 绘于 6 世纪前期的图卷。描绘了 12 个外国使节。
左起倭国、龟兹国、百济国、波斯国使节

**卑弥呼使节朝魏——
景初二年还是三年？**

据《三国志·魏志·东夷传》记载，景初二年（238）六月，卑弥呼的使节难升米与副使都市牛利来到带方郡，申请朝贡天子。太守刘夏派人送两人去洛阳。同年十二月到达洛阳，两人献上生口男女十人和班布二匹二仗。对此，魏皇帝发诏书，封卑弥呼为亲魏倭王、难升米为率善中郎将、都市牛利为率善校尉，并回赐金八两、五尺刀二把、铜镜一百枚、珍珠、铅丹各五十斤等礼物。两年后的正始元年（240），带方郡太守弓遵派建中校尉梯儁访倭，给卑弥呼送去"亲魏倭王"印绶和大量赐品。估计难升米等人就是这时随梯儁一起回国的。

但是在日本学界，自明治时代学者内藤湖南的《卑弥呼考》（明治四十三年）发表以来，主流观点是认为这个景初二年六月应是三年六月的笔误。这个假说现在基本上已经成为定说。其理由首先是其后的《梁书·诸夷传》以及《日本书纪》"神功皇后三十九年"条，还有唐张楚金《翰苑》"倭国"条注引《魏志》均为景初三年；第二个理由是，卑弥呼的使节访问魏国，应该是景初二年八月公孙氏灭亡，带方郡臣服魏以后。如果难升米访魏是景初二年六月的话，当时还处于交战状态；第三，如果是景初二年来，两年后的正始元年回的话，中间的一年无法解释。三个理由中第二个理由是主要根据。但是我们现在能看到的《三国志》的所有版本都是"景初二年"，没有其他说法。如果要改成"景初三年"，就必须严密地验证景初二年使节是否真的不可能来朝吗？不能小看了这一年，景初二年的皇帝是明帝，而三年的皇帝则是齐王，情况完全不同。如果是景初三年，那么前边已经说过，当时掌握大权的是曹爽。所以说二年或者三年，倭国使节的接待规格以及一百枚铜镜等破格回赐品所具有的意义，自然也都不同。下边为了论证这个问题，我们比较详细地整理一下公孙氏灭亡前后的形势。

太和六年（232），明帝得知吴与公孙氏接触，非常恼火，遂命田豫和王雄从水陆两面讨伐公孙氏，作战以失败告终，唯一的收获是田豫在山东海岸一带伏击并杀了吴的使节。景初元年（237）七月，明帝又派幽州太守毌丘俭进攻辽东，这次不但没成功，而且公孙渊借此机会干脆自称燕王，立绍汉年号，公然向魏挑战。明帝于是命青州、兖州、冀州、幽州四州建造海船，于翌年景初二年正月命司马懿率军远征。司马懿于同年八月平定了辽东及海东诸郡（乐浪和带方）。这时公孙渊曾派人向吴求援，孙权也答应派兵救援，但是吴的援军赶到时已经是景初三年四月了，完全没赶上趟。以上均见《三国志·明帝纪》以及《孙权传》。

另外，同《东夷传》序记载："景初中，大兴师旅，诛渊，又潜军浮海，收乐浪、带方之郡。"同"韩"条记载："景初中，明帝密遣带方太守刘昕、乐浪太守鲜于嗣越海定二郡，诸韩国臣智加赐邑君印绶，其次与邑长。其俗好衣帻，下户诣郡朝谒，皆假衣帻，自服印绶衣帻千有余人。"

这里所说的"景初中"，当然应该是指从景初元年七月建造海船，到景初二年八月公孙氏灭亡的这段时间。如果是指这以后的话，那就没有必要去"潜军"和"密遣"。如果像《三国志》所记述的那样，难升米是在景初二年六月来到带方郡的话，那么刘昕和鲜于嗣平定乐浪和带方应该在这之前，也就是景初二年的春天。可以肯定这次作战是在司马懿从陆路进攻辽东之前，而且多少为司马懿的作战创造了有利条件。也就是说，对公孙氏的扫讨作战，与太和六年时一样也是从水陆两面，即司马懿从陆路进攻辽东与刘昕和鲜于嗣从海路进攻朝鲜，兵分两路进行的。当时，明帝对吴是否派兵救援公孙氏非常关心，曾征求部下蒋济的意见。可以想象，明帝派兵从海路进攻乐浪和带方，同时也具有牵制吴从海路派兵的战略意图。明帝的脑里甚至于可能还有另一个担心，那就是吴与倭的关系。

那么，这次水陆两面作战，为什么在《三国志》里没有具体

101 《魏志倭人传》 记载有 "景初二年" 卑弥呼派使节到带方郡。
图为元刊本（东京内阁文库藏）

的记载？理由有二：一是《三国志》没有"司马懿传"。司马懿是魏的一个重要人物，本来在《魏志》里理所当然应该有传，可是因为《三国志》是在晋代写成的，把当朝皇帝的祖父司马懿写到列传中那当然是不可能的。第二个理由是，消灭公孙氏平定乐浪、带方不但是魏的一个重大战果，也是司马懿生涯最大的功绩，看得出来著者是有意要把这些功绩全部归到司马懿一人身上。这一点有证据可以证明，根据《毌丘俭传》以及《明帝纪》斐注我们知道司马懿征讨时还有一个副将毌丘俭同行，可是在《明帝纪》里却只字未提。这是因为毌丘俭后来背叛了司马氏的缘故。司马懿在这次征讨之前从没到过辽东一带，而毌丘俭虽然最终落得不好的结果，但以前却有过征讨辽东的经验，所以在这次作战中，毌丘俭作为副将当然也应该是发挥了重要作用。对于司马懿的美化，在其本传《晋书·宣帝纪》中更为露骨。

难升米的目的　　　　难升米等到达带方郡的景初二年六月，正好是刘昕和鲜于嗣在乐浪和带方进行平定作战之时。长达三十年的公孙氏统治将要结束，魏将成为新统治者，在此情况下，倭派使者来刺探情况，是完全可以想象的。但是在公孙氏还没有被完全消灭的情况下，难升米等要求向天子朝献是否有些为时过早？光武帝时从平定乐浪到倭奴国王使者朝贡中间花了二十七年。所以这很有可能是《三国志》一种表现技巧，难升米等本来只是到带方郡来刺探情况，却被魏作为收复带方的证据，送到了洛阳。

我们假设如果是景初三年带方郡完全平定以后，难升米等如果专为向皇帝朝贡而来的话，那么只要直截了当写有倭国使节前来朝贡即可，完全没有必要转弯抹角地写使节先到了带方，因为表示要向皇帝朝贡，所以由太守刘夏专门派人送往洛阳。这已经足以说明带方郡平定后的景初二年六月，来到带方郡的难升米等，是被刘夏擅自决定送到都城洛阳去的。如此断定的另一个理由是，他们的贡物过于穷酸。

生口十人，班布二匹二丈　　难升米献上的物品中有班布，也就是条纹布二匹二丈约二十米。有生口也就是一种奴隶十人，不过这似乎显得也太少了点儿。倭国王帅升当年献上的生口为一百六十人；正始四年（243）卑弥呼派的使节，虽然没有关于生口的记载，但是却有倭锦、锦衣、帛布、丹木、短弓矢等大量贡品；再后一些，卑弥呼之后的壹与所派的使节也献上过男女生口三十人、白珠五千、孔青大勾珠二枚、异文杂锦二十匹等。与此相比，难升米带来的礼物，也未免太穷酸。曹操曾赠给部下杨沛生口十人，绢一百匹（《贾逵传》）。卑弥呼献上的贡品，还不如曹操送给一个部下的东西多。

生口和班布，本来可能是难升米带来献给带方郡的，因为难升米本来就没有去洛阳的计划。后来魏的情况发生了变化，才不得不拿这些东西去献给天子。朝贡是一个表示臣服的仪礼，献品的多寡本来没有多大意义。尽管如此，为了把献给地方政府的礼品拿来献给皇帝，不惜把难升米一行都送到洛阳，说明倭国使节的政治作用已相当受到重视。

但是这里还有一个问题，明帝任命的带方郡太守是刘昕，可是把难升米一行送到洛阳去的带方郡太守却是刘夏。认为难升米一行到带方郡是在景初三年的说法是这样解释的，景初二年的太守是刘昕，景初三年则变成刘夏了。关于这一点，如果按景初二年情况不变去解释的话，确实有说不通的地方。

带方太守刘夏 带方太守为何有刘昕、刘夏两人，因史无交代，不得而知。两人中的刘昕仅见于此，不可考。至于刘夏，或许是《晋书·侯史光传》所云"幼有才悟，受学于同先刘夏"中的刘夏。侯史光仕于魏末晋初，其幼时业师刘夏作为景初年间前后人并无矛盾。侯史光、刘夏两人均为东莱郡掖县人。东莱地处山东半岛东端，离朝鲜半岛最近。

当时在乐浪、带方两郡做官的，似乎多为出身朝鲜半岛附近、熟悉当地地理情况的人。例如与刘昕同时的乐浪太守鲜于嗣，后为范阳太守（《晋书·张华传》），似为渔阳郡（今北京东）出身，曾为后汉末幽州牧刘虞从事，入魏后历任渡辽将军、辅国将军、虎牙将军等的鲜于辅同族。若果真如此，那么鲜于嗣亦当为朝鲜半岛附近出身。《晋书·东夷传》所见护东夷校尉鲜于婴亦应为同族。此外，受学于刘夏的侯史光之子侯史玄，后"官至玄菟太守"。玄菟郡位于今辽宁省沈阳市附近，与高句丽接壤。有关刘夏的资料虽然仅见于《侯史光传》，但是熟悉朝鲜半岛情况，且有学识足以教授侯史光的刘夏，出任带方太守，把卑弥呼的使节送到洛阳，不无可能。起码根据现有资料，这大概是唯一合理的解释。

陆路还是海路？ 认为景初二年是三年之误的主要根据是，如果不是在消灭公孙氏平定辽东之后，难升米一行也就不可能到达洛阳。这个见解理所当然的前提是，难升米是通过辽东半岛的陆路前往洛阳的。但是上述史实已经很清楚地显示，难升米一行是由海路从朝鲜半岛出发，经辽东半岛尖端到达山东半岛北部，又从那里经陆路前往洛阳的。因此，当时只要乐浪和带方被魏收复，即使公孙氏的老巢辽阳一带战斗还没有结束，他们也是可以到达洛阳的。只不过他们从朝鲜半岛乘船出发，估计也是在公孙氏灭亡后的八月以后。

难升米们六月到达带方郡，八月公孙氏被彻底消灭后，乘船出发，十二月以前到达了洛阳。这自然是为了能赶上第二年正月的朝贺。朝贡原则上要在正月的朝贺时进行。从倭使者到达中国的月份来看，光武帝时倭奴国王的使节是一月，倭国王帅升的使节是十月，难升米一行是十二月，卑弥呼此后派的使者伊声耆也是十二月，都是在这个时期。

但是翌年正月的朝贺却没有举行，这是因为正月的元旦那一天明帝突然死去。而且前边我们已经提到，明帝死后，齐王继位，但为争当齐王的辅佐，宫廷内部发生争斗。这种情况下，魏的大臣官僚怎么会有时间去应付一个从倭国来的使节团呢？这可能就是难升米一行为什么晚了一年归国的主要原因。而且还有一点，难升米一行乘船返回时的风向也很重要。

当时航海技术还不够发达，航海在很大程度上只能靠季候风。具体地说，如果沿中国东海岸北上的话，应该在刮南风的春夏季节，南下的话则应该在刮北风的秋冬季节。孙权派往公孙氏处的使节都是在三月和五月出发，相反公孙渊派往吴的使节都是十月到达。孙权派兵救援公孙氏，可是船队到达时，已经是公孙氏灭亡半年后的正始元年四月了。也就是说受季候风的局限，孙权再想快也快不到哪儿去。当然也有汉武帝攻打朝鲜时派出的舰队在秋天出发的例子。但因为那都是一些大型的楼船，一般情况下从山东半岛到辽东，最好还是春天。明帝的死使难升米一行错过了乘船回国的时机。而且准备一百枚铜镜等大量的下赐

品也是很花时间的。建中校
尉梯儁回使倭国，不是景初
三年而是拖到翌年的正始元
年，就是因为以上这些原因。

102 日本发现的"景初三年"铭文铜镜　右为大
阪府黄金冢古坟出土画文带神兽镜（东京国立
博物馆藏）。左为岛根县加茂町神原神社古坟
出土三角缘神兽镜（文化厅藏）。镜缘的断面
为三角形

　　另外，大庭脩、佐伯有
清两位先生都认为建中校尉
是建忠校尉之误。但是从浙
江省嵊县浦口镇发现的吴太平二年（257）墓葬出土写有"建中校
尉"的墓志铭（《考古》1991 年第 3 期），虽然这是吴的官名，但
是当时三国的官名多为通用，魏完全可能也有建中校尉。所以，
这里也不应该对《三国志》的文字进行修改。

"亲魏倭王"称号　　　　认为景初二年应为景初三年的说法可能还
　　　　　　　　　　　　因为，景初二年十二月难升米到达洛阳的
时候，明帝已经处于危笃状态，因此对明帝下诏书抱有疑问。
其实诏书虽然是皇帝发的，却并不是皇帝亲自起草书写。实际上
就在这一时期，明帝还发出了给天下男子封爵位等命令。这些当
然应该都有诏书下达，这些诏书自然都是由官僚来写的。不过，
《三国志》对这一时期的的记载更让人感到有蹊跷之处。

　　大家都知道，授予卑弥呼的"亲魏倭王"是魏授予外夷称号
中的最高级别，此外被授予"亲魏王"称号的只有亲魏大月氏国
王波调。大月氏国是位于今阿富汗境内的贵霜王朝，波调王也就

是以犍陀罗美术（Gandhara）闻名的迦腻色伽（Kaniska）王两代后的韦苏提婆二世（Vasudeva Ⅱ）。大月氏这样一个西方文明大国，与中国又有着很深的历史关系，中国的佛教也主要是从这个国家传来的。所以把最高称号授予这个国家的国王是理所当然的。不过，正如大庭脩先生指出的那样，"亲魏"这个称号对西域的车师后部王可能也曾授予过。另外，难升米以及后来的掖邪狗等被授予的亲善中郎将称号，也如佐伯有清先生指出的那样，在支谦（参见 266 页）的祖父从大月氏国迁来时，也被授予过这个称号。所以亲善中郎将并不是只向倭国使者授予的。但是在东方诸国里得到亲魏称号的，只有卑弥呼，而且邪马台国是一个完全不能与大月氏国相提并论的尚未开化的国家。因此卑弥呼被授予亲魏倭王，不管怎么说还是非常破例的。

对于这一点，有认为是给东西最远的两个国家分别授予亲魏称号以保持平衡的说法；有认为是为了牵制吴国的说法；最近还有冈田英弘的说法，认为这是曹爽与司马懿政治斗争的结果。这些观点都认为亲魏称号是根据当时魏的国内外形势才决定授予的，并不是因为卑弥呼有什么了不起的资格。所以，在这里也还是存在着一个魏如何看待吴与倭的关系的问题。

不入《三国志》本纪的理由

关于封卑弥呼为"亲魏倭王"，下赐铜镜一百枚等的诏书，全文见于《东夷传》。这种情况一般都是把内容简要记述一下就行了，全文不做删减地引用，确实很少见。更不可理解的是，关于这次朝拜，在《东夷传》里有如此详细记载，可是在明帝本纪里却只字未提。

《三国志》作为一本纪传体的正史，其写法原则上也是重要事件首先在皇帝本纪中简要叙述，然后再在关联传记部分详细说明。就倭使节一事来说，倭奴国王使节、倭国王帅升等的使节在《后汉书》中，卑弥呼第二次派的使节伊声耆也在《三国志》中，都是本纪与传两边都有记载。可是唯独难升米是在传记中详细记载，而在本纪中却一字未提，让人不能不感到奇怪。亲魏大月氏国王一事只见本纪，那是因为《三国志》没有"西域传"的缘故。

当然这样的例子并不是绝对找不到。正始八年，朝鲜半岛东部南濊朝贡，受封不耐濊王，只见于《东夷传》，不见本纪记载。因此，这似乎可以归结于陈寿的粗心大意，或者体裁不统一。但是传记中能那么详尽记载而本纪中却一字不提，还是觉得说不过去。看来还是值得去考虑一下这样做的理由。

关于本纪不记载的理由，我们能想象到的是，也许难升米根本就没有正式谒见过皇帝，或者至少没有以朝贡的使节身份参加正式的朝贺仪礼，谒见皇帝。也就是说没有被看作正式的使节团。而且现实问题是，难升米们要正式谒见危笃状态的明帝或者还未即位的幼帝，几乎是不可能的。《晋书·宣帝纪》正始元年条记载东倭以及西域诸国来朝朝贡。如果这才是真实情况的话，那么在此之前来访的各国使节（前边已经述及，西域使节景初三年来朝，献上火浣布），直到翌年正月才参加了朝贺之礼。如果这时难升米们也同时参加了朝贺仪礼，那么难升米一行正始元年归国的理由，就能完全成立。可是，为什么景初二年十二月就发了封卑弥呼为亲魏倭王称号的诏书呢？

"景初二年"并非不可能　　　这也许与当时的政治形势以及明帝当时的精神状态有关。病入膏肓的明帝决定赐天下男子爵位，估计是为了给自己带来延命的幸运。明帝还以效果不佳为由，把一个自称会用符水治病的妇女给杀了。如果发挥我们的想象力去想象一下的话，危在旦夕的明帝把最后的一缕希望，寄托到一个用鬼道治国的东方女王的使节身上，也不是没有可能的。《三国志》里记载的能使鬼道的女性有两人，一个是卑弥呼，另一个就是张鲁之母，她们所用的鬼道正是治病之道。下赐给卑弥呼的礼品中有制作长生不老药的珍珠和铅丹各五十斤，不就是为了给自己治病吗？当然这都是我们的想象，但是陈寿把诏书的全文记录下来，让人不能不去想，这是因为相对于穷酸的献上品皇帝的下赐品过于豪华，给人印象太深的缘故。

　　这些都姑且不谈，总之，综上所述，卑弥呼所派的使节于景初二年来到洛阳，正始元年回国，按当时的形势考虑，完全说得过去。当然景初三年来也不是行不通。但是既然《三国志》记载的是景初二年，因此只要没有什么大不了的矛盾，就应该尊重原文才是。仅仅因为后世《梁书》里有所谓公孙氏灭亡后卑弥呼的使者来访那种笼统的记载，就把景初二年改作三年，并且以此为根据，不惜把原典《三国志》的文字都要进行修改的做法，不是做学问应有的态度。现在几乎所有的有关邪马台国的书籍以及高中教材，还有辞典等，都当然地采用了景初三年这一说法，而且给人造成一个似乎《三国志》就是这样记述的错误印象，问题则更为严重。

难升米之后的卑弥呼使节　　在正始元年接受了梯儁送来的印绶和下赐品后，正始四年，卑弥呼又派伊声耆、掖邪狗等八人使魏。这次带去了很像样的贡品，因为出使的目的就是为了去魏朝贡。掖邪狗等都被封为率善中郎将。但是从这时起，朝鲜半岛对魏的反抗开始激化。正始六年，因为东濊归属了高句丽，乐浪太守刘茂和带方太守弓尊率兵讨伐，强使东濊不耐侯入贡，封其为不耐濊王。这件事没有被记录在本纪里，也许是因为封本属汉朝四郡之一的东濊君侯为王是一个很例外的事情。同年，又授予当年入贡的倭难升米以黄幢（授予使者的一种旗），这些都可能是为了对公孙氏灭亡后势力不断增大的高句丽进行牵制。但是其后不久，韩的各国攻打乐浪、带方，带方郡太守弓遵战死。

在这种形势下，正始八年，带方郡新太守王颀赴任。王颀此前作为毌丘俭部将，一直追击高句丽王，这个人事安排显然是为了对付高句丽。这时，卑弥呼与狗奴国男王卑弥弓呼发生矛盾派人到带方郡告状。王颀遂派部下张政赴倭调停。可是张政来到邪马台国的时候卑弥呼已经死去，卑弥呼的宗女壹与继位，张政于是对壹与进行说服劝解，然后与掖邪狗等二十人的使节团返回魏。

由这一连串行动可以看出，收复乐浪、带方两郡后，魏还是受到高句丽和韩的南北夹击，并不轻松，因此想利用倭的力量来牵制这两者。但是这时倭也出现分裂，而且又因为卑弥呼的死，所以完全没有发挥出魏所期待的作用。前任死去后继者前来朝贡时，通常都是按前任者的地位予以承认。如果这样，那么就应该继续授予壹与亲魏倭王的称号，可是魏却没有这样做。

不仅如此，尽管这次壹与派掖邪狗一行带来了远比难升米时贵重得多的献品，可是却只能"诣台"献上。这个"台"是指掌管外交的官僚谒者所隶属的兰台。但是谒者隶属于兰台是晋武帝时才有的制度，陈寿在这里是根据晋的制度记述的。但是他的言外之意是，壹与的使节没能见到皇帝，只见到了掌管外交的官僚。这个使节团的事情本纪里没有记载，大概就是因为这个理由。或者张政如果是正始八年赴倭，正始九年返回魏国的话，那么与他一起来访的掖邪狗一行也许是打算参加翌年也就是嘉平元年正月的朝贡的。但是嘉平元年正月发生了司马懿政变，估计这一年的朝贡仪式就根本没能举行。所谓"诣台"，可能就是指这件事。

今日国际关系的原型　《三国志》里有关倭国向魏派遣使节的记载到掖邪狗以后就不再出现，但是《晋书·东夷传》倭的条项里记载"及文帝做相，又数至"，可见文帝（司马昭）做宰相的魏的最末期，倭还接连派使节来访。《晋书》又记载，及至晋武帝代魏称帝后的翌年，也就是泰始二年（266）十一月，倭人进献方物。根据《日本书纪》"神功皇后"条项引用《晋起居注》的记述，此时的使节为倭国女王所派。那么这个女王应当是壹与。泰始二年的倭国使节是晋朝建国后前来朝拜的第一个外国使节团，接下来要到泰始四年（268）才有扶南和林邑向晋派遣使节。不过，我们前边也提到过，扶南林邑的使节来访正好是在晋一度从吴手中夺得越南北部的时期。马韩、辰韩以及西域诸国都直到晋灭吴后第二年即太康二年（281）以后才来朝贡。

倭与魏、晋之间的这种极其亲密的关系，换句话说，也就意味着晋在涉及朝鲜半岛形势和与吴的对立关系中，一直企图在外交上利用倭国。这从而进一步造成了倭与韩以及倭与高句丽之间的对抗关系。在这种与中国的复杂关系中，朝鲜半岛以及日本加速了国家形成的步伐，随后朝鲜半岛出现三国鼎立局面，日本也成立了畿内政权。不用说，这种构图，成为后世东亚诸国及其国家关系的原型。目前在这个地区，朝韩之间、日中之间、日韩之间都存在着各种各样的问题，这些问题究其根源，都要归结到三国魏晋时代形成的这种国际关系。

吴、韩、倭交通的可能性

最后，我们简单介绍一下吴与朝鲜半岛南部的韩以及倭国交通的可能性。前边我们已经提到，吴是否能不经过魏和辽东半岛以及朝鲜半岛北部，而直接与韩和倭建立关系，是判断这个时代外交形势的一个关键。

《三国志·孙权传》黄龙二年（230）条项里记述，孙权派遣卫温和诸葛直率领甲士万人出海求夷洲及亶洲。长老们说，相传当年"秦始皇帝遣方士徐福将童男童女数千人入海，求蓬莱神山及仙药，止此洲不还。世相承有数万家，其上人民，时有至会稽（今浙江省、福建省一带）货布，会稽东县人海行，亦有遭风流移至亶洲者"。有人认为这里的夷洲即指台湾，亶洲即指日本的种子岛或者菲律宾，但这些都无从考证，只能作为一种推测而已。但是《东夷传》"倭人"一条有"计其道里，当会稽东冶之东"记载。结合这两条可以想象，在陈寿的意识里也许倭就是亶洲，而且可能对倭与吴之间的民间交易有一定的认识。陈寿的这种认识，当然也应该代表魏统治者的认识。那么魏在与辽东公孙氏以及吴打交道的时候，当然免不了要考虑吴与倭的关系。不过，东冶即现在的福州（《孙权传》中的"东县"为"东冶县"之误），倭如果位于北九州一带的话，离福州未免太远。所以说亶洲是种子岛或者南边的琉球群岛（冲绳），或者菲律宾一带是比较妥当的。再说，这个时候卫温与诸葛直没能够到达亶洲，只从夷洲带回了几千人。回去以后孙权以违反命令为由将两人处刑。可见孙权多么希望开拓与亶洲的交通。或者说孙权也以为亶洲就是倭国也未可知。

　　遗憾的是能够证明吴与倭关系的文献资料仅此一件。但是有一个令人颇感兴趣的实验。1997年中国杭州大学（后并入浙江大学）韩国研究所与韩国探险协会、东国大学共同做了一个乘古代的筏子横渡东海的实验。其结果，用竹子编的长十米、宽五米、装上布帆的仿古筏子，上乘中韩五人，六月一日从浙江省舟山岛出发，途经东海黑山列岛，于七月八日到达韩国西海岸的仁川港。通过这条古代的筏子，证明了从中国南部能直接航海到达朝鲜半岛南部。孔子说自己想乘筏泛海，绝不是没有根据的说法。

　　记录这次航海的金健人编《中韩海上交往史探源——中韩跨海竹筏漂流学术探险研究报告》（2001年，北京学苑出版社）就这两地之间的直接交流，结合试验结果，从各种角度进行了考察。其中有关于东亚地区支石墓的报告。支石墓是新石器时代末期到金石并用时代见于世界各地的巨石堆积墓，即所谓Dolmen形式。东亚在日本的九州、朝鲜半岛、中国的辽东地区等有分布，九州与朝鲜半岛南部的皆为比较低的基盘式，而朝鲜半岛北部和辽东地区的却是比较高的高台式，南北形式相异。可是最近在浙江省沿海地区也发现了许多支石墓，且与朝鲜半岛南部一样，都是基盘式的。这应该看作这两地区不经辽东和朝鲜半岛北部而直接有过交流的证据。

未见于文献资料的贸易

从以上分析可以看到，吴的时候，从中国东南沿海到朝鲜半岛南部，直接航海不是不可能的。从朝鲜半岛南部到九州，更是容易。所以说吴与倭直接交流的可能性也是有的。不过，因为当时的航海术还不够发达，所以两地的交流只是一种民间偶发的时有时无的交流，还不可能是那种具有外交及军事意义的稳定交流。也许因此在文献里没有记载。

众所周知，有关邪马台国与中国的关系，目前最大的悬案是三角缘神兽镜的存在。这种只在日本出土的独特的铜镜，是在魏制作，其中的一部分是否就是魏赐给卑弥呼使者的那一百枚铜镜呢，还是纯粹在日本制作的呢，或者像最近中国学者王仲殊主张的那样，是吴国匠人来到日本制作的呢？对此目前还没有定论。在议论这个问题的时候，虽然也把文献与考古资料互相对照检讨，但因为文献记载的只是实际发生事实的极少的一部分，而且与考古资料之间也有相当大的差距。三角缘神兽镜在日本已经发现三百多枚，就算其中包括魏赐给卑弥呼使节的那一百枚铜镜，那么其余的二百多枚，就只能是通过其他途径传来的。不过大概不是通过公开的外交途径，而是通过民间贸易传来的可能性很大。民间贸易关系当然不见于官方的文献资料。要填补文献资料与考古资料之间的空白，就有必要对各种各样的可能性进行慎重的假想推敲。吴与倭的交流，也可以看作是这种假设和推敲过程中的一个类似的假设吧。

终章

三国时代与现代东亚地区

围绕正统的理念斗争 三国时代最重大的事件，当数魏文帝通过禅让仪式，继承汉献帝的皇位，汉王朝灭亡，魏朝成立。那么，这个事件又是在一种什么样的思想背景下发生的呢？

首先，第一个思想背景就是所谓的正统论，它认为中国唯一正统的皇帝及其王朝才是整个世界的统治者。"天无二日，地无二王"，正好表达了这个正统论的思想。因为文帝是从正统的献帝那里，通过正式的手续，接受了帝位的，所以文帝就必然是这个世界的唯一的统治者。

因此，站在这个立场上来看，蜀国和吴国的皇帝都不是真正的皇帝，虽然在现实中也许是存在的，但是在理念上却可以认为是不存在的。这一点对翌年即位的蜀国刘备其实也是一样的。所以这三国之间的争斗，既是围绕领土的现实之争，同时也是围绕正统的理念之争。而这个正统论，还影响和规定了中国与其周边诸民族、诸外国的关系。

如果没有这种正统论，多个皇帝和多个国家可以同等存在的话，那么三国时代的历史将会完全是另一种样子。比如我们能想象魏与蜀平等相处、互相承认吗？那是完全不可能的。但是实际上蜀和吴之间却保持了一种准同盟的关系，存在二帝并尊的状态。这大概就是三帝鼎立时代的有趣之处。吴孙权主张的二帝并尊原则，从正统论的角度来看完全是异端邪说。如果三国时代的人们徘徊在统一还是分离独立的歧路的话，那么是否就可以说孙权主张的是后者。

同样的情况，在与周边诸国的关系上也可以这么看。赐予卑弥呼、大月氏王的亲魏王称号，纵观中国历史，是一个非常奇妙的事件。比如"汉委奴国王"称号，意思是臣服于汉的委（倭）奴国王，是一个中国的天下秩序中自然的称号。但是这个"亲魏"，意思是与魏关系亲密，也就是说是含有分离于魏以外的意思，在一定程度上承认对方的独立。

"亲魏"称号，始于后汉时期赐予周边一部分国家"亲汉侯"称号，晋时也有赐"亲晋王"的事例。但是纵观中国历史，却是一个仅存在于这个时代的称号。所以说这也可能是因为当时中国本身分裂成三国，为了获得朝贡，互相之间进行激烈争夺战的时代产物。

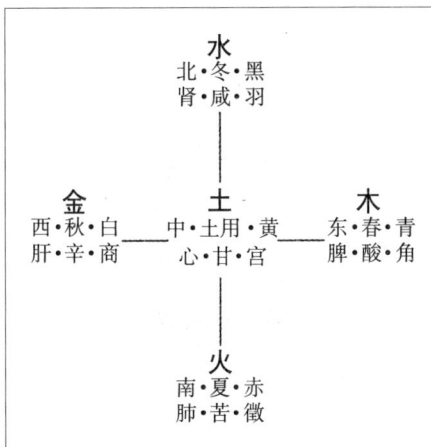

```
                   水
                北·冬·黑
                肾·咸·羽
                   │
    金              土              木
  西·秋·白────中·土用·黄────东·春·青
  肝·辛·商        心·甘·宫        脾·酸·角
                   │
                   火
                南·夏·赤
                肺·苦·徵
```

103五行对应图　季节、方位、颜色、脏器等万物都与木、火、土、金、水相对应

二帝并尊与亲魏王，虽然有内外之别，但都是承认他国存在与独立的现实主义思考的产物。但是这种观点与正统论的思想是格格不入的。然而这之后推动历史发展的，是正统论的思想，二帝并尊、亲魏王这样的想法，也就自然而然地退出了历史舞台。

五行思想与王朝交替原理

其次，我们来看正统王朝又是如何继承的呢？这里就少不了要提到五行思想。五行思想是中国古代人的一种世界观，它认为天地万物都是由木、火、土、金、水这五种基本要素构成，并且根据这五种要素所具有的基本原理生成和运行。因此，一切物质和概念，都可以用这五行分类。比如方向的话，东是木、南是火、西是金、北是水、中央是土；颜色的话，青是木、赤是火、白是金、黑是水、黄色是土等。五行的生成原理有相克说和相生说。前汉以来的主流是木生火、火生土、土生金、金生水、水生木这种循环相生说。

这种五行思想及其相生说的运行规律，又被利用到王朝交替

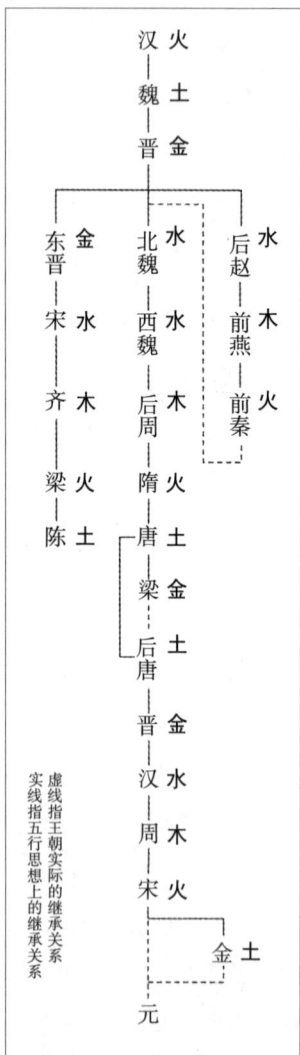

汉 火
│
魏 土
│
晋 金

东晋 金 ┃ 北魏 水 ┃ 后赵 水
宋 水 ┃ 西魏 水 ┃ 前燕 木
齐 木 ┃ 后周 木 ┃ 前秦 火
梁 火 ┃ 隋 火
陈 土 ┃ 唐 土
　　　 梁 金
　　　 后唐 土
　　　 晋 金
　　　 汉 水
　　　 周 木
　　　 宋 火
　　　　　 金 土
　　　 元

虚线指王朝实际的继承关系　实线指五行思想上的继承关系

104 王朝五行继承关系图　历代王朝皆与五行相对应。元代以后不传

342

的原理上，比如说，一个王朝选择五行中的某一要素作为自己的德目君临天下，那么根据相生说的原理改朝换代就会按部就班地进行下去。这被认为是一个正统王朝顺应了天理及其运行规律的证据。因此，王朝的交替，是在顺应天理的天命发生新旧变革的时候才会出现。这就是所谓革命的原意，而革命的仪式就是禅让。

这种观点的有趣之处在于，一个王朝如果说宣布自己为木德的话，那么也就等于同时承认了自己早晚会被下一个火德的王朝所取代。这就意味着在中国像日本天皇制这样的万世一系君主制从观念上就不存在。而天命将被革新的信号则是通过恶政带来的天灾人祸或者气候异常来昭示天下，实际上也就是取决于为政的好坏。

因此如果把这种理念继续发展下去的话，那么一个因恶政而失去民意的王朝或君主被一个顺应民意能够实行善政的王朝或君主所代替的近似于民主主义的制度就完全有可能出现。当然，这没能成为现实。

"未有不亡之国"　　王莽把五行思想应用到改朝换代上，篡夺了前汉，但是王莽做得还不够，他没有举行禅让仪式。历史上第一个通过禅让的仪式，依据五行思想的相生说实行了王朝革命的人物是魏文帝。当时认为汉王朝是火德，所以魏就是土德，按五行的排列应该是黄色。因此魏使用了黄初这个年号。对此，蜀自认是汉朝的继承者，所以还是火德，颜色为赤色。前边我们已经介绍过，黄巾起义，基本上也是基于这个原理。

魏文帝黄初三年在给自己营造陵墓时说："自古及今，未有不亡之国，亦无不掘之墓也。"所以他命令对自己进行薄葬。"无不掘之墓"反映了当时盗墓现象十分猖獗的现实，但是"未有不亡之国"，出自皇帝，特别是初代皇帝之口，却显得不够稳妥。魏文帝作为历史上第一个通过禅让继承帝位的皇帝，对于五行思想所包含的王朝革命理论也许确实做过认真的思考，这句话可能就是一个证据。这与豪言壮语自己的王朝将千秋万代传之无穷的秦始皇有着天壤之别。魏文帝的这种豁达干脆的发言，与这个时代诗歌中常见的无常观有着共通之处。可是话说回来，一个初代皇帝竟说出这种不吉利的话，魏王朝的短命也是理所当然的了。

**《三国演义》诞生
的时代背景**

继魏文帝之后，晋武帝时又实施了这种禅让仪式，此后，到十世纪宋太祖即位为止的近八百年间，禅让这种政权更迭方式又被历代王朝不断利用。同时，根据五行相生理论进行的德的循环继承，也一直被继续下去。另一方面，史上第一次利用五行相生理论实行了禅让仪礼的三国时代，魏和蜀到底谁是正统的王朝却成为一个争论不休的问题。

西晋时代的《三国志》以魏为正统王朝，东晋时习凿齿著的《汉晋春秋》是史上第一部以蜀为正统的史书。东晋由于北方被异民族占领，不得不偏安于南方，所以自然地把自己与蜀放在同一种境遇。江南本来是吴地，与受禅代汉的魏或者以汉朝后继自居的蜀都保持一定距离，所以在正统论的论战中属于局外者。

到了南宋时代又一次爆发了魏蜀的正统之争。南宋因遭受女真族的金朝侵攻，被迫从北方偏安江南，在这一点上与东晋境遇相似。北宋时代的通史《资治通鉴》对三国时代的任何一个王朝都不承认其正统性，只是为了方便，使用了魏的年号。但是南宋的朱熹对此持反对意见，他著《通鉴纲目》坚决主张蜀的正统性，而且明确提出尊皇攘夷的观点。此后，本来与民族问题毫无关系的正统论，开始被渲染上汉民族抵抗北方民族的色彩。于是，魏被与其他异民族国家视为同列，曹操的奸雄形象也就此形成。不过，如果联想诸葛亮曾企图联合匈奴攻打魏国一事，就不能不感叹历史这种颇具讽刺的安排。

历史上正统论争论的最高潮是在元朝。蒙古人统治的元朝是历史上第一次异民族征服整个中国的政权，它在精神上给中国人带来巨大的冲击。于是就出现了元朝到底是继承了北方女真族的金朝，还是继承了南方汉族的宋朝的论争。这个论争也反映到魏蜀的正统论之争上。以蜀为正统的《三国演义》，就是在这样一种时代氛围中产生的。

《三国志平话》奇妙的结尾 元朝末年的至治年间（1321—1323），在当时商业出版发达的建安（今福建建阳）出版了一部带有插图的《三国志平话》。"平话"也做"评话"，是当时最为流行的小说体裁。这部《三国志平话》是后来的《三国演义》的底本中，以三国为题材的现存最早的小说。不过，《三国志平话》与《三国演义》在内容上存在几个重要的不同之处。

比如《三国志平话》里，故事的开头是以汉朝建国功臣后死于汉高祖刘邦手下的韩信、彭越、英布三人分别转生为曹操、刘备、孙权，而刘邦则转生为献帝赎罪这样一个情节开始的。这可能与佛教的轮回转生、因果报应思想有关。以儒教正统思想写成的《三国演义》则没有采用这个情节。

还有一个重要的不同是结尾部分。《三国演义》以晋灭吴统一三国结尾，而《三国志平话》则不然，它的结尾写蜀灭亡时逃亡在外的汉帝外孙刘渊后来成为汉王，他最终消灭了晋朝，使汉王朝再次得到了复兴。

105 《三国志平话》（东京内阁文库藏） 元代出版的最早的《三国志》小说

　　这里出现的刘渊，确实于304年趁晋朝内乱，在山西平阳即位汉王，后又于308年自立为汉光文帝。316年，其族子刘曜杀西晋皇帝愍帝，西晋就此灭亡。确实如《三国志平话》描写的那样，最后消灭了晋朝，复兴了汉王朝。不过，刘渊并不是汉族，他本来是匈奴的一个族长。他自称汉王、汉帝，是因为汉代为了取得边境平安，常以公主名义把汉族女子嫁给匈奴族长单于，实施了不少政略结婚（最有名的就是后世诗歌故事中经常出现的王昭君），《三国志平话》说刘渊是汉帝的外孙，也是因为这个理由。但是，就算说刘渊以及刘曜复兴了汉王朝，那也与刘备和刘禅的蜀没有任何关系。《三国志平话》的结尾，有符合历史事实的一面，又有牵强附会的一面。

民族问题的反映　　　　如果我们把《三国志平话》的这个奇妙的结尾放在元朝这个时代背景中来看的话，应该不难发现，蒙古人与匈奴同为北方游牧民族，这个结尾实际上与把蒙古人的元朝看做是汉族南宋王朝继承者的主张有一定的关联。而且宋朝与汉朝又都是建立在火德之上的王朝。元代流行的一种民间百科全书《事林广记》里记述，元朝与宋朝同为火德王朝。这个说法当然不是事实，但是《事林广记》与《三国志平话》一样，都是在旧南宋领内的建阳出版的。它的主张应该是反映了旧南宋领内一部分汉族知识分子的心愿。也就是说，《三国志平话》里匈奴人刘渊复兴汉朝的故事情节，实际上是暗示了蒙古人的元朝为宋朝后继的这个主张。但是到了明代，元朝被灭亡，蒙古人被赶回北方，汉族的王朝得到复活，这个时代完成的《三国志演义》，当然是绝对不会容忍这样的结局的。总之，在三国志被小说化过程中，元代和明代的正统思想以及民族问题复杂交织其中。清朝初期毛宗岗父子对《三国志演义》又进行了修订，这时毛宗岗父子也同样面临着置身于满族王朝里的汉族主体性的问题。

　　《三国志平话》现在在中国已经逸散不存，只知道在日本内阁文库（江户时代幕府藏书）收藏有原本以及在天理图书馆收藏有流传本。另外，高丽时代在朝鲜半岛编写的汉语会话教材《老乞大》中，有高丽商人在元大都（今北京）书肆购买《三国志平话》的会话场景。但是不可思议的是，在中国的书籍中对这本书却完全没有言及。由此可见，在日本和朝鲜，人们从很早就开始对三国小说表现出甚至超出中国人的强烈关心，这一点很值得关注。

东亚的正统论

正统论的一个有趣之处还在于，它不仅根植于中国，而且还扩散到周围那些模仿中国体制的国家。其典型之一就是日本。日本以天下自居，把天皇置于与中国的皇帝对等的地位，把国内偏远地区，比如东北地方的人称为夷狄，并把朝鲜等国外交使节的访问当作朝贡对待。这都有赖于日本与中国隔海而居，相距遥远，中国很难把握日本的真实情况。日本甚至有时还故意向中国隐瞒事情，比如，江户时代在幕府许可下建立对琉球（今冲绳）实行统治的萨摩藩，为了隐瞒这个事实，指使琉球继续向中国朝贡，就是一个典型的事例。幕府末期视西洋人为夷狄的尊皇攘夷论，当然也是这种思想的延长。又比如越南，虽然长期受到中国的支配，但是在国家形成之后，就开始一边向中国朝贡，一边又自称皇帝，摆出一副中国皇帝的架子来对待自己的左邻右舍。

更为奇特的是朝鲜。朝鲜可谓是中国朝贡体制下的优等生。但是十七世纪中国被满族征服后，朝鲜认为中华文明已经灭亡，自己才是中国的正统继承者，以小中华自居，虽然表面上还照旧向清朝朝贡，但内心却视清政府为夷狄。他们竟用观念颠倒了现实。中国一直视周边诸国为夷狄，但是绕了一个大圈，这次中国却落到了被周边国视为夷狄的地步。总之，在东亚地区形成了这样一种邻国之间互相鄙视而不是互相尊重的十分棘手的国际关系。

这种不正常的国际关系绝不仅仅是一个历史的遗物，它对现代仍继续产生着巨大的影响。比如，朝鲜战争（1950）后，韩国长期蔑称中国为中共 OLANKE。OLANKE 就是韩国话的"夷狄"之意。说中国共产党是夷狄，也就等于说中国是夷狄，这种自相矛盾的言辞，鲜明地表现出正统论给东亚诸国之间的国际关系带来的深刻影响。

东亚的现代

第二次世界大战后出现的分裂国家中，中国、朝鲜、越南，东亚地区就占了三个，难道这不是历史对我们的嘲弄吗？这些在历史上深受正统论影响的国家分裂后，不但互相敌视，而且都主张自己才是唯一合法的政府，指责对方非合法，不承认对方的存在，完全是正统论陈词滥调的重演。

这种对立表现得最为一目了然的是这些国家或地区各自出版的地图。比如，北京发行的中华人民共和国地图，标注的是台湾省；而直到近年为止台北发行的中国地图，不但中国全土是中华民国，首都在南京，而且连蒙古都还划在中国领土之内，原封不动反映的是 1949 年以前的中华民国的国情。这种不顾现实的理念上的地图，在南北朝鲜也同样存在。同样是分裂，过去的东西德国却完全不同，不论是东德还是西德都在地图上真实地反映了分裂的现实。

但是这种情况近年开始发生变化。朝鲜半岛的南北朝鲜同时加盟联合国，等于在实质上承认了对方的存在。不过，这在目前还只是一种暂时的措施，比如韩国在宪法上至今也没有放弃自己是朝鲜半岛唯一合法政府的立场。韩国发行的朝鲜半岛地图毅然把整个半岛都标记为大韩民国，首都是首尔。相反，平壤发行的地图，整个半岛都标记为朝鲜民主主义人民共和国，首都是平壤，大韩民国根本就不存在。

南北朝鲜互相承认后，中国政府与韩国也建立了外交关系，事实上等于承认了朝鲜半岛上两个国家并存。但是即使如此，中国却依然坚持"一个中国"的原则，并强烈要求其他国家也要尊重这个原则。中国政府不承认台湾政府的合法地位，但提出了与香港相同的一国两制的提案。

当然现在的中国政府并没有采取正统论的立场，这种单纯的比较还需慎重。而且中国的和平统一，也是全世界人民的心愿。不过，在实现统一的过程中，中国是采取现实的态度，还是固执于自己的原则不放，直接关系到统一后的中国是成为一个拥有广大国土和多种文化并尊重地方自主性的国家，还是与旧时王朝一样，继续以一个保持高度中央集权的国家出现，作为中国的近邻国家不能不对此表示特别的关心。

现在的世界正处于全球化的潮流之中，欧盟（EU）、东南亚国家联盟（ASEAN）等历史上有着紧密关系的文化圈都逐渐开始走向联合。可是，日本、中国、朝鲜和韩国这三个世界上交流历史最长，至今仍然在使用汉字等许多方面保持着文化共通性的国家，却不能跨出合作的第一步，这到底是为什么呢？大多数人都把这归结于十九世纪以来的甲午战争、中日战争以及日本对台湾、朝鲜的殖民统治等一系列发生在三国间的不幸历史。但是，问题的根源并不是我们想象得这么浅薄。这就是今天我们有必要用新的观点对一千八百年前的三国历史进行重新审视的意义所在。

附录

译 注

[1] 五山禅僧：室町时代的日本仿效中国佛教制式指定的五大禅寺。足利义满时定有京都五山和镰仓五山。京都五山指临济宗的南禅寺以下的天龙寺、相国寺、建仁寺、东福寺、万寿寺。镰仓五山指建长寺、元觉寺、寿福寺、净智寺、净妙寺。

[2] 菅原道真（845—903）：日本平安时代的贵族、学者、汉诗人、政治家。初受当时的天皇重用，官至右大臣（宰相）。后受谗言被左迁，没于左迁地太宰府（今福冈县）。死后京都天变地异多发，世人认为是菅原道真作祟报复，遂成信仰对象。现为日本最有名的学问之神深受学子仰慕。

[3] 麻姑手："孙子手"日语为"MAGONOTE"，与"麻姑手"（MAGONOTE）同音。

主要人物略传

刘协（181—234）

后汉第十四代，亦即最后的皇帝——汉献帝。字伯和。灵帝次子。兄少帝被董卓废位后即位。190年董卓迁都长安时被移长安，196年，曹操迎至许都。200年，授董承密诏；214年密书伏皇后父伏完企图打倒曹操，均遭失败。伏皇后与皇太子被杀，曹操次女曹节成为皇后。220年，禅让帝位，被封为山阳公。其子孙晋朝继续继承山阳公爵位，第四代刘秋在西晋灭亡时被胡人杀死，从而断了香火。蜀国称作孝愍皇帝。

曹操（155—220）

魏朝实质上的缔造者。被评为"治世之能臣，乱世之奸雄"。字孟德，幼名阿瞒。死后谥太祖武帝。沛国谯县（今安徽省亳州市）出身。祖父是后汉末期宦官曹腾，曹腾养子夏侯氏之子曹嵩长子。镇压黄巾之乱以及讨伐董卓战功显赫，192年平定兖州，收拾黄巾残党青州兵，196年迎献帝后掌握政权，200年官渡之战打败对手袁绍，确立了在华北地区的霸权地位，但是208年败走赤壁。从此重视登用有能力的人才，加强国内统治。213年为魏公，216年为魏王，离皇帝只有一步之遥时病死。琴棋诗画无不精通。特别是诗文一流。今传诗文集《魏武帝集》和古典兵书《孙子》注。

曹丕（187—226）

魏朝第一代皇帝，文帝。字子桓。曹操次子。曹操长子曹昂早夭，故成为后继者。217年被立太子，220年曹操死后，继位魏王，同年接受汉献帝禅让即皇帝位。定九品官人法，编纂第一部类书《皇览》，著作《典论》等，留下大量诗文。但是征吴失败。冷遇弟弟曹植等皇族，也是魏朝短命原因之一。

曹植（192—232）

字子建，曹操三子。魏陈思王。曹植天资聪颖，富有文采，自幼受到曹操宠爱，曹操曾欲立其为太子。后在后继之争中败于曹丕。曹丕即位后儿被软禁，在失意中死去。曹植是三国时代代表性诗人，对后世文学影响很大。相传还作有佛乐"梵呗"。有《曹子建集》。

孙坚（155—191）

吴国孙氏始祖。字文台。破虏将军，后被追谥武烈皇帝。吴郡富春（今浙江省富阳市）出身。以消灭海盗出名，镇压会稽发生的阳明天子反乱，平定黄巾之乱有功。后为长沙太守，镇压区星叛乱。190年，讨伐董卓亦立功。后入袁术麾下，在与荆州刘表部将黄祖战时战死。年仅37岁。

孙策（175—200）

孙坚长子。字伯符，讨逆将军。死后追谥长沙桓王。191年随父一起讨刘表。父死后，借袁术兵，占领长江以南，打下吴国建国基础。官渡之战前，欲攻打曹操，却被自己杀死的吴郡太守许贡的食客刺死。享年26岁。性格豪放，世称孙郎。

孙权（182—252）

孙坚次子。字仲谋。吴国开国皇帝。大帝。兄长孙策遇刺后继承其位，208年消灭宿敌黄祖。同年与刘备结盟，在赤壁大破曹操。后在与曹操争斗的同时，因荆州的归属问题也与刘备交恶。219年联合曹操夺回荆州，擒杀关羽。222年在夷陵大破刘备，随后与蜀和议成立。223年刘备死后，在二帝并尊原则下与蜀结盟。229年在武昌即位，迁都建业（今南京市）。在位期间，国内推进讨伐山越，整备屯田制的政策；国外推行怀柔辽东公孙氏，联合蜀讨伐魏，但少有成功。晚年为后继问题等所扰，杀死臣下多人。传有紫须。

刘备（161—223）

字玄德，蜀昭烈帝。开国皇帝。幽州涿郡（今河北省涿州市）出身。自称前汉第六代皇帝汉景帝之子中山靖王后裔。早先师事同乡大学者卢植，后参加讨伐黄巾。194年陶谦死后为徐州牧。198年徐州被吕布夺走，投奔曹操。翌年，离开曹操，回小沛，后被曹操打败，逃奔袁绍麾下。袁绍被曹操打败时，寄身荆州刘表篱下，在此识诸葛亮。208年采纳鲁肃进谏，与孙权同盟，赤壁之战大破曹操，占领荆州。

214 年从刘璋手中夺得益州，219 年占领汉中，自称汉中王。同年关羽败战，失去荆州。翌年，后汉灭亡后，即位蜀国皇帝。222 年为给关羽报仇攻打吴国，在夷陵被吴将陆逊击败，逃归白帝城，托后事于诸葛亮后死去。

刘禅（207—271）

字公嗣。小名阿斗。刘备子，蜀后主。荆州生。其母为甘夫人。208 年曹操攻荆州时，刘备扔下妻子败走，刘禅被赵云所救。221 年刘备即位皇帝后为太子，223 年刘备死后继位。但是国家全权交给诸葛亮等官僚，他不问政治，宠爱宦官黄皓，招致政治腐败。263 年投降魏军，翌年被送洛阳，封安乐县公。

董卓（？—192）

字仲颖。后汉末期群雄割据始作俑者。陇西郡临洮（今甘肃省岷县）出身。早年平定羌族势力有功，但扫讨黄巾失败。189 年灵帝死去，少帝即位，外戚何进招董卓到洛阳。宦官杀何进，袁绍杀宦官后，洛阳出现政治空白，董卓趁机独揽大权，废少帝，立献帝，自任相国。190 年强制迁都长安，击败关东州郡联合军。实行暴政，作孽多端，被司徒王允设计联合吕布所杀。

袁绍（？—202）

字本初。曹操对手。汝南郡汝阳县（今河南商水西南）四世连出三公的名门望族出身。劝说何进除掉宦官，何进死后攻入宫中，宦官无论老少皆尽斩杀。董卓掌权后逃离洛阳，190 年被树讨伐董卓军盟主。翌年，从韩馥手中夺得冀州，199 年击破公孙瓒，占领河北。200 年官渡之战败给曹操。死后，长子袁谭与三子袁尚争权相攻，被曹操各个击破。

诸葛亮（181—234）

字孔明。蜀国宰相。死后封忠武侯。徐州琅琊郡阳都县（今山东沂南）出身。叔父诸葛玄为豫章太守，随之南迁，隐居荆州南阳郡隆中（今湖北襄樊西），207 年被刘备三顾茅庐请出山。翌年，受鲁肃之请见孙权，说服孙权联合对抗曹操。赤壁之战后，为军师中郎将，统领荆州南部。211 年刘备入蜀后，与关羽一起暂居荆州。214 年入蜀，平定成都，被拜军师将军，刘备出征时留守后方。221 年刘备即位后任宰相，刘备死后，复与吴结盟。225 年平定南方，227 年以后，举兵北伐，在五丈原与司马懿对战中病死，葬定军山。

关羽（? —219）

字本为长生，后改为云长。蜀国武将。死后封壮缪侯。河东郡解县（今山西省运城市）出身。刘备在故乡涿郡举兵时与张飞同随刘备。200年刘备败于曹操时被俘，拜为偏将军。官渡之战前，在白马斩杀袁绍部将颜良。得知刘备身在袁绍营中后，固辞曹操，复归刘备麾下。赤壁之战后，为襄阳太守，刘备入蜀后，守荆州。219年任前将军，水攻魏曹樊城，活捉于禁，却遭武将吕蒙偷袭，全家被杀。骑赤兔马，舞青龙刀，斩华雄、文丑，过五关斩六将等故事全为小说创作。另外，关羽和张飞与刘备虽"恩如兄弟"，但并没有结义。后世道教和民间宗教尊为关帝，为中国很有影响的神。佛教为守护寺院的迦蓝神。

张飞（? —221）

字益德（小说写作翼德）。蜀国武将。死后封桓侯。涿郡出身。刘备同乡。小关羽几岁，拜关羽为兄。208年刘备被曹操追赶逃离荆州时，在当阳长坂坡桥头怒吼一声，吓退曹操追兵，救刘备于危急中。赤壁之战后，为宜都太守。刘备入蜀时，生擒夙敌严颜。平定蜀后，为巴西太守，击退魏将张郃。219年拜封右将军。在为关羽报仇准备攻打荆州时，被部下暗杀。两个女儿先后被立为刘禅皇后。

周瑜（175—210）

字公瑾。吴国武将。庐江郡舒县（安徽省舒城县）名门出身。与孙策为同龄挚友，妻乔氏姊为孙策夫人。孙策死后辅佐孙权。208年，以左都督与孙权一起讨伐黄祖。曹操侵攻时主战，赤壁大破曹军。击败南郡曹仁时负重伤。任南郡太守，上书孙权建议设法扣住刘备。后欲讨伐蜀，因病逝去。精于音律，江东向有"曲有误，周郎顾"之语。女为太子孙登妃，子周循为孙权女婿。

鲁肃（172—217）

字子敬。吴武将。政治家。临淮郡东城县（安徽省定远县）富豪出身。被周瑜推荐仕孙权。208年刘表死后，以吊唁为名仕荆州，劝刘备与孙权结盟，同时引见诸葛亮给孙权，说服孙权与刘备结盟共同对战曹操，建议孙权召回周瑜领全军，奠定了赤壁之战胜利的基础。赤壁之战后建议把荆州借给刘备。周瑜死后，尊其遗嘱为奋武校尉，代替周瑜统领全军。214年转任横江将军，调整与驻守荆州的关羽的关系。刘备夺取蜀地后的第二年，孙权要求刘备返还荆州南部，遂与刘备交恶。鲁肃单刀赴会，约见关羽，义正词严斥责关羽，结果以湘水为界，东西平分荆州。

他一贯顾全大局，主张联合刘备共同对抗曹操，促使三国鼎立。但是死后，孙权采纳吕蒙意见，与魏结盟，讨伐荆州关羽。

司马懿（179—251）

　　字仲达。魏武将。政治家。死后追谥晋武帝。河内郡温县（河南省温县）名门出身。201年曹操曾邀请到手下任职，固辞不就。208年曹操再次强邀，只好屈就文学掾。215年曹操平定汉中，建议继续攻打蜀，219年关羽包围樊城时，建议孙权从背后偷袭等，取得曹操信任。翌年，文帝即位，魏尚书御史中丞。文帝死后，尊其遗嘱与曹真、陈群一起辅佐明帝。227年斩欲叛变投降蜀的新城太守孟达，给了诸葛亮北伐当头一棒。230年升任大将军，与曹真一起讨蜀，却因雨撤退。翌年，曹真死去，遂统领征蜀大军，直至234年诸葛亮死为止。238年消灭辽东公孙氏。翌年，明帝死后，与曹爽一起辅佐齐王。受曹爽一派排斥，称病蛰居。249年发动政变，夺取政权。251年事前阻止了王凌谋反，不久病亡。死后长子司马师、次子司马昭先后执权。265年司马昭长子司马炎接受魏帝禅让，建立晋朝。

历史关键词解说

清流派文人与名士

后汉时，各地豪族势力扩大，他们受到儒教国教化的影响，成为具有共通的儒教知识的地方名门望族。其中有许多人通过官吏推举制度成为地方或中央官僚。但是当时政治的实权却被外戚和宦官所独霸。他们中的一部分人追求儒教理想，自我标榜为清流，把外戚与宦官及其追随者称作浊流。这种分法与当时儒教把人分为君子和小人的观念不无关系。他们之间互相进行人物评价，分为"八骏"、"八顾"等级别，引导文人舆论。他们也被称作名士。进入三国时代，这些名士们虽然分散到各国，但是却继续保持并逐渐形成共通的舆论，最终成为三国统一的原动力。

另外，这些儒教文人的豪族，因为辈出官僚逐渐世袭化，发展并形成六朝贵族，唐代以后还以各种形式存在，直至近代，一直是中国社会的中心存在。

党锢事件

清流派文人与宦官的矛盾日渐激化，166年，因清流派领袖李膺结党抨击朝政被告，与此有关的士人皆被逮捕。翌年，他们虽被释放，但是却被禁锢乡里。此为第一次党锢。169年，李膺等数百清流派士人被杀，与其相关人物皆被禁锢。此为第二次党锢。为中国历史上首次镇压文人的大规模事件。

黄巾之乱

第二次党锢事件十五年后的184年，钜鹿（河北省平乡县）人、用咒术治病的太平道教主张角以"苍天已死，黄天当立"为口号发动的起义。很短时间内华北一带几十万信徒一起起义。信徒们头裹黄色头巾，世称黄巾军。信徒以一万人为单位被分成大小三十六个"方"，每"方"置将军进行组织，估计因党锢事件对朝廷不满的文人也有参加。起义一年之内即被镇压，但是其残党长期活动，直接点燃了后汉灭亡与群雄割据的导火线。此为中国历史上第一次全国规模的宗教叛乱。

屯田制度

因为长期战乱造成人口激减，农田荒芜，196年曹操募集流民，分给土地，支给耕牛和农具，发展农业，增加租税。这种制度叫屯田。213年在与吴交战的淮河流域以及与蜀交战的关中地区实行军队屯田。魏能在与吴和蜀的长期战中保持有利形势，与屯田制度带来的军粮安定保障关系很大。因此吴和蜀后来也仿效实行。晋时仅存军队屯田的军屯，废止了一般人的民屯。中国内地一般人实行的大规模屯田，在中国历史上只有这一次。后被唐代律令制下实行的均田制所继承。

天下三分之计

207年刘备三顾茅庐时，诸葛亮述说的三国时代基本战略。北方的曹操和江南的孙权已经巩固了地盘，刘备只能以荆州为根据地，夺取益州（蜀），联合孙权消灭曹操，复兴汉朝。在此七年前，鲁肃曾建议孙权说，复兴汉朝几不可能，消灭曹操也不现实，只能鼎立江东，夺取荆州，然后再夺取益州，建立帝业。另外在赤壁之战后，周瑜抓住刘备，企图单独统治荆州和益州。对此鲁肃则主张借荆州与刘备，多与曹操树敌。鲁肃和诸葛亮虽然立场有别，但是其主张却基本上是一样的。后来的历史基本上是按这个设想进行的。

赤壁之战

208年荆州刘表死后，继位的次子刘琮投降曹操，客居荆州的刘备只能逃往南方。在逃亡途中经鲁肃穿针引线，与孙权结为同盟，孙权听从周瑜和鲁肃的主战论，决心与曹操对决。于是周瑜帅约三万吴军与曹操约二十万大军在赤壁（湖北省蒲圻市）隔江对峙，由黄盖的诈降和周瑜的火攻大败曹军。此战断送了曹操南方进出的野心。另外此战结束后，鲁肃建议孙权租借荆州给刘备，由此奠定了三国鼎立的基础。

九品官人法

220年，曹丕在还未即位前，采纳名士代表陈群建议，实行的选官制度。该制度完善了汉朝地方官向上推荐人才的制度，在各州郡设置专门负责推荐人才的中正官，令其把人才分等级向上推荐。人才被分成上中下三等，每等又被分成上中下三等，合计九等。实际上只不过追认了已经趋于世袭化的各地世族的等级而已。由此确立的家世本位逐渐趋于固定化，开创了门阀豪族支配政治的先河，直到隋唐为了改善选官制度，开始推行科举制度为止。

禅让

皇帝让位于他人，实行非武力和平王朝交替的形式。其根据是战国时杜撰的古代圣王尧和舜分别把王位让给德行比自己孩子高的舜和禹的故事。220 年，后汉献帝下诏让帝位于曹丕，但是曹丕三次固辞不就后，终于决定接受禅让。于是在颍川繁阳（河南省临颍县）筑受禅坛，举行禅让仪式后即位。此为魏文帝。相似的例子有前汉王莽篡权，但是王莽没有举行禅让仪式。曹丕是历史上第一个举行禅让仪式的皇帝。265 年，晋武帝（司马炎）举行同样仪式。此后，从南北朝到隋唐，再到宋太祖 960 年最后举行禅让为止，前后七百余年，每次王朝交替都被重来一番。受禅坛遗址至今还存记有禅让来龙去脉的《上尊号碑》和《受禅碑》。

二帝并尊

229 年，孙权即位皇帝后，派使者向蜀提案的同盟原则。吴与蜀的皇帝在对等的立场上结成同盟，共同讨魏，甚至连魏灭亡后如何瓜分领土都具体商定。这个提案虽然违反皇帝是现实世界唯一统治者这个传统原则，但是与魏对立的蜀只能接受这个提案。这是中国历史上两个皇帝在完全对等的立场上结成的唯一一个条约。

五行思想与正统论

战国时代形成的一种思想。万物皆由木、火、土、金、水五种元素组成，而且因这五个元素的运行而变化。汉代把此思想用于王朝交替理论，后汉时在众多的五行思想中，主张一切运行都是按木→火→土→金→水的顺序运动的相生说开始占主流。因为汉朝被认定为火德王朝，所以接受禅让继承火德的魏就应该是土德，继承魏的晋就应该是金德。以此类推，他们认为只有从上天接受五行中的某一德的王朝，才是君临中国和世界的唯一正统王朝，周边诸国都应该承认其正统性，向中华帝国皇帝朝贡。该理论有趣的是，当一个王朝承认自己是某种德的时候，就意味着该王朝不论迟早，要被另一个王朝所取代。此后，该制度一直持续到金朝自称土德为止。

谶纬思想

相对于传为孔子编定的儒教经书，称假托孔子编定的有关王朝兴亡的神秘预言（谶）为纬书。也就是说经是经线，纬是纬线。谶纬思想流行于后汉时期，对当时的儒教以及后来三国时代野心勃勃的群雄都产生极大影响。纬书谶语比较暧昧，可以任人自由解释。比如当时的谶纬书有"代汉者当涂高"谶语。袁术认为"当涂高"

指的是自己（"术"与"涂"意皆为"道"），后又被解释为魏（"魏"通"高"）。吴最后的皇帝孙皓特别热衷谶纬。谶纬在魏晋改朝换代革命时也被利用，但晋朝成立后却遭禁止。

三教（儒、佛、道）鼎立

儒教经典注释有古注和十三世纪朱子的新注两个系统。古注均为后汉末期到三国、东晋时期之作。最有代表的学者是郑玄。他精通当时流行的古文和今文两种不同的经书文本，在理解所有经典的基础上注释经典，其注释对后世的经典注释产生了不可估量的影响。同时，具有追求现世利益特色的中国本土宗教道教，以黄巾军的太平道和张陵的五斗米道为渊源，这个时代开始被建成宗教组织。太平道因黄巾之乱的失败而被消灭，但是张陵的五斗米道在投降曹操后还一直存续，后还得到许多文人的支持。张陵的子孙代代自称张天师，现在第六十四代在台湾。这个时代还有后汉初期通过西域从印度传来的佛教。最初被与老子信仰等融合理解，及至后汉末期到三国时期，因安世高、支娄迦谶等来自西域的人的努力，大量的经典被翻译介绍，逐渐对当时的文人产生影响，甚至出现了牟子的《理惑论》等中国最早的从儒教的立场上解释佛教的著作。西晋朱士行成为第一个正式受戒的中国人僧侣，他为了求经到西域的于阗（新疆维吾尔自治区和田地区），也是中国第一个取经僧。由此，这个时代形成了儒、佛、道三教鼎立的状况，而且这种状况一直延续到现在。

玄学与清谈

以郑玄为代表的综合理解儒教经典的风潮，被扩展到儒教经典以外的文献，并与汉朝衰退造成的国教儒教地位低下以及因战乱造成的人心不安相结合，使得文人们更加追求哲学性思辨，他们的注意力更加集中于以《老子》《庄子》为中心的道家思想。企图把道教思想与儒教思想相结合综合理解的学问称之为玄学，经典中哲学色彩比较浓厚的《周易》与《老子》、《庄子》并称三玄。其代表为正始年间掌握实权的曹爽一派，特别是何晏和王弼。在他们之间流行以玄学为主题的问答清谈。清谈反映当时名士们的嗜好，相对于问答的内容，更重视发言人的态度、容貌、随机应变的能力等。清谈一直流行到六朝时代，为当时的贵族文化锦上添花。

文学的自立

汉代文学的主流是赋，是一种散文和韵文相结合、为了唱诵的作品。到了后汉末期，开始流行利用乐府（民谣）的五言形式表现根植现实生活的真实感情的作品。

给这种倾向带来决定性影响的是曹操、曹丕、曹植父子及其周围的诗人们。他们的诗风被后世称为"建安风骨"，影响了唐代的李白、杜甫等。以建安文学为起点，诗终于走出了仅供娱乐的领域，经过下一个世代的阮籍（竹林七贤之一）等的努力，作为文学自立起来，五言诗和七言诗成为后世文学的主流。另外，这个时期还出现了曹丕编撰的《列异传》等被后世称为志怪小说的怪异谭作品集。这些作品集是中国虚构文学的萌芽，影响到后世的《三国演义》、《水浒传》等小说。

魏邺都的都市计画

　　曹操消灭袁绍一族后，于204年在袁氏一族的根据地建设的邺都（河北省临漳县），改变了秦汉世代宫殿分布在都城内各处的都城制度，把宫殿集中在都城北部，全体由东西和南北中轴线分开，具有整齐划一的都市构造。这种都城制度后被魏洛阳、隋唐洛阳、唐长安所继承，也成为日本平城京和平安京的模范。是中国式都城的原点。

字体革命——书法诞生

　　汉字字体有篆书、隶书、行书、草书、楷书。战国时代以前使用篆书，汉代使用隶书。后汉末期从隶书演变出行书，在从行书演变出现在通用的字体楷书。现在的草书是汉代章草受行书和楷书的影响诞生的今草，其诞生也在后汉末期到三国时期。这些新字体的诞生，与这个时代开始普及的纸的使用有密不可分的关系，行书、草书、楷书可以说是纸上书写的字体。专业书法家诞生也在这个时期，在书法历史上，三国时期也是一个划时代的时期。而纸张的使用带来了信息革命，成为世代变革的原动力。

亲魏倭王

　　魏国通过公元238年来访的邪马台国使节难升米赐给女王卑弥呼的称号。类似的称号还有"亲魏大月氏国王"。大月氏国是地处今阿富汗的孔雀王朝，是把佛教传给中国的大国。"亲魏"称号来自后汉时赐给一部分周边国家的"亲汉侯"，晋朝也曾有赐予"亲晋王"的事例。但是称对方"亲魏"，即含有承认对方是有别于魏国的独立存在之意，这在认为中国皇帝为世界唯一统治者的思维中实属罕见。此称号不见于其他时代，反映了三国时代复杂的外交关系。

三角缘神兽镜

　　边缘呈三角形凸状、背面有神仙和灵兽浮雕的铜镜。迄今为止在日本出土三百面以上，但是在中国和朝鲜半岛却不曾出土。有观点认为，这是魏镜，与魏国赐给邪马台国女王卑弥呼的一百面铜镜有关联；还有观点认为是日本国内铸造；另有人主张是吴国工匠东渡日本在日本铸造。至今众说纷纭，争论不休。

参考文献

原则上列举日文版单行本和单行本收录的论文，出土资料和发掘调查报告列举中文
文献。

日文版《三国志》、《后汉书》、《三国演义》

（1）陈寿著 / 今鹰真、井波律子、小南一郎译，《三国志》，筑摩书房《世界古典文
学全集》第二十四卷（全三册），1977 年—1989 年。筑摩学艺文库，全八册，
1992 年—1993 年。

◆ 陈寿《三国志》和裴松之注（底本为中华书局标点本）的全译本。附加译者
补注、解说、地图、年表、官职表、裴松之注引用书目。

（2）吉川忠夫训注，《后汉书》全 10 册及别册，岩波书店，2001 年开始出版。

◆ 以清代王先谦《后汉书集解》为底本，由文本和训读、脚注（李贤注的训读
和译者的解说）构成。不收司马彪《续汉书》"志" 30 卷。

（3）渡边义浩、冈本秀夫、池田雅典编，《全译后汉书》全 18 册及别册，汲古书院，
2001 年开始出版。

◆ 以南宋庆元四年（1198）黄善夫刊行《后汉书》（汲古书院《古典研究会丛
书》）为底本，由本文、原注及其训读、今译和译者补注构成。

（4）罗贯中著 / 湖南文山译、落合清彦校订、葛饰戴斗插画，《绘本通俗三国志》，
第三文明社，1982 年。

◆ 江户时代天保 7—12 年刊《绘本通俗三国志》的活字新版。用新字、新假名
表记。

（5）罗贯中著 / 小川环树、金田纯一郎译，《三国志》，全 10 册，岩波文库，1953 年—
1973 年。改定版全八册，1988 年。

◆ 以上海亚东图书馆版（清代毛宗岗本的句读本）罗贯中著小说《三国志演义》
为底本，根据最古版弘治本（嘉靖本）补充一部分内容后，全译并附注。旧版
有小川氏的有关《三国志演义》版本和内容的解说，修订版省略。

（6）罗贯中著 / 立间祥介译，《三国志演义》，平凡社《中国古典文学大系》第二十六、二十七卷，1968 年。袖珍版全七册，1998 年。

◆ 以中国作家出版社版《三国演义》（1955 年，以毛宗岗为底本参照嘉靖本）为底本的全译。

（7）罗贯中著 / 井波律子译，《三国志演义》，全七册，筑摩文库，2002 年。

◆ 以中国人民文学出版社版《三国演义》（1957 年，毛宗岗本的句读版）为底本的全译。

（8）二阶堂善弘、中川谕译注《三国志平话》，光荣社，1999 年。

◆《三国志演义》的前身元代《三国志平话》的全译。

有关《三国志》、《三国志演义》的解说、研究

（9）沈伯俊、谭良啸编著 / 立间祥介、岗崎由美、土屋文子编译《三国志演义大事典》，潮出版社，1996 年。

◆ 中国的《三国演义词典》（巴蜀书社，1989 年）的编译。《三国志演义》中的出场人物、主要事件、相关遗迹、戏曲等相关作品对照史实进行解说，并附有三国志外传、故事成语、相关地图、年表等。

（10）渡边精一，《三国志人物事典》，讲谈社，1989 年。

◆ 概说《三国志演义》登场人物的事迹。

（11）小川环树，《中国小说史研究》，岩波书店，1968 年。

◆ 岩波文库版《三国志》译者的论文集。收录有《〈三国演义〉展开后续》、《〈三国演义〉中的佛教和道教》、《〈三国演义〉中出现的历史书》等先驱性研究成果。

（12）金文京，《三国志演义的世界》，东方书店，1993 年。

◆ 对《三国志演义》的成立、历史书与小说的相违、戏剧以及其他形式的作品、版本的种类等的概说。

（13）井波律子，《三国志演义》，岩波新书，1994 年。

◆ 浅显易懂地解说了从历史书到小说的进化、小说的文学性、故事的结构、登场人物的魅力等。

（14）井波律子，《简本三国志》，筑摩书房，1989 年。筑摩文库，1992 年。

（15）井波律子，《三国志读解》，岩波 seminar 丛书，2004。

◆ 作者是《三国志》和《三国志演义》的译者，把三国时代的历史结合小说内容，进行了简明易懂的解说。

（15）是讲演记录。

（16）中川谕，《〈三国志演义〉版本研究》，汲古书院，1998 年。

◆ 关于中国明清时代出版的各种版本的实证研究。

（17）史林史郎、渡边义浩编，《三国志研究要览》，新人物往来社，1996 年。

◆ 迄今为止有关三国时代的历史、思想宗教、文学以及《三国志演义》的研究
概要与研究论文目录。

有关三国时代的政治与社会

（18）川胜义雄，《魏晋南北朝》，讲谈社《中国历史》第三卷，1974 年。讲谈社学术
文库，2003 年。

◆ 六朝史研究权威著作的通史。

（19）川胜义雄，《六朝贵族制社会的研究》，岩波书店，1982 年。

◆ 从贵族制度成立的观点出发考察后汉到六朝时代社会的名著。论述了后汉
末期清流派文人的动向，他们与黄巾之乱之间的关系，曹操集团的构成情况，
孙吴政权从开发领主制及其崩溃发展到江南贵族制等，给该领域的研究带来
重大影响。

（20）狩野直祯，《后汉政治史的研究》，同朋舍出版《东洋史研究丛刊》，1993 年。

◆ 概述了从光武帝到汉献帝为止后汉时代的政治史，并论及后汉末期巴蜀的
动向等个别问题。

（21）东晋次，《后汉时代的政治与社会》，名古屋大学出版会，1995 年。

◆在从来对中国古代共同体等的历史发展研究的基础上，论述了后汉时代的乡
里社会、贵戚政治、儒教官僚和党锢等问题。

（22）渡边义浩，《后汉国家的支配与儒教》，雄山阁出版，1995 年。

◆从认为后汉的政治史是儒教主义统治的观点出发，对外戚、宦官、儒家官僚
文人等各种势力的实际情况及其相互关系进行了分析。

（23）越智重明，《魏晋南朝的贵族制度》，研文出版，1982 年。

◆论述从曹魏到西晋、东晋后的南朝社会中的贵族制度。

（24）渡边义浩，《三国政权的构造与名士》，汲古书院，2004 年。

◆ 论述后汉以来的名士层的形成，详述蜀、吴、魏三国名士的实态。

（25）宫崎市定，《九品官人法研究——科举前史》，东洋史研究会，1956 年。同朋
舍，1974 年。

◆支撑从三国时代的魏到六朝时代的贵族制度的人才举荐法为九品官人法，本

书对其进行了基础并详细地研究。

（26）川本芳昭，《魏晋南北朝时代的民族问题》，汲古书院，1998 年。

◆ 考察魏晋南北朝时期北方游牧民族和汉民族的对立及其融合，还论述了南方的山越民族问题。

有关三国时代的宗教问题

（27）宫川尚志，《六朝史研究——宗教篇》，平乐寺书店，1964 年

◆ 概述从后汉到六朝时代的宗教和社会关系，并论述后汉末期的道教和佛教及其交流。

（28）大渊忍尔，《初期的道教——道教史研究 其一》，创文社，1991 年。

◆ 有关黄巾之乱、作为张陵汉中政权背景的太平道和五斗米道的教义、思想、组织及其与佛教的关系等的研究。

（29）前田繁树，《初期道教经典的形成》，汲古书院，2004 年。

◆ 有关包括《太平经》、《老子化胡经》在内的初期道教经典的研究。

（30）冢本善隆，《中国佛教通史》，铃木学术财团，1968 年。

◆ 佛教研究大家所著通史，第二、三、四章概述从后汉到三国、西晋初期的佛教发展。

（31）镰田茂雄，《中国佛教史》、《岩波全书》，1978 年。

◆ 同样，第一部解说自后汉到三国时期佛教的传来和接受。

有关三国时代的学术与文化

（32）狩野直喜，《魏晋学术考》，筑摩书房，1968 年。

◆ 作者为明治时代中国学方面的泰斗，此为作者授课记录。

（33）吉川幸次郎，《三国志实录——曹氏父子传》，筑摩书房，1962 年。筑摩书房《吉川幸次郎全集》第七卷，1968 年。

◆ 探索曹操、曹丕、曹植父子的一生，并论及其文学成果。

（34）伊藤正文译注，《曹植》，岩波书店《中国诗人选集》三，1958 年。

◆ 三国时期代表性诗人曹植的作品注释。

（35）伊藤正文，《建安诗人及其传统》，创文社，2002 年。

◆ 论述曹操和曹植以及建安七子中的王粲、刘桢等人的作品。

（36）吉川幸次郎，《阮籍传·关于阮籍的咏怀诗》，筑摩书房《吉川幸次郎全集》第七卷，1968 年。

◆ 竹林七贤代表诗人之一阮籍的评传以及对其代表作部分《咏怀诗》的讲评。

（37）松本幸男，《阮籍的生涯与咏怀诗》，木耳社，1977 年。

　　◆ 论述包括阮籍以外的竹林七贤以及当时的名士。

（38）大上正美，《阮籍、嵇康的文学》，创文社，2000 年。

　　◆ 除阮籍、嵇康以外，刘伶、山涛、钟会的作品也有论及。

（39）佐藤利行，《西晋文学研究——以陆机为中心》，白帝社，1995 年。

　　◆ 以吴灭亡后，仕官西晋的陆机的作品为中心，论述南方和北方文学的差异及其文学集团的情况。

（40）左竹保子，《西晋文学论》，汲古书院，2002 年。

　　◆ 有关皇甫谧、夏侯谌、张华、郭璞作品的研究。

（41）鲁迅著／今村与志雄译，《中国小说史略》，学习研究社，《鲁迅全集》第十一卷，1986 年。

（42）鲁迅著／中岛长文译，《中国小说史略》全二册，平凡社，东洋文库，1997 年。

　　◆ 中国近代代表性作家鲁迅所著有关中国小说史的古典名著的翻译。第五、六篇论述的是三国六朝时期的志怪小说和志人小说。

（43）川胜义雄、福永光司、村上嘉实、吉川忠夫等译，《中国古小说集》，筑摩书房《世界文学大系》七十一，1964 年。

　　◆《世说新语》等三国六朝时代小说的翻译。

（44）森三树三郎译，《世说新语》，平凡社《中国古典文学大系》第九卷，1969 年。

（45）目加田诚，《世说新语》上中下，明治书院《新释汉文大系》76—78，1975 年—1978 年。

　　◆ 魏晋六朝时代人物逸闻轶事集《世说新语》（宋、刘义庆编著）全译本。

（46）井波律子，《中国人的机智——以〈世说新语〉为中心》，中公新书，1983 年。

　　◆ 以《世说新语》为素材，从游戏精神、比喻、反问的机智表现等观点分析其问答的修辞学，并论及其对鲁迅的影响。

（47）曾布川宽、冈田健编，《世界美术大全集·东洋篇三·三国南北朝》，小学馆，2002 年。

　　◆ 对三国南北朝绘画、书法、工艺、佛教美术等多方面进行概述。插图多。

（48）《书道艺术》别卷第三《中国书道史》，中央公论社，1973 年。

　　◆ 中田勇次郎的《三国·西晋·五胡十六国·东晋》参考出土资料，概述此时期书法的发展状况。

（49）中田勇次郎编，《中国书道全集 2——魏·晋·南北朝》，平凡社，1986 年。

◆ 同上，论述这个时期的书法发展状况。

（50）富谷至，《木简、竹简所表现的中国古代——书写的文化史》，岩波书店，2003 年。

◆ 利用最新出土资料，详述纸普及以前的主要书写材料木简、竹简的形态及其实际用途等，最后论述了从简牍到纸的转变所带来的文化意义，探讨了书籍文化的变迁及其对社会产生的影响。

有关邪马台国与魏的关系

（51）佐伯有清编，《邪马台国基本论文集》全三册，创元社，1981 年—1982 年。

◆ 收集了有关邪马台国的主要论文。

（52）冈本健一，《邪马台国论争》，讲谈社，1995 年。

◆ 介绍和解说围绕邪马台国诸问题的论争。

（53）大庭脩，《亲魏倭王》（增补版），学生社，2001 年。

◆ 作者站在法制史专家的立场上，详细探讨了卑弥呼及其使节从魏得到的"亲魏倭王"等称号的意义以及魏给倭国的辞令的内容，并论及当时的国际关系。

（54）冈田英弘，《倭国的时代》，文艺春秋，1976 年。

（55）冈田英弘，《倭国——在东亚世界之中》，中公新书，1977 年。

◆ 作者对东亚历史，特别是满洲、蒙古族的历史造诣颇高，从自己对三国时代的国际关系与三国之间的国内政治情况的独特见解出发，考察其与倭的关系。

（56）佐伯有清，《读解魏志倭人传》上下，吉川弘文馆，2000 年。

◆ 在迄今为止对各个问题的研究的基础上，按《魏志·倭人传》记载的顺序，对其进行浅显易懂的解说。

（57）近藤乔一，《三脚缘神兽镜》，东京大学出版会，1988 年。

（58）冈村秀典，《三脚缘神兽镜的时代》，吉川弘文馆，1999 年。

◆ 上记两书都是从考古学者的立场出发，参考迄今为止的研究历史以及最新发掘成果，探讨三角缘神兽镜的诸问题。两者皆主张魏镜说，但是对于其他说法和观点也详细介绍。

有关出土资料、发掘调查

（59）《安徽马鞍山东吴朱然墓发掘简报》，文物出版社《文物》，1986 年第三期。

（60）《复苏的三国志的世界——吴国名将朱然之墓大发现》，东方书店《人民中国》

（日语版），1986 年 12 月号。

（61）《亳县曹操宗族墓葬》，文物出版社《文物》，1978 年第八期。

（62）《读曹操宗族墓碑刻辞》，同上。

（63）《汉魏洛阳城初步勘查》，科学出版社《考古》，1973 年第四期。

（64）《河北临漳邺北城遗址勘探发掘简报》，科学出版社《考古》，1990 年第七期。

（65）《长沙走马楼三国吴简——嘉禾吏民田家莂》上下，文物出版社，1999 年。

（66）《长沙走马楼三国吴简、竹简》上中下，文物出版社，2003 年。

（67）信立祥著，《汉代画像石综合研究》，文物出版社，2000 年。

　　◆ 该书第八章详述刻有后汉时代佛教、道教人物像的孔望山摩崖画像。

历史年表

公元	年号		中国	东亚与世界
155	永寿	元	曹操出生（—220）。孙坚出生（—191）。	在此前后，贵霜王朝胡腻色伽王即位。
159	延熹	二	外戚梁冀自杀。宦官单超等被封县侯，宦官专权愈演愈烈。	
161		四	刘备出生（—223）。天竺国，夫余国纳贡。	罗马皇帝马可·奥勒留·安东尼·奥古斯都即位。日耳曼族入侵激化。
165		八	桓帝派遣宦官到苦县祭祀老子。	高句丽新大王即位。
166		九	桓帝在灌龙宫祭祀老子。大秦王安敦（罗马皇帝奥勒留）使者来访。	
167	永康	元	终身禁锢党人（第一次党锢事件）。桓帝驾崩。灵帝即位。	在此前后卑弥呼即位。
168	建宁	元	外戚窦武、太傅陈蕃驱除宦官行动失败被杀。	
169		二	第二次党锢事件。	
172	熹平	元	太学生千余人被捕。会稽的许生叛乱，自称阳明皇帝。鲁肃出生（—217）。	
174		三	孙坚等镇压成功，许生失败被杀。	
175		四	立五经石碑于太学（《熹平石经》）。孙策（—200）、周瑜（—210）出生。	
176		五	迫使党人行动升级。同时授予六十岁以上太学生官职。	
177		六	鲜卑族大举入侵，迎击大败。王粲出生（—217）。	
178	光和	元	设立鸿都门学。蔡邕被发配于朔方郡。	

年		大事
179	二	司徒刘郃诛讨宦官失败。 高句丽故国川王即位。
180	三	废统出生（—251）。司马懿出生（—251）。 暴君康茂德即位罗马皇帝，政治陷入混乱。
181	四	何氏立为皇后，其兄何进升待中。 朱儁平定交趾之乱。诸葛亮出生（—234）。
182	五	孙权出生（—252）。
183	六	陆逊出生（—245）。
184	中平 元	黄巾之乱。解除党锢。
185	二	黑山贼张燕投降。张温、董卓等讨伐边章、韩遂。 王祥出生（—269）。
187	四	王国、韩遂、马腾叛乱攻陷关中。河北张举、张纯勾结乌丸族叛乱，张举称帝。 曹丕出生（—226）。
188	五	黄巾贼各地蜂起。刘焉建议每州置州牧。设置西园八校尉，袁绍、曹操升校尉。皇甫嵩、董卓讨伐王国。公孙瓒大破张纯。
189	六	4月 灵帝驾崩，少帝即位。 8月 宦官张让等杀外戚何进，袁绍清除宦官。 9月 董卓入洛阳，废少帝立献帝。 11月 董卓任相国。袁绍、曹操等东逃。 此年号由中平改为光熹、昭宁、永汉，最后又回到中平。
190	初平 元	1月 关东各州郡拥袁绍为盟主讨董卓。 3月 董卓迁都长安。 董卓任命公孙度为辽东太守。后公孙度自称辽东侯。

191	二	2月 孙坚破董卓入洛阳。 4月 董卓入长安。 7月 曹操破黑山贼。袁绍为冀州牧。 11月 公孙瓒破青州黄巾军。刘备为平原相。 孙坚讨黄祖时战死。	
192	三	1月 袁绍在界桥败公孙瓒。 4月 王允、吕布杀董卓。曹操为兖州刺史。 6月 李傕、郭汜杀王允，吕布东逃。	罗马皇帝康茂德被杀。
193	四	曹操攻打徐州牧陶谦，大肆屠杀。	
194	兴平 元	2月 刘备助陶谦。 4月 张邈迎吕布，叛曹操。 8月 吕布与曹操会战濮阳。 12月 益州牧刘焉死，刘璋继位。陶谦死，刘备为徐州牧。	
195	二	5月 吕布败于曹操，转而求助刘备。李傕、郭汜混战长安，献帝东逃。 王肃出生（－256）。	
196	建安 元	6月 袁术破刘备，吕布为徐州牧。 8月 曹操挟献帝迁许都。孙策攻打会稽郡。 11月 曹操推行屯田制。刘备被吕布追击，寄身曹营。	在此前后，贵霜王朝韦苏提婆王即位。
197	二	1月 袁术称帝。曹操败于张绣。 5月 袁术败于吕布。孙策攻陷吴郡。 9月 袁术败于曹操，逃亡。	高句丽山上王即位。其兄发岐叛乱，辽东公孙度支援，但失败。
198	三	4月 李傕、郭汜死亡。董卓残余势力皆被剿。 12月 吕布败于曹操被杀。曹操任命孙策为讨逆将军。	

年		事件	备注
199	四	3月 公孙瓒败于袁绍，自杀。 6月 袁术死。 8月 袁绍攻打许都，曹操设防黎阳。 12月 刘备在小沛自立。	
200	五	1月 董承密谋杀曹操失败。曹操讨伐刘备，刘备逃于袁绍旗下。 4月 孙策被暗杀。 10月 官渡之战，曹操大败袁绍。 张鲁占汉中。郑玄死（127—）。	在此前后，区连即位林邑王。
201	六	刘备寄身于刘表。谯周出生（—270）。	范蔓自称扶南大王。
202	七	5月 袁绍死。其子袁谭、袁尚互相对立。 9月 曹操破袁谭、袁尚。刘备破曹军。 姜维出生（—264）。	
203	八	8月 袁谭败于袁尚，求援于曹操。 孙权平定豫章郡	
207	十二	曹操大破乌丸。辽东太守公孙康斩袁尚、袁熙。袁氏灭亡。刘备请出诸葛亮。	
208	十三	6月 曹操升任丞相。孙权破黄祖。 8月 荆州刺史刘表死，刘琮继位。 9月 刘琮投降曹操。刘备南逃。 10月 赤壁之战。 12月 孙权包围合肥未果。刘备占据武陵、长沙、桂阳、零陵。	
209	十四	7月 曹操开始屯田勺陂。 12月 周瑜破曹仁，占南郡。刘备与孙权妹结婚。	高句丽迁正都丸都

210	十五	春，曹操发布招贤纳士宣言。设铜雀台于邺都。刘备会孙权于京，求借荆州。企图攻打益州的周瑜殒死。鲁肃继任后，第一次分割荆州。
211	十六	孙权命步骘为交趾刺史，平定岭南。 9月 曹操以讨伐汉中为名破关中韩遂，马超。 12月 刘璋迎备入益州。
212	十七	5月 曹操诛杀马腾，灭三族。 9月 孙权筑石头城于秣陵，命名为建业。 10月 曹操在濡须口与孙权会战。 12月 刘备对刘璋采取军事行动。
213	十八	5月 曹操被封魏公。9月 马超寄身汉中张鲁营中。
214	十九	5月 马超逃至刘备旗下。刘璋投降于刘备。 11月 曹操杀伏皇后。
215	二十	1月 曹操次女被封为皇后。 3月 曹操讨伐汉中张鲁。 5月 刘备与孙权第二次分割荆州。 8月 孙权攻合肥，大败。 11月 张鲁投降于曹操。 12月 张飞在巴郡破曹军。
216	二十一	5月 曹操被封魏王。
217	二十二	1月 曹操在濡须口再次讨伐孙权未果而退。 3月 鲁肃死，孙权接受吕蒙建议请降曹操。

218	二十三			1 月 耿传谋杀曹操失败。
				4 月 曹操平定乌丸族反乱。鲜卑族的轲比能投降。
				9 月 曹军进驻长安,备战刘备。
219	二十四			1 月 平定南阳侯音之乱。刘备在定军山斩魏夏侯渊。
				3 月 曹操与刘备汉中对阵,不久撤退。
				7 月 刘备平定汉中,自称汉中王。
				8 月 关羽攻打樊城。
				9 月 魏讽谋邺都失败。
				11 月 吕蒙袭袭荆州。
				12 月 关羽被斩。孙权向曹操称臣。
220	黄初 元			1 月 曹操去世,曹丕继位魏王和丞相。改元延康。
				2 月 实行九品官人法。
				7 月 孟达向魏投降。
				10 月 曹丕称帝,改元黄初。汉王朝灭亡。
221	〈魏〉黄初二	〈吴〉	〈蜀〉章武元	1 月 魏封孔子子孙孔羡为宗圣侯。
				4 月 刘备称帝。孙权迁都于鄂并改名为武昌。
				6 月 曹丕杀甄夫人。张飞被暗杀。
				7 月 刘备发兵攻吴。
				8 月 孙权向魏派遣使节称臣,被封为吴王。

公元				大事	备注
222	三	黄武元	二	2月鄯善、龟兹等西域国向魏朝贡。闰6月刘备败于陆逊，逃入白帝城。9月因孙权不送人质，魏发兵讨吴。10月孙权称帝，建元黄武。11月蜀与吴恢复外交关系。杜预出生（—284）。	
223	四	建兴元	二	2月吴国朱桓破魏军于濡须口。4月刘备死去。次月刘禅即位。10月蜀国派邓芝赴吴与吴国结盟。吴与魏国断交。蜀益州郡雍闿降吴。稽康出生（—262）。	
224	五	二	三	4月魏创办太学，设置博士。吴国张温使蜀。9月曹丕亲征吴，进军广陵，遭挫。鲜卑族轲比能入侵河北。	
225	六	三	四	3月魏国梁习大破轲比能。7月诸葛亮开始南征，破雍闿。10月曹丕再次亲征广陵，亦遭挫。钟会出生（—264）。	在此前后，扶馀王范蔓死，侄范旃继位。
226	七	四	五	5月曹丕死。子曹叡（明帝）即位。8月孙权向江夏、襄阳出兵失败。交趾太守士燮死，吴直接统治。	萨珊王朝波斯国建立（—651）。波斯灭安息。
227	太和元	五	六	3月诸葛亮上奏出师表，出兵汉中。10月嘉善国王子朝贡魏。12月魏孟达叛魏。	高句丽山上王死，东川王即位。

公元				大事
228	二	七	六	1月司马懿斩孟达。诸葛亮第一次北伐。 8月吴国周鲂诈降魏，陆逊石亭大破曹休。 12月诸葛亮第二次北伐。辽东公孙康死，公孙渊继位。 波斯破罗马。
229	三	黄龙元	七	春，诸葛亮第三次北伐，占五都，阴平二郡。 4月孙权称帝（大帝）。 9月孙权迁都建业。 12月大月氏王波调被封为亲魏月氏王
230	四	二	八	春，孙权探夷州，亶州。魏修筑合肥新城。 7月魏国曹真，司马懿攻蜀，与诸葛亮对持于成固（第四次北伐）。魏军九月因雨雨撤退。
231	五	三	九	2月诸葛亮第五次北伐，司马懿驻守长安对战。 6月诸葛亮粮饷耗尽而退。
232	六	嘉禾元	十	3月孙权派周贺等使辽东。 9月魏田豫讨伐辽东未果。 10月辽东公孙渊派使者访吴。 11月田豫在成山斩吴使者周贺。曹植死。张华出生（—300）。
233	青龙元	二	十一	3月孙权派使者封公孙渊为燕王。 12月公孙渊斩吴使者。魏国封公孙渊为乐浪公。吴使节随从到达高句丽。 陈寿出生（—297）。

公元	魏	蜀	吴	大事
234	二	十二	三	3月 山阳公（汉献帝）死。 4月 诸葛亮第六次北伐。 5月 孙权出兵合肥新城和襄阳。 7月 魏明帝亲征，吴军撤退。 8月 诸葛亮在五丈原死去。 高句丽派使节访吴并向吴称臣，吴亦派使者回访。 罗马军人皇帝时代始。
235	三	十三	四	4月 蜀蒋琬为大将军，费祎为尚书令。 魏王雄暗杀鲜卑柯比能。
236	四	十四	五	3月 吴张昭死。 7月 高句丽王折吴使者，送首级于魏。
237	景初元	十五	六	3月 魏改历为景初历。 7月 魏将毌丘俭讨伐公孙渊失败。公孙渊自称燕王，定年号为绍汉。明帝下令建造海船。 9月 明帝杀毛皇后。 高句丽派使节访魏。
238	二	延熙元	赤乌元	1月 司马懿征伐辽东。刘昕、鲜于嗣从海路攻打乐浪、带方郡。公孙渊向吴求援。高句丽派兵增援讨伐辽东。 6月 倭国卑弥呼使节难升米等至带方郡。 8月 辽东公孙氏灭亡。 12月 魏明帝病危。此时前后难升米等人抵达洛阳。魏帝册封卑弥呼为亲魏倭王，并下赐铜镜等。

公元	魏	蜀	吴	大事记
239	三	二	二	1月魏明帝死。曹芳（少帝）即位。2月曹爽掌实权，推司马懿为大傅。西域各国献上火浣布。4月吴援辽东部队终于抵达，但已失去战机。12月魏废止景初历，吴武将廖式叛乱。
240	正始元	三	三	带方郡太守弓遵派建中校尉梯储使倭。 此时前后，扶南王范蔚被杀，范寻继位。萨珊王朝波斯国沙普尔一世即位。
241	二	四	四	4月孙权兵分四路伐魏失败。蜀将蒋琬沿出兵汉水。
242	三	五	五	孙权出兵儋耳、朱崖。立孙和为太子、孙霸为鲁王，招来双方对立。
243	四	六	六	12月倭国卑弥呼使节伊声耆等人抵达洛阳。
244	五	七	七	1月吴陆逊迁为丞相。3月魏将曹爽攻汉中失败。
245	六	八	八	7月吴将马茂谋反意图暴露。蜀官黄皓开始干涉政治。陆逊、蒋琬死。吴太子与鲁王的对立激化。
246	七	九	九	2月魏将毋丘俭改打高句丽，攻陷丸都。部将王顽追杀高句丽王至沃沮边界。蜀将姜维升卫将军。
247	八	十	十	王顽任带方太守，派张政使倭。倭国内乱。卑弥呼求助带方郡。
248	九	十一	十一	9月蜀属国沓陵异族叛乱，邓芝镇压。高句丽东川王死，川中王继位。

公元	年号	年号	年号	大事	世界
249	嘉平元		十二	1月司马懿发动政变,诛杀曹爽势力。夏侯霸亡命蜀。姜维攻魏雍州,被郭淮击退。王弼死(226—)。倭国女王壹与使节被邪狗等入贡。	至迟此年弥呼死,壹与继位女王。罗马大肆镇压基督教徒。
250	嘉平二		十三	孙权废太子,逼鲁王自杀,立孙亮为太子。魏攻吴。姜维攻魏西平失败。	印度佛教学者龙树死去。
251	三	太元元	十四	4月魏王凌谋反泄密。8月司马懿死。司马师继位。	
252	四	建兴元	十五	4月孙权死,太子孙亮即位。10月吴诸葛恪修筑东兴堤。12月诸葛恪东兴胜魏军。	
253	五	二	十六	1月蜀费祎被暗杀。5月诸葛恪包围合肥新城未果而退。10月孙峻诛杀诸葛恪。	
254	正元元	五凤元	十七	2月魏中书令李丰、外戚张缉等被杀。9月司马师废帝,自封为齐王。10月立高贵乡公的曹髦为帝。	
255	二	二	十八	1月魏将毌丘俭、文钦叛乱,被司马师平定,文钦亡命吴。司马师死(208—)。司马昭掌权。2月孙峻攻打寿春,被邓艾诸葛诞击退。	
256	甘露元	太平元	十九	7月姜维攻魏祁山,被邓艾击退。8月吴孙峻死,孙綝掌实权。	

257	二	二十	5月 魏诸葛诞通吴叛乱。	
			6月 魏杀亡命孙壹。姜维攻骆谷。	
			7月 孙綝出兵救援诸葛诞失败。	
258	三	永安元	景耀元	2月 寿春城内大乱,司马昭攻寿春,杀诸葛诞。	鲜卑族定都云中盛乐。
			9月 孙綝废孙亮,立孙休为帝。	
			12月 孙休杀孙綝。	
260	景元元	三	三	5月 魏帝曹髦发动政变反而被杀。	罗马皇帝瓦勒良被波斯俘虏。
			6月 司马昭立常道乡公曹奂为帝(元帝)。	
261	二	四	四	7月 韩、濊貊向魏进贡。	
			鲜卑族拓跋力微携子向魏进贡。	
			陆机出生(—303)。	
263	四	六	炎兴元	5月 吴交趾郡吏吕兴叛乱。	
			8月 魏钟会、邓艾、诸葛绪攻魏。	
			11月 刘禅降魏。蜀亡。	
		〈魏〉		阮籍死(210—)。	
264	咸熙元	元兴元		1月 邓艾被捕,钟会欲在成都反,与姜维一起被杀。监军卫瓘杀邓艾。3月 司马昭封为晋王。刘禅被押送洛阳,封安乐县公。	
				7月 吴孙休死。孙皓即位。	
				9月 魏任命吴将吕兴为都监交州诸军事,助其叛乱。任命霍戈为交趾太守占领交趾。11月 孙皓杀濮阳兴和张布。	
	〈晋〉	〈吴〉			

公元	晋	吴	大事	备注
265	泰始元	甘露元	8月 司马昭死（211—）。司马炎继位。 12月 司马炎逼魏帝曹奂退位，自立为帝（晋武帝）。 冬，孙皓迁都武昌。	
266	二	宝鼎元	1月 吴国派使节吊唁司马昭。 11月 倭国使者晋国入贡。 12月 孙皓复亡都建业。	此时前后，范能为林邑王。
267	三	二	9月 晋封孔子孙为奉圣亭侯，同时禁止谶纬学。	哥特人入侵色雷斯，希腊。
268	四	三	10月 吴攻魏江夏、襄阳、勺陂，失败。 11月 吴出兵向晋朝贡。	
269	五	建衡元	11月 吴出兵被晋占领的交趾。	
270	六	二	9月 大宛、焉耆向晋朝贡。 12月 吴夏口督、孙秀亡命晋。	高句丽中川王死，西川王立。
271	七	三	1月 孙皓听信谗言带领后宫数千人西行，途中返回。孙秀部下数千人向晋投降。 7月 吴夺回交趾、九真、日南三郡。 刘禅死（207—）。	
272	八	凤皇元	1月 晋王濬任益州刺史，修造战舰。 10月 吴西城督步阐欲降晋，被陆抗讨伐诛杀。	
273	九	二	4月 孙皓杀字节昭。	
274	十	三	7月 吴大司马陆抗死（226—）。	
275	咸宁元	天册元	6月 拓跋力微派子向晋朝贡。	
276	二	天玺元	10月 晋固羊祜上谏讨吴。	

277	三　天纪元	5月　吴将邵顗降晋。 12月　吴攻晋江夏、汝南，抢夺千余家。 东夷三国向晋朝贡。
278	四	3月　东夷六国向晋朝贡。 10月　晋攻吴皖城。 11月　羊祜死。杜颜接任都监荆州诸军事。 东夷九国内附。
279	五	1月　匈奴左部师刘彪死，子刘渊继位。 8月　桂林发生叛乱，吴派大军镇压。 10月　发现《汲冢书》《竹书纪年》。 11月　晋兵分水陆六路攻吴。
280	太康元 四	高句丽破肃慎。 3月　孙皓降吴，吴亡。 4月　孙皓被封归命侯，护送至洛阳。 6月　东夷十国内附。 7月　东夷二十国朝贡。

因改元同一年有两个以上年号时，原则上采用最新年号。

CHUUGOKU NO REKISHI (4) SANGOKUSHI NO SEKAI
——GOKAN SANGOKU JIDAI

© Kin Bunkyo 2005
All rights reserved.
Original Japanese edition published by KODANSHA LTD.
Publication rights for Simplified Chinese character edition arranged with KODANSHA LTD.
through KODANSHA BEIJING CULTURE LTD. Beijing, China.
本书由日本讲谈社正式授权，版权所有，未经书面同意，不得以任何方式作全面或局部翻印、仿制或转载。

著作权合同登记图字：20-2012-045

图书在版编目(CIP)数据

三国志的世界：后汉 三国时代 /(日) 金文京著；何晓毅，梁蕾 译.
—桂林：广西师范大学出版社，2014.1 （2021.5 重印）
（中国的历史 04 ）

ISBN 978-7-5495-1148-8

Ⅰ.①三… Ⅱ.①金… ②何… ③梁… Ⅲ.①中国历史 –
研究 – 三国时代 Ⅳ.①K236.07

中国版本图书馆CIP数据核字(2011)第280521号

广西师范大学出版社出版发行

　广西桂林市五里店路9号　邮政编码：541004
　网址：www.bbtpress.com

出 版 人：黄轩庄

全国新华书店经销

发行热线：010-64284815

山东韵杰文化科技有限公司

开本：787mm×1092mm　1/32

印张：13　字数：199千字　图片：105幅

2014年1月第1版　2021年5月第11次印刷

定价：68.00元

如发现印装质量问题，影响阅读，请与出版社发行部门联系调换。

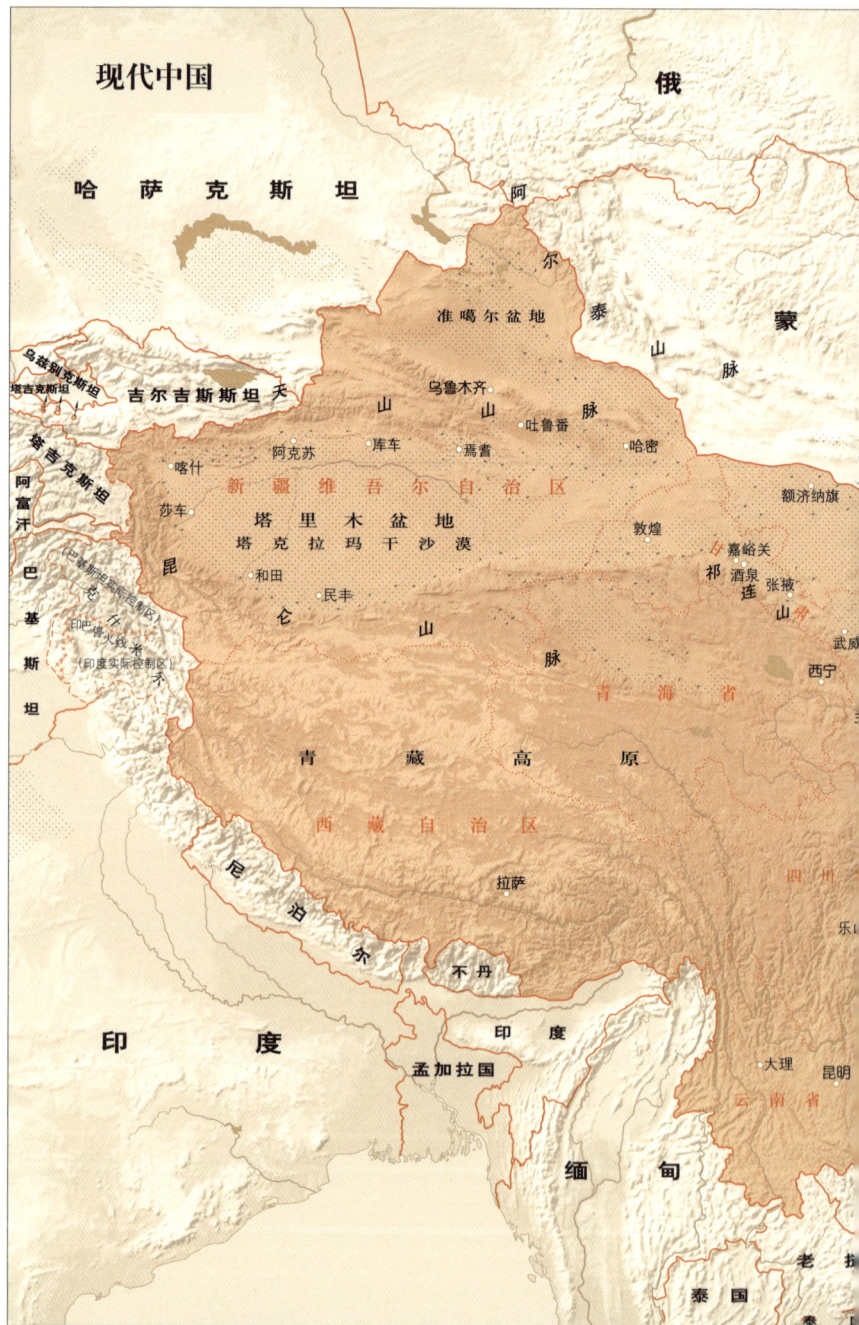

现代中国

哈 萨 克 斯 坦

俄

蒙

乌兹别克斯坦
塔吉克斯坦

吉尔吉斯斯坦 天

阿尔泰山脉

准噶尔盆地

乌鲁木齐 山

塔吉克斯坦

阿富汗

巴基斯坦

山

阿克苏 库车 焉耆

喀什

新 疆 维 吾 尔 自 治 区

额济纳旗

莎车

塔 里 木 盆 地

敦煌

昆

塔 克 拉 玛 干 沙 漠

嘉峪关

（克什米尔地区巴控制区）

和田 民丰

祁 酒泉 张掖 山 武威

印巴停火线

连 脉 西宁

仑

山

乔 （克什米尔地区印度实际控制区）

脉

青 海 省

青 藏 高 原

西 藏 自 治 区

四 川

尼

拉萨

泊

乐

尔

印 度

不丹

印 度

大理 昆明

孟加拉国

云 南 省

缅 甸

老挝

泰 国